本书出版得到以下经费的资助：
广东海洋大学中国语言文学重点学科经费
广东海洋大学发展规划处文科类学科建设专项扶持经费
广东海洋大学学术著作出版基金

其书其文

作家藏书与中国现代文学

李明刚 著

暨南大学出版社
JINAN UNIVERSITY PRESS

中国·广州

图书在版编目（CIP）数据

其书其文：作家藏书与中国现代文学／李明刚著. —广州：暨南大学出版社，2021.6
ISBN 978 – 7 – 5668 – 3202 – 3

Ⅰ. ①其… Ⅱ. ①李… Ⅲ. ①藏书—文化研究—中国②中国文学—现代文学—文学研究 Ⅳ. ①G259.29②I206.6

中国版本图书馆 CIP 数据核字（2021）第 136160 号

其书其文：作家藏书与中国现代文学
QI SHU QI WEN：ZUOJIA CANGSHU YU ZHONGGUO XIANDAI WENXUE
著　者：李明刚

出 版 人：张晋升
策划编辑：杜小陆　潘江曼
责任编辑：曾小利
责任校对：黄　球　黄晓佳
责任印制：周一丹　郑玉婷

出版发行：暨南大学出版社（510630）
电　　话：总编室（8620）85221601
　　　　　营销部（8620）85225284　85228291　85228292　85226712
传　　真：（8620）85221583（办公室）　85223774（营销部）
网　　址：http://www.jnupress.com
排　　版：广州良弓广告有限公司
印　　刷：广州市穗彩印务有限公司
开　　本：787mm×1092mm　1/16
印　　张：16
字　　数：250 千
版　　次：2021 年 6 月第 1 版
印　　次：2021 年 6 月第 1 次
定　　价：59.80 元

目　录

导　论
互动与共生：文学史视野中的作家藏书

倘将文学艺术视为一种表达，那么人类历史上一切文学活动（举凡文学创作、文学翻译、文学作品的编辑出版等），本质上皆为一种意义与价值的生产与再造。这其中，作为生产者的作家自身的思想意识无疑是整个文化传播过程中的核心部分。基于此，探寻作家思想的原点及其发展一直是文学研究范畴中特别重要的一环。今天，林林总总的作家藏书，为我们走进作家阅读史提供了重要史料，也成为打开作家思想与艺术世界的一扇新的窗口。

在现代文学研究史上，尽管鲁迅等20世纪重要作家及其藏书已经陆续进入研究者的视野，但专门系统的作家藏书研究还很缺乏。或者说，作家藏书研究依然是一种较为边缘性的存在，这与作家藏书之于中国现代文学的重要作用形成了一种明显的反差。众所周知，中国文人素有藏书的传统，作为世纪之交的现代作家更是注重对传统与域外历史文化的摄取。正如西谛之子在回忆中所述："先父郑振铎一生'爱书如命'。他以一介寒儒，常常倾其囊中所有来买书，而他的买书又绝不仅仅是'癖'，这和他的研究工作及关心祖国的文化是息息相关的。人们从他撰写的书话中，可以时时感受到他的灵魂与书的撞击，倾听到一位爱国者的心声。"① 当我们走进作家的读书生活和精神成长史，发现20世纪的这批作家莫不如是。他们访书、购书、读书、恋书、藏书、抄书、赠书、评书、编书、译书、著书，与书随行，与书相伴，"为书的一生"可谓这一代知识分子的精神写照。1936年7月7日，鲁迅在给赵家璧的信函中，曾风趣地将作家求书喻为绿林强盗不惜钱财购买"盒

---

① 姜德明主编，黄裳选编：《黄裳书话》，北京出版社1997年版，第357页。

子炮"。这背后，既描绘了一位文坛"过来人"的成长心得，也暗含了对文艺界尤其是广大青年的期望与勉励。事实上，我们走进鲁迅驳杂而丰富的藏书世界，不难体会作为"战士"的鲁迅视书籍如"枪炮"的特别情感。书之于鲁迅等作家，恰如宝剑之于侠士，所谓人不离剑，剑不离人，人剑合一，二者关联之重要自不必言。这一点，我们从同时代的郁达夫、巴金以及后来的孙犁、唐弢、黄裳等人身上都能看到这种藏书、读书精神的影响与传承。鲁迅藏书的境界同样令人高山仰止，其藏书不仅哺育并产生了中国文学史上的"二周"，而且滋养了同时代和后来的众多文艺青年。其对于异域文明的引进与推介，对于中国传统文化精粹的保存和发扬更是功莫大焉。今天，这些林林总总、古今中外的藏书，是作家们留给世人的珍贵遗产和精神财富，也成为今天的我们重新走进中国现代文学世界的一条独特的路径。

对于嗜书如命的作家，藏书更是其生命人格的历史见证，这也使得后来的研究者可以由此穿越历史时空去探寻前辈作家之精神世界。1935年9月27日的《立报·言林》曾登载了郁达夫的《人与书》一文，作者在引用了史曼儿和诗人高法莱的读书名言后，发出"书即是人，人亦即是书"的真切感慨。我们回顾郁达夫的一生，其文学创作、人生命运的跌宕起伏皆与书不可分割，或者说，他的藏书的命运与他的人格命运是如此紧密地交织在了一起。

作家藏书，亦是探寻作家思想、艺术和学术研究的逻辑原点，其与作家成长往往呈现出互动与互渗的复杂关系。以巴金为例，在现代文学馆的"巴金文库"中，我们可以看到克鲁泡特金这位20世纪初曾与托尔斯泰、尼采、马克思等人一样闻名于世的思想家之于青年巴金的影响——藏书，无疑成为作家艺术思想的重要源泉，也是现代作家民主理想与革命信念的一种无声证明。作为文学资源，藏书对作家的创作思想与创作风格的形成无疑起到了积极的支援作用。在藏书之用方面，现代作家是很不同于传统文人的。现代作家中持孤本秘籍为惊人之具者少见，更多则如周氏兄弟与郁达夫，基于审美鉴赏和为创作服务的"实用"动机。我们翻阅《郁达夫日记》，作家留下了许多关于求书、访书、读书、失书的文字记录。郁达夫是性情浪漫的作家，从其藏书心理来看，其藏书的首要依据便是符合自身阅读个性，能够满足其阅读心理需求和审美趣味。譬如日记文学或浪漫主义文学方面，就是他尤为关注的。1932 年 10 月 14 日的郁达夫日记有云："读杜葛捏夫的 The Diary of a Superfluous Man，这是第三次了，大作家的作品，像嚼橄榄，愈嚼愈有回味。"郁达夫的文学成就固然与其超凡的文学创造能力不可分，但从 20 世纪 30 年代他的游记散文创作来看，前期注重对世界名作和各类文献的搜购与研读无疑为其创作提供了丰富的素材。1935 年 6 月 25 日的日记中写道："午前出去，买了一部《诗法度针》，一部《皇朝古学类编》（实即姚梅伯选《皇朝骈文类编》），一部大版《经义述闻》，三部书，都是可以应用的书。"① 诸如此类的"藏书—读书—用书"的互证，我们在郁达夫的日记等史料中随处可见。

　　作家的这种包含了文学阅读和创造性生产的精神互动，使其与一般的藏书家区分开来。唐弢先生曾在《晦庵书话》中将藏书家分为两种：一种是藏书的藏书家，另一种是读书的藏书家。作家不仅是读书的藏书家，还是可以兼具藏书、读书、写书、出书与译书为一体的藏书家。比如，鲁迅、巴金等作家的藏书活动与整个文学活动构成了一种积极的互动与共生的状态。时至今日，我们依然好奇：他们的知识结构是怎样一步步形成的，那些重要的文化资源究竟如何影响作家的思想，作家又是如何实现从作品阅读向一个个精彩的文学文本转化的？

　　翻阅现代作家的作品，作家的求书、购书及其背后的故事，亦往往成为作家文学创作的特别素材。譬如，鲁迅于 1925 年 7 月 12 日发表的散文诗《死后》，其中生动刻画了一个向死者兜售《公羊传》的书贩②。同样写书商，如果说鲁迅是以他特有的笔法讽刺了旧书贾小贩的市侩嘴脸，也真实揭示了那个时代文人的清贫与求书之艰，那么黄裳的笔下则有着浓浓的温情。在《老板》一文中，黄裳深情地回顾了早年在上海相识的一位旧书店老板③。大藏书家郑振铎在其小说中也同样描绘了早年求书、访书与藏书的经历。在 1926 年 1 月发表于《文学周报》的《书之幸运》一文中，郑振铎以短篇小说的形式塑造了一个现代"书痴"的形象，小说主人公仲清已迥然不同于传统藏书家的形象，而是一

---

① 以上参阅吴秀明主编：《郁达夫全集》（第五卷），浙江大学出版社 2007 年版。
② 上海鲁迅纪念馆编：《鲁迅小说散文初刊集》，上海书店出版社 2016 年版，第 501 页。
③ 姜德明主编，黄裳选编：《黄裳书话》，北京出版社 1997 年版，第 277 页。

个有着明确研究目的和强烈爱国心的现代学者。而小说主人公不惜变卖家产和大举借贷购书、藏书的"书迷"形象与现实中作家的生活经历显然形成了一种真实的共生与同构关系。

至于回顾藏书经历和失书之痛，则更成为作家散文创作的特别材料。周作人的《知堂回想录》《祭书》《书之归去来》，阿英的《海上买书记》，唐弢的《书城八记》，叶灵凤的《读书随笔》，黄裳的《读书生活杂忆》《书的故事》……都是这方面的佳作。尤其是郁达夫的《图书的惨劫》，记载了现代中国图书史和文化史上令人痛心的一页：

> 外骑纵横，中原浩劫中之最难恢复的，第一莫如文物图书。元胡金虏，原也同样地到处施过杀戮奸淫，然而他们的文化程度低，末劫还不及图籍书册；这一次的倭寇的虏掠奸淫，则于子女玉帛之外，并文化遗产，也一并被劫去了。①

类似的表达失书之痛的，还有冰心写于 1946 年 12 月 4 日的散文《丢不掉的珍宝》、郑振铎的《蛰居散记》，此类散文不仅具有较强的知识性、历史性和抒情性，而且为后人研究 20 世纪中国文化与文学生态变迁提供了重要的历史细节——作家藏书是时代社会变迁与知识分子生存境况的真实写照，作家藏书的流转遗存，也是当时思想文化传播与接受状况的一面镜子，是我们了解 20 世纪文化生态不可或缺的史料。

一个人的阅读史，也是他的生命史。对作家而言，其阅读史实际上倒映着他的精神生命的成长史。作家藏书关联着其文化心理的变化、文学创作风格的发展，以及生命情感的起伏。作家叶灵凤曾深有感触地表示：

> 作家的书斋，随着他的作品在变化；他的作品，也随着他的书斋在变化。
> 我不能想象，一个没有几本书，一个没有一间书斋的作家。纵然他的这间书斋，只是一只衣箱，一张破板桌也好，他

---

① 郁达夫：《图书的惨劫》，原载于《星中日报·星宇》，1935 年 5 月 11 日，转引自吴秀明主编：《郁达夫全集》（第九卷），浙江大学出版社 2007 年版，第 70 页。

必需有一个工作场。不然，他从什么地方将他的生活制造成作品，供给他的读者呢？

我更不能想象一个不读书的作家。读书，是作家生活的部分。他从书本上，为他的写作生命汲取滋养，使他的生活更加充实，也就给他的作品增加了光彩。

就这样，我就经常在买书，也经常在读书，使我的书斋维持着它的生命，也使得我的写作生活获得新的滋养，希望我有天能够写得出一篇较充实的富有新生命的作品。

这就是我的书斋生活。我坐在这间撤了藩篱的书斋里，将我的写作、读书、和我的生活打成一片。虽然，有一时期，我很想使我的书斋成为禁地，不让别人走进来，我自己也不想走出去。①

20世纪文坛上，有不少作家同时也是学院派学者，那么对于这类作家，其藏书、读书不仅关乎其文学创作，亦与其文学研究密不可分，甚至可以说，对于学术型作家，藏书也是其治学精神的一种表征。据目录学家雷梦水回忆，朱自清先生喜爱收藏珂罗版画册，"也收藏戏曲小说以及有关宋诗方面的书籍。我感觉先生最满意的书有明代洪武本单复所写的《读杜诗愚得》、清代道光五年刊本史炳所写的《杜诗琐证》以及明末清初刊本明遗民余光所写的《昌谷诗注》等。这些都是比较稀见的书"。1948年，已经贫病交加的朱自清还给雷梦水写了一封求书信，"请代找《古文关键》一书，谢枋得著，费神为感"②。数日后，朱自清先生便与世长辞了，其对书籍之重视与治学之虔诚令人动容。

20世纪中国文坛，各种流派社团林立，与此同时，作家之间的互动交游也成为一种常态。因此，作家藏书、读书就不仅仅是一种个人行为，也与作家群体之间的交往和精神互动密不可分。而藏书交流，对于研究作家创作乃至文学发展的影响都有着重要价值。与传统藏家的"秘惜所藏"不同，现代作家基本摒弃了保守的藏书思想，多持开放开明的

---

① 叶灵凤：《我的书斋生活》，见《叶灵凤文集》（第四卷），花城出版社1999年版，第530页。

② 雷梦水：《书林琐记》，人民日报出版社1988年版，第34页。

态度。作家之间的这种互赠、互借以及藏书交流，对于中国现代学术研究的推动作用是不言而喻的。如周氏兄弟与胡适的藏书交流，巴金藏书中的外国友人赠书，冰心藏书中大量青年作家的成名作以及日本作家的作品，朱自清、郑振铎、叶灵凤、赵家璧等作家的借书与交流，背后都有着不为人知的文学故事。曾任教清华大学的朱自清先生，其藏书不仅为己所用，而且主动满足同道学人的研究之需。在他的日记中，有着很多关于他慷慨出借或赠出自己的藏书的记载，如在 1939 年 9 月 8 日的日记里写道①：

> 张荫麟先生借走《卜辞通纂》。
> 余冠英先生借走《文论讲疏》。

再如，1939 年 7 月 24 日的日记记载：

> 将我唯一的一本诗类辨异抄本借给今甫。
> 冠英借去《文论讲疏》，归还《语言与文学》。
> …………

《银鱼集》后记中，黄裳谈到《〈鸳湖曲〉笺证》的创作契机，其中现代文人的交游与藏书互借提供了重要的支援。他充满感激地写道：

> 今天想来也不能不惊异于当时的大胆、狂妄，竟自要动手写这样的考证文章。感谢吴晗和郑振铎两位前辈，他们都极力劝我动手。不只是口头上鼓励，还借给了必要的参考书。在郑西谛庙弄灯光昏暗的书斋里，他从四周的"书山"中抽出了明刻的《张溥文集》和《几社文选》塞到我的手里，吴晗则从北平寄来了《霜猿集》。②

无独有偶，著名红学家周汝昌回忆，胡适曾慨然将极为珍罕的甲戌

---

① 朱乔森编：《朱自清全集》（第十卷），江苏教育出版社 1998 年版。
② 黄裳：《黄裳文集（4）——榆下卷》，上海书店出版社 1998 年版，第 550－551 页。

本《红楼梦》借与初次会面的青年后学周汝昌，凭其携去，后周氏兄弟私自抄录了一份副本，胡适也不加计较。胡适的这种藏书精神深深地感染了周汝昌，后者在信中满怀感激地写道：

> 《论学近著》翻旧了，你也概不加罪，我只有感佩！我觉得学者们的学问见识，固然重要，而其襟怀风度，也同样要紧。我既钦先生前者，尤佩先生后者！①

　　类似的现象广泛存在于 20 世纪中国现代文学史，在对藏书的利用和藏书精神上，阿英之于柳亚子，巴金先生之于李健吾、卞之琳、萧乾，都是很好的典范。这种现代文人间的藏书交流成为作家文学与学术生涯的特别部分。作家的这种读书治学风范，不仅团结了一批同声共气的学人，而且对推动学术进展、繁荣学术氛围都有着积极的作用，也为后世学人树立了典范。

　　作家藏书作为整个文学生产与传播网络中的一个关节点，往往亦隐藏着许多不为人知的文学问题与文学掌故，召唤着更多的关注与阐释，从而实现贯通，以更多的细节让文学与历史的血肉饱满而丰盈。以鲁迅与其弟子的关系来看，我们仅从文字中，很难看出他们之间的亲疏关系，但恰恰是作家的私人藏书为我们提供了某些历史的细节和证明。从北京鲁迅博物馆的胡风遗藏来看，鲁迅与胡风的"平生风谊兼师友"情谊可见一斑。

　　藏书一定程度上亦映射、塑造和强化了收藏者的精神人格，这一点，在"五四"一代知识分子身上体现得尤为明显。作家藏书，为我们探究中国知识分子的知识构成，管窥知识分子的文化选择、思想流变以及精神人格的现代性问题提供了一扇窗，也丰富了我们对于近代以来中国社会文化生态的认识。譬如，对于传统，鲁迅弟子和鲁迅的观点有着怎样的呼应、传承或异变？20 世纪文坛上的周氏兄弟，追随者众多。这些崇拜者或弟子，对于周氏兄弟的精神传统与文学遗产究竟传承了哪些、发展了哪些、又遗漏了哪些？有怎样的共性，又存在怎样的差异？

---

① 周汝昌著，周丽苓、周伦苓编：《我与胡适先生》，漓江出版社 2005 年版，第 107 页。

诸多谜一样的问题，从一般文本解读的角度，难以发现真实的情况，而恰恰是作家藏书这种私人性的物件，透露了许多不为人知的故事和信息。我们从作家的藏书构成及其个人阅读史中不难发现，对于鲁迅精神，鲁迅的追随者包括其弟子，皆有着个人的理解与创造。这种文学接受上的"能动性"，与时代语境，作家人格精神、审美趣味、文化心理深刻相关。作家藏书，成为洞悉作家文化心理和精神人格的一扇窗。比方鲁迅的藏书之好，对鲁迅弟子影响颇深。孙犁、唐弢、黄裳等后辈作家甚至依据《鲁迅日记》后文的书账按图索骥，购书、藏书与读书。再比方，鲁迅对中国传统和古书的态度，我们从一般的文字里，可能看到的是负面批评居多，而很多"文艺青年"尤其是鲁迅弟子如胡风等人明显受到鲁迅观点的影响，对传统持激进的态度（胡风的阅读倾向和知识背景也有鲁迅的影子）。但同为鲁迅弟子的唐弢、孙犁和黄裳，因从鲁迅书账进入鲁迅知识结构，进而探索到鲁迅艺术之源并用心摩习，最终呈现出鲁迅弟子的另一种风景。

此外，作家藏书作为一种私人性的历史物证，也为洞悉作家精神人格的复杂性提供了可能。比如，作为鲁迅传人和研究者的唐弢，给人的印象是对周作人以及京派多有菲薄。然而，我们读他的文字，走进他的藏书与精神深处，发现晚年的唐弢一直在"二周"之间徘徊游离，其对于笔下多有菲薄的林语堂、周作人的笔墨趣味却有着暗暗的心仪与神往。

在藏书选择与阅读过程中，也往往隐含了作家的文化趣味和审美情怀，且作家的这种雅趣与藏书之好还存在某种师承关系，这一点在鲁迅弟子对鲁迅藏书的研究和利用方面体现明显。而这也恰恰为我们重新探讨鲁迅遗产的传承问题提供了较好的视角。据孙犁回忆，他曾依据鲁迅书账购买《金石萃编》《金石文编》。下面这段文字，颇能说明这种藏书之好的传承：

> 我有一部用小木匣装着的《金石索》，是石印本，共二十册，金索石索各半。我最初不大喜欢这部书，原因是鲁迅先生的书账上，没有它。那时我死死认为：鲁迅既然不买《金石索》，而买了《金石苑》，一定是因为它的价值不高。这是很

可笑的。后来知道，鲁迅提到过这部书，对它又有些好感，一一给它们包装了书皮。①

除了孙犁，另一个深谙鲁迅的是唐弢。与孙犁相比，唐弢藏书中金石美术图画书更是数量众多，仅关于美术的各类史著、研究专著和画作就有逾 300 种 700 余册。其规模，在中国现代作家中除了鲁迅恐无出其右。同样，在张天翼的藏书中，关于书法篆刻类的作品数十种，尤其表现在对拓片的收藏上。如《汉石经残字》（拓本影印）、《旧拓石门铭》、《汉白石神君碑》（古鉴阁藏）、《明拓石鼓文》等。而我们从当年与鲁迅笔战过的"创造社小伙计"叶灵凤的艺术趣味上，也能看到这种影响。这从一个侧面证明了鲁迅艺术精神的影响之深远。

鲁迅传人的这种文化趣味，既与鲁迅影响和作者审美个性有关，也离不开特定的历史语境。在特定的时代，鲁迅弟子似乎都有一种从鲁迅金石趣味之中寻找精神皈依的想法，他们在叹服鲁迅"内功"深不可测的同时，也试图从鲁迅的知识结构入手进而打通进入艺术的通道，其散文创作和艺术批评文章不能说不得益于此。但鲁迅弟子在继承鲁迅雅趣的同时，遗漏也是明显的。孙郁曾指出："与史学界的疑古派不同，鲁迅除了关注文献考据，更留意的是历史资料深处的人文性。他从金石之趣中提炼出现代艺术的底色，又从域外考古学成果中建立起多维的思维结构，以文学家的特殊视角，纠正了现代学人的认知偏执，多向性思维代替了历史发现过程的惊讶、欣然和满足。这些成为作为文学家的鲁迅'暗功夫'的一部分。"② "暗功夫"使鲁迅成为一座难以企及和逾越的高峰，也使得鲁迅传人（包括深谙其知识谱系的弟子）只能得其形而难以得其神，这也成为后世学人思考现代知识分子人格现代性问题的重要入口。

总之，藏书与阅读对于作家的个性人格、审美取向和文学创作的影响是多方面的。藏书既是作家文学生涯中的一部分，也是文学史研究的

---

① 孙犁：《我的金石美术图画书》，见《孙犁文集 8》（补订版），百花文艺出版社 2013年版，第 137 页。

② 孙郁：《鲁迅：在金石、考古之趣的背后》，《文学评论》2018 年第 2 期，第 117 – 126 页。

重要一环。作家藏书关联着作家阅读史、创作史（研究史），是作家文化心理、审美趣味、艺术视野、文化选择、文学活动的一种表征。譬如，关于藏书的评论，如书话随笔，不仅关涉文学人物、文化现象、文坛逸闻，还具有独特的理论意义、文化意蕴与审美价值。与中国古代藏书纪事诗类似，现代作家书话在图书史和文学史上应该有一席之地。书话创作既与藏书文化变迁密不可分，也与现代文学与学术发展息息相关。作家书话所征引的文史资料和文学掌故逸闻，具有重要的文学史料价值。譬如陈子善先生素来注重作家藏书和手迹以及相关出版史料的整理研究，这对于弥补和丰富现代文学研究诸多空白是十分有益的工作。

作家藏书，为我们进一步走进作家的精神世界打开了重要窗口，有望消解因历史语境的不同造成的时代隔膜。比如，在历史语境之外，鲁迅对传统的真实态度、鲁迅传人对传统的态度，只有当我们见证了鲁迅藏书中林林总总的古典丛书、类书、书画、碑拓，我们才能更直观地感受鲁迅思想的复杂性和深邃性。再比如，光从文字表层，我们很难辨别鲁迅弟子对于鲁迅遗产的承袭情况，但透过个人藏书，我们能够相对容易地把握收藏者的文化心理和审美趣味，甚至精神人格诸方面。

藏书提供了文学史研究中诸多的"暗面"，为呈现一个更真实立体的作家形象提供了可能。这一点在我们研究像鲁迅、胡适、郁达夫、巴金等有着多重身份的著名作家时尤为重要。以巴金为例，其一生与书结缘，购书、藏书、读书、编书、译书、著书、赠书……每一步的个人选择都关联着作家的成长和文学史的方方面面。他的文学翻译、编辑出版与文学创作，与中国现代文化史息息相关。他的丰富的藏书，反映了时代的多面性和作家思想文化的多维性。藏书也体现了一代作家在文化领域的多维空间的互动关系，为今天的我们还原历史细节，在一个立体的思维模式中呈现作家的文学成长与生命轨迹提供了可能。在"巴金文库"中，关于文学研究会诸成员在内的现代作家作品就有 590 种 609 本。透过这批厚重的藏书，我们可以想象 20 世纪 30 年代，巴金是如何将南北各派文学汇集一堂的。这其中既有鲁迅、茅盾、沈从文、郑振铎等大家名家，也有曹禺、艾芜、丽尼等文坛后起之秀。这些书大部分由文化生活出版社出版，其有力地见证了作为总编辑的巴金对中国文学与出版事业的重要贡献。再以胡风为例，他与鲁迅的师承渊源，其对传统的态度和对西方尤其是俄苏文艺理论的接受，作为批评家的理性与作为诗人的感性的交织，以及由此带来的文学上的成就与局限，一生命运的跌宕起伏及其文化史启示，依然是值得深入探究的"谜"。而这些"谜"在他的藏书与阅读史中都隐藏着某种难得的踪迹。

作家藏书研究无疑是中国现当代文学研究的另一个学术生长点。作家藏书为作家研究由表层结构向深层结构发展提供了契机，为打开作家的精神世界、洞悉作家艺术成功的奥秘提供了可能。在"藏书—阅读—创作（研究）—交流"的观照之下，作家作品以及许多重要的文学现象之"谜"也有望解开，跨越时空的时代和历史语境带来的认知上的隔膜也将获得理解。譬如，巴金的编辑出版，与他的文学创作和翻译活动形成了一种同构互文的意义生产关系，背后有着他早年在政治信仰基础上形成的"人类意识"的潜在影响。这使他与一般的文学编辑相比，拥有了更深切的人文情怀、更宏阔的文化视野和更深刻的反思精神。他独特的编辑精神在 21 世纪的今天，依然有着重要的启示价值。巴金丰富的私人藏书，为探寻其思想与整个文学活动之间的沟通关系提供了必要的互证。

藏书是作家审美趣味、文化选择、学术情怀的表征，关联着作家的阅读、思考、创作与交流。作家的知识结构、阅读体验、阅读视野、创作素材、理论体系、思想观念，艺术手法、文化选择（传统与异域文化的取舍态度）也与此相关。藏书与阅读影响作家思想及其时对文本的塑造，对照作家作品与其藏书，不难发现：文本是藏书与阅读的艺术创作处理，是一种影子般的存在。研究作家藏书，即考证作家艺术思想从何而来。研究作家藏书、读书与用书之间的共生与互动，探索文学的转化、呼应和生产性的激活以及作家如何将阅读文本化为更精彩的文学作品。作家藏书研究，是作家作品纯文学研究的一部分，是创作素材、意象、话语方式、艺术风格、文化视野的重要来源，关系着作家审美趣味、人格气质、语言及文化的摄取转化和嫁接能力、东西方文明的碰撞与交汇，反映了作家文化心态复杂性和变化性。作家藏书研究因关注文学现象、文化心理、文化传播故而也必然属于"大文学"的研究范畴。

总之，作家藏书不同于一般藏书，其收藏、阅读、交流和传承，无疑构成了整个文学生产和文化传播的重要部分，它是包括作家的心智情趣与思想人格、作家阅读、审美心理、文学创作、文学出版等在内的文学活动的逻辑起点，其有望呈现作家的知识结构与思想谱系。那么，对现代作家藏书家尤其是像鲁迅、朱自清、巴金一样身兼多重身份的藏书家及其藏书进行专门研究，就应该是现代文学研究必不可少的课题了。

第一章　胡适藏书中的鲁迅与陈独秀

作为 20 世纪中国的"君子""斗士"和"老革命党"，胡适、鲁迅与陈独秀曾是志同道合的战友。然而，作为"右翼文人主帅""左翼文坛旗手"和"中共创始人"，之后更长的岁月里他们却多以政治对手的身份出现。这种极富张力的文人关系，给予了后人无尽的遐想空间。近年来，随着作家日记、书信等研究的兴起，作家藏书研究也开始进入学者视野。作为一种无声的证物，私人藏书为洞悉作家精神世界打开了新的窗口。与名人日记客观存在的主观虚构性相比，私人藏书作为作家遗物，在揭示作家隐秘的文化心理、审美趣味乃至精神人格方面具有更多的可信性。当然，某种程度上作家藏书也可以作为我们洞悉作家之间微妙关系及其影响的一种重要依据。因此，它既是作家群体交往史的一种证明，也是藏书者知识结构、理想信念、人格精神、性情趣味的一种表征。譬如，晚年的胡适对于陈独秀与鲁迅的精神遗产究竟持怎样的态度？在一般的文字性史料里不易发现，然而透过作家私人藏书这扇窗，则可以进一步了解作家之间亲疏聚合的具体线索，亦有望洞悉作家交往和互动中的微妙态度，再现文化巨人人格思想的丰富性与多元性，避免对历史人物产生主观的二元对立式的批评。

第一节　藏书中的战友与论敌

作家藏书，实为一面现实关系的镜子，往往能够映射出一个时代文人的亲疏聚合与精神人格。胡适曾自述："此身非我有，一半属父母，一半属朋友。"这当然是事实，其一生交际之广泛远远超过同辈文人。这一点，我们从他林林总总的中外赠书亦可见一斑。而在他的众多朋友中，陈独秀无疑是特别的一位。中国现代史上的陈独秀和胡适，举足轻重，相携与共，却又若即若离，甚至互为论敌。二人为安徽同乡、北大同事，更是叱咤风云的新文化运动同道。从早年的惺惺相惜，并肩作战，到中途的改弦易辙，分道扬镳，陈胡二贤携手开启了中国现代文化史的新篇章，也留下了意味无穷的文化思考的空间，其超越文化与政治分歧的私人情谊也早已成为传奇。近年来，随着史料的不断发掘和相关传记、思想类论著的相继推出，国内学界的"胡适研究"和"陈独秀研究"逐渐升温。与此同时，作为20世纪中国思想文化史之中心人物之间的关系研究也成为热点中的热点。研究者普遍肯定了陈胡二人在新文化运动中的合作与贡献，对于胡适对牢狱之灾中的陈独秀的数次施救高度赞誉。然而，陈独秀与胡适二人关系究竟如何？在胡适真实的内心世界里，陈独秀究竟是怎样的一种存在？

陈独秀一生跌宕起伏，纵横于学界与政界，其著作不可谓不宏丰。无论是作为思想家、学者，还是作为政党领袖，其文皆具有特别的研究价值。然而，在胡适的12 000余种藏书中，关于陈独秀的著作可谓寥寥可数，这对于一个有"历史癖"和明确的"立传"意识的学者来说，不能说不算反常。查阅胡适藏书，现存陈独秀著作仅2种：一种是上海亚东图书馆出版的《独秀文存》，该书有两个版本：第一个是1927年第8版（共计4册），第二个是1937年的《独秀文存》第11版（共计4册）；另一种则是1949年香港自由中国社初版《陈独秀最后对于民主政治的见解：论文和书信》。比之藏书中关于其他《新青年》同人和包括中外政客在内的各类书籍，我们不禁疑惑：除了官方查禁的可能之外，是否还与作为收藏者的胡适的文化心理与思想感情有关？胡适收藏的这两种书，对于他本人究竟具有怎样的意义？

胡适收藏的此两种陈独秀著作，实际上皆与他本人有着特别的关系。作为五四运动之后最早传播资产阶级民主思潮的力作——《独秀文存》的意义与价值自然不同凡响，然其问世过程可谓一波三折。1921年，经汪孟邹与胡适协商，上海亚东图书馆拟出版胡适的文章汇编，名为"胡适文存"。该书出版后反响热烈，上海亚东图书馆遂决定推出"文存系列"，而能够与《胡适文存》并列出版的，自然非《独秀文存》莫属。然而在当时特殊的政治形势下，《独秀文存》的出版远远没有

《胡适文存》顺利。据亚东图书馆主人汪原放回忆："出《独秀文存》，实在是战战兢兢地出的，当时仲翁因在大世界散传单被捕，出来还没有多少时哩。"[1] 尽管如此，《独秀文存》最终无论是在销路还是社会影响上皆表现出色。从 1922 年到 1926 年《独秀文存》共计印八次，1933年《独秀文存》又印两次，在第九次的重印版中，蔡元培专门写了一则序言：

> ……这部文存所存的，都是陈君在《新青年》上发表过的文，大抵取推翻旧习惯、创造新生命的态度，而文笔廉悍，足药拖沓含糊等病；即到今日，仍没有失掉青年模范文的资格。我所以写几句话，替他介绍。[2]

联想到彼时陈独秀尚在狱中，蔡元培的义举令人肃然起敬。而作为旧友的胡适亦为营救之事奔走呼号，并专程探监，为狱中的陈独秀访书购书，此事早已成为文坛美谈。《独秀文存》自 1922 年由上海亚东图书馆首次出版，后接连刊印 11 次，累计印数万部，成为上海亚东图书馆出版的进步书籍中的重要部分。该著收录了陈独秀自 1915 年 9 月发表于《青年杂志》创刊号上的《敬告青年》到 1921 年 8 月《新青年》第9 卷第 4 号上的《答蔡和森〈马克思学说与中国无产阶级〉》，七年间的主要论文、随感录与通信，共计三卷四册。在陈独秀的众多著作中，这部《独秀文存》既是新文化运动同人相携与共、协同作战的可贵情谊的历史见证，也是陈独秀早期民主自由思想与文化选择的集中代表。

从藏书的记号来看，胡适对陈独秀这部著作是特别重视的。第 8 版《独秀文存》中夹有纸张：第 1 册的第 30、31、32、33 页间皆夹有胡适阅读笔记的字条各 1 张，第 4 册的 71、84、85、88、89、146、147、208、209、256、257 等页间也各夹有字条数张。而从第 11 版《独秀文存》第 1 册封面上的胡适题记来看，也是颇耐人寻味的。胡适在藏书上写道："卅二年五月十五日在纽约唐人街买得此书。适之。独秀死在卅

---

① 汪原放：《亚东图书馆与陈独秀》，学林出版社 2006 年版，第 77 页。

② 蔡元培：《记陈独秀——〈独秀文存〉序》，《蔡元培自述》，北方文艺出版社 2012 年版，第 166 页。

一年五月廿八日。适之。"查《胡适日记》，发现刚好缺 1942 年 2 月 12 至 5 月 18 日之间的记载，所以我们也难以了解胡适当时购买此书的情形、心理以及阅读的细节情况。但从胡适题记的言辞之间，也不乏一种深沉的故人之思。

查次年即 1943 年 1 月 21 日的《胡适日记》，其中所云亦可谓意味深长：

> 今天收到四川岳池陈树棠先生一封信，是三十年十二月四日付邮的！此君家藏书画万余卷，名"朴园收藏"。有独秀、尹默诸人题诗。独秀诗云：
> 百年乔木读书堂，允矣吾宗世泽长。
> 文物不随戎马尽，蜀中独有鲁灵光。
> 书中说："仲甫西来，备谭过往。声容犹昔，发鬓已苍"。仲甫即独秀，他去年五月尾已死去了。我也题小诗云：
> 海外欣闻有朴园，藏书万卷至今存。
> 好为宗国留文献，岂但楹书贻子孙！

在回信中，胡适深情写道："来书提及仲甫，已于去年五月作古了，念之慨叹。"他借陈树棠的朴园题诗，与老友唱和，寄托了一种故人之思和世事沧桑之感。然而，情谊归情谊，细读两诗，从陈独秀之"元矣吾宗世泽长"到胡适笔下的"岂但楹书贻子孙"，这种貌似"抬杠"的背后，两位老友的和而不同还是不难体会的，且彼此在政治和文化上的分歧似乎并没有因为老友的早逝而烟消云散——胡适的真性情与学究气由此可见一斑。

那么作为左翼文坛领袖的鲁迅，在胡适藏书中又是怎样一种存在呢？查胡适藏书目录，发现其收藏的鲁迅著作也不多，但与陈独秀著作相比还是相对全面些。胡适藏鲁迅著作大致呈现以下四个特点：

第一，藏书多为鲁迅代表作。如 1923 年北京新潮社出版的小说集《呐喊》，这部小说集以创作的实绩有力地回应了胡适等人对于中国现代白话小说的倡导。对此，胡适曾在《五十年中国之文学》中予以高度评价：

　　这一年多（一九二一年以后）的《小说月报》已成了一个提倡"创作"的小说的重要机关，内中也曾有几篇很好的创作。但成绩最大的却是一位托名"鲁迅"的。他的短篇小说，从四年前的《狂人日记》到最近的《阿Q正传》，虽然不多，差不多没有不好的。①

　　第二，藏书多与胡适自身学术研究相关。藏书中收有《小说旧闻钞》和《中国小说史略》的不同版本，前者为1926年北新书局初版，该书为鲁迅辑录；后者共计两种，分别1924年北京大学新潮社初版下册与上海北新书局1926年版。北京北新书局1927年版《中国小说史略》等则自然与胡适彼时的古典小说研究有关。当年在阅读了鲁迅的《中国小说史略》后，胡适曾发出过如此感慨：

　　　　小说的史料方面，我自己也颇有一点贡献。但最大的成绩自然是鲁迅先生的《中国小说史略》，这是一部开山的创作，搜集甚勤，取材甚精，断制也甚谨严，可以替我们研究文学史的人节省精力。②

　　从中可看出胡适对这部著作的热情推崇。这一时期亲密的合作显示，胡适对于作为学者的鲁迅是充满敬意与赞赏的，这种学理上的肯定，我们从他在鲁迅遭遇"抄袭"事件的过程中的公正表现也能看出。

　　第三，胡适对于鲁迅著作皆有细致的阅读和点评。在旧学的整理和研究方面，胡适与鲁迅是有着很多积极的共鸣与互动的，这在他们彼此的文章和日记中都留下了历史的印记。这种饱含默契的精神砥砺，我们从《小说旧闻钞》和《中国小说史略》等藏书上的胡适的朱笔圈画亦可见一斑。譬如，1926年上海北新书局出版的《小说旧闻钞》封底即有胡适题记"文艺复兴"等内容，而北京北新书局1927年版的《中国

---

① 原载1924年申报馆版《五十年来之中国文学》，现据《胡适文存》第二集，第259页。
② 《白话文学史自序》，载《白话文学史》卷首，上海新月书店1928年版。又收入《胡适文存三集》，上海亚东图书馆1930年版；引文见欧阳哲生编：《胡适文集》（八卷），北京大学出版社1998年版，第145页。

小说史略》题名页亦钤有"上海极司非尔路四十九号甲，胡适之"等字样。胡适还收藏了1953年人民文学出版社出版的《小说旧闻钞》和《中国小说史略》，前者钤有"胡适的书"印章，第94、95页皆有胡适所作注记与校改，该书为北京重印第一版第3次印刷，版权页印有"根据鲁迅全集出版社'鲁迅全集'单行本纸版重印"字样。后者为北京重印第一版第4次印刷，版权页印有"根据鲁迅全集出版社'鲁迅全集'单行本纸版重印"字样，该书也钤有"胡适的书"朱文方印。题记和后记皆有胡适所作批注和圈点，这些认真研读的细节，证明了胡适对鲁迅古典小说研究的高度重视。在这一版的《中国小说史略》后记末尾，胡适还写下了一段颇有意味的批语：

> 鲁迅此书是开山之作，有工夫，也有见地。但他举各书的例子，尤其是白话小说里的例子，都很少有趣味的文字，往往都不够代表各书的作风。
>
> 胡适四四，二，七

胡适的赞语很真诚，至于"很少有趣味的文字"的批语，只能说是一种个人断语吧。

胡适还藏有1941年上海鲁迅全集出版社初版的《鲁迅三十年集》，该文集自然包含《中国小说史略》《小说旧闻钞》《唐宋传奇集》等胡适早年感兴趣的学术著作，然胡适购买此套书的初衷或许还在于其对鲁迅的认知以及对鲁迅著作的阅读动机发生了一些变化。查胡适日记可知，此书购买在20世纪40年代，彼时的胡适身在海外，终日周旋于各种政治事务与应酬之间，但从一些细节来看，对于国内学界尤其是鲁迅、陈独秀的著作，胡适依然默默关注。作为驻美大使的胡适常去纽约的唐人街书店购书，在他1943年1月1日的日记中有载：

> 昨夜到 China Town［唐人街］买到《鲁迅三十年集》全部三十本，价二十元！今天我翻看了他的一些我不曾看过的"杂感"：《华盖集》（1925）、《华盖集》续编（1926）、《而已集》（1927）、《三闲集》（1927—1929）。

　　胡适在"价二十元"后面加了一个感叹号，从一个侧面暗示其对鲁迅的重视，他此次在异国高价购买鲁迅著作显然有着明确的阅读动机。日记中还记载了胡适当日接待了北大同学和众多政界友人之后，回家继续阅读《鲁迅三十年集》，直至凌晨三点四十五分才睡。但与他在藏书批注和日记中对待其他作家作品的阅读态度很不同，胡适对于自己高价购买的《鲁迅三十年集》和"不曾看过的'杂感'"却并未留下哪怕是只言片语的阅读感受，这微妙的阅读心理是颇耐人寻味的，从中似乎也可略微洞悉胡适精神的幽微复杂的一面。尽管如此，他对鲁迅的关注从这些粗略的记录中依然可见，且彼时的胡适对于鲁迅作品关注的重心显然也有所迁移。

　　第四，藏书中无题赠本。对比胡适藏书中众多的签名本，尤其是徐志摩、周作人等人的题赠本，鲁迅这方面的赠书较少。从胡适日记和书信来看，他们是有互赠著作的，但现存胡适藏书少见，这或许有两个可能：一是当时没有题赠本，二是相关藏书散失了。唯一的题赠本是周氏兄弟合译的《域外小说集》（1909年东京神田印刷所印制）。该书为周作人所赠，扉页有胡适题记。

第二节　作为思想家的胡适与陈独秀

　　从藏书心理来看，胡适对于陈独秀的精神遗产采取的是选择性认同的历史态度。胡适收藏的《独秀文存》与《陈独秀最后对于民主政治的见解：论文和书信》，或许主要源于与旧友在思想上的某种契合。当然，前者更是陈胡昔日相携与共、协同作战的战友情谊的见证，其之于收藏者胡适，或许不无怀旧与纪念的意义吧。

　　政治上的分歧曾使两位旧友分道扬镳，也最终影响了胡适的历史观与学术判断。这种分歧除了今天的胡适藏书提供的无声证明，我们从胡适在世时的一些微妙态度亦能洞悉一二，获得某种互证。陈独秀去世后，在对于陈氏精神遗产的问题上，胡适的态度很值得玩味。1942年陈独秀去世后，其晚年最亲近的学生何之瑜曾先后三次致信给时任北京大学校长的胡适，商议陈独秀遗著的出版事宜，并盼胡适能作一总序，但这一请求一直未得到胡适回应，《独秀丛著》最终亦未能出版。查1942年的胡适日记，也不见对此事的相关记述。然而，经由何之瑜编辑并转交胡适的《陈独秀最后论文和书信》一书却引起了胡适的极大兴趣。胡适1949年2月23日的日记中有云："读《陈独秀最后论文和书信》，深喜他晚年大有进步，已不是'托派'了，已走上民主自由的路了。"① 这份材料最后在胡适将该书改名为"陈独秀最后对民主政治的见解：论文和书信"之后终于得以由香港自由中国社出版。他在1949年4月14日夜所作的该书序言中，对"我的死友陈独秀最后对于民主政制的见解"大加赞赏。开篇写道：

> 陈独秀是一九三七年八月出狱的，他死在一九四二年五月廿七日。最近我才读他的朋友们印行的陈独秀的最后论文和书信一小册，我觉得他的最后思想——特别是他对于民主自由的见解，是他"沉思熟虑了六七年"的结论，很值得我们大家仔细想想。

接着他大段摘引了陈独秀给陈其昌和西流等人的信件内容，认为这些答复"是独秀自己独立思想的结论，实在是他大觉大悟的见解""独秀的最大觉悟是他承认'民主政治的真实内容'有一套最基本的条款——一套最基本的自由权利——都是大众所需要的，并不是资产阶级所独霸而大众所不需要的"。对于这个"民主政治的真实内容"，陈独秀在最后写《我的根本意见》时，"他看的更透彻了，所以能用一句话综括起来：民主政治只是一切公民（有产的与无产的，政府党与反对党）都有集会、结社、言论、出版、罢工之自由。他更申说一句：特别重要的是反对党派之自由。在这十三个字的短短一句话里，独秀抓住了近代民主政治的生死关头。近代民主政治与独裁政制的基本区别就在这里，承认反对党派之自由，才有近代民主政治，独裁制度就是不容许反对党派之自由"。

胡适认为"这封信（笔者注：即1940年7月陈独秀在病中陆续写

---

① 胡适著，季羡林主编：《胡适全集》（第33卷），安徽教育出版社2003年版，第717页。

了廿余日才写好的致西流的五千字长信）是中国现代政治思想史上稀有的重要文献"。结尾他再次摘引了陈独秀于一九四一年一月十九日给 S 和 H 的一封信，信中说"适之兄说弟是一个'终身反对派'，实是如此。非弟故意如此，乃事实逼我不得不如此也"。胡适最后的点评和总结是："因为他是一个'终身反对派'，所以他不能不反对独裁政治，所以他从苦痛的经验中悟得近代民主政治的基本内容，特别主要的是反对党派之自由。"① 序言中，胡适重点强调了陈独秀的"最后见解"，其意不言自明，这是两位思想领袖经历长久对立后的一种神会。胡适所藏的《陈独秀最后对民主政治的见解：论文和书信》为该书初版，封面有胡适的题名：陈独秀的最后见解（论文和书信），书中还留有胡适的黑、红笔注记、校改和圈画。由此可见胡适对这部著作特别看重。耿志云先生认为："胡、陈两人政治对立而仍能维持友谊，既有私谊的作用，也有共同思想做基础。"② 这个共同思想今天看来应该就是他们早年对于民主自由的追求，也正是这种信仰与追求，使他们最终选择从书斋走向了社会与庙堂，成为扛起中国现代化旗帜的大写的知识者。从胡适对于《陈独秀最后论文和书信》的"深度解读"和他晚年对于胡风的特别关注，不难看出胡适对于共产主义运动的质疑和对自由主义信仰的笃信，他的这种信念随着晚年的到来而更加坚定。他从陈独秀、鲁迅、胡风等人身上，看到了知识分子的相似命运，也发出了沉重的感慨。

孙郁先生认为："在胡适的身上，看不到非理性的情绪，甚至连激进主义的冲动也很少有过。但在学理的层面上，在思想的倾向上，有时与激进主义者，确属于同一营垒。"从他与陈独秀的交往上，不难发现：尽管在性情、思想以及学理上两人有着很大的差异，但对于陈氏的气魄与人格，胡适是不无欣赏的。在对现代性的理解和对传统文化的清理、对旧文明的毁坏上，他们无疑都是传统的"逆子"。彼时的陈胡既有对同行者精神人格的信任，亦有相携与共的深沉情谊。在致蔡元培的信中，胡适曾动情地写道："暑夜独坐，静念十年来朋友聚散离合之迹，

---

① 以上原载台北《自由中国》第七卷第十二期，收入 1949 年台北自由中国社出版《我们必须选择我们的方向》。转引自胡颂平编著：《胡适之先生年谱长编初稿》，联经出版事业公司 1984 年版，第 2083 – 2091 页。

② 耿云志：《胡适研究论稿》，社会科学文献出版社 2007 年版，第 207 页。

悲哀之怀不能自已。"① 这种情感自然是真实的，胡适对于陈独秀被捕后的数次营救，固然有对陈独秀人格的一种暗自欣赏，但作为曾经的战友的情谊也是重要因素。从私人情谊和精神人格上，陈胡二人可谓知己。在《四十自述》的第一章，胡适称赞作为老革命党的陈独秀，认为"这样武断的态度，真是一个老革命党的口气。我们一年多的文学讨论的结果，得着了这样一个坚强的革命家做宣传者，做推行者，不久就成为一个有力的大运动了"②。《新青年》期间和在北京大学的彼此声援，使得二人一时成为中国思想界新派的标杆，这种风范与道义对于后世的知识分子不能不说依然是一种可贵的精神资源。然而，陈胡二人毕竟又为极有个性的学究。情谊的归情谊，思想的归思想；思想的分歧无碍于情谊的存在，情谊的存在亦无法消弭思想的分歧。这种分歧随着政治形势的发展而不断加深，陈独秀曾评价：

> 胡适这个人，实在难测，在《新青年》上有大胆狂言的勇气，也写过一些号角式的文章。新文化运动，也是有贡献的。但他前进一步，就要停步观望一下，后来他走了一步，就倒退两步，这就难以挽救了。当初，我曾寄希望于他，同他谈马克思主义，有时兴奋起来，也说马克思是一大思想家，有独到的见解。但考虑良久，又退回到杜威那里去了，如是者几次，都不能把他拉到革命人民这一方面来。③

对于陈独秀，胡适也如是检讨：

> ……独秀因此离去北大，以后中国共产党的创立及后来国中思想的左倾，《新青年》的分化，北大自由主义者的变弱，皆起于此夜之会。独秀在北大，颇受我与孟和（英美派）的影响，故不致十分左倾。独秀离开北大之后，渐渐脱离自由主

---

① 见《胡适的日记》手稿本第 7 册。
② 胡适：《四十自述》，《南游杂忆》，吉林出版集团 2017 年版，第 149 页。
③ 石原皋：《胡适与陈独秀》，见颜振吾编：《胡适研究丛录》，生活·读书·新知三联书店 1989 年版，第 89 页。

义者的立场，就更左倾了。……①

很显然，尽管意见相左甚至思想对立，陈胡皆未放弃对对方的争取。至于胡适鼓励出狱后的陈独秀进"国防参政会"，今天看来自然不免书生意气了。无论是对于陈独秀离开北京大学的认知还是力劝陈独秀入"国防参政会"，都带有文人参政的天真，胡适晚年在台湾的落寞自然难免。

季羡林先生在谈到作为思想家的胡适时，曾中肯地评价道：

> 不管是哲学，还是思想，他都没有独立的体系，而且好像也从来没有想创立什么独立的体系，严格地讲，他不能算是一个纯粹的思想家。我给他杜撰了一个名词：行动思想家，或思想行动家。②

我们比较陈独秀与胡适两人的人生轨迹，其实"行动思想家"放在这两位文化先驱身上都是恰如其分的——他们实在有很多的共性：皆热衷政治，不约而同地从书斋走向政坛，尽管选择的路途各异，但皆成为现代中国学者参政的典型。本质上，他们皆为学者，也正因为如此，二人终其一生皆徘徊于学术与政治之间，我们从胡适多次对陈独秀的"狱中治学"的批评也能体味一二。1919 年 6 月 29 日出版的《每周评论》，刊登了一则题为"研究室与监狱"的随感录，胡适写道：

> 你们要知道陈独秀的人格吗？请再读他在《每周评论》第 25 号里的一条随感录："我们青年要立志出了研究室就入监狱，出了监狱就入研究室，这才是人生最高尚优美的生活。从这两处发生的文明，才是真文明，才是有生命有价值的文明。"

我们查阅他后来的日记和文章，对于陈独秀狱中治学的经历多有评价，个中情感自然是一言难尽的。1952 年 5 月 27 日，胡适读到一封致

---

① 胡适著，季羡林主编：《胡适全集》（第 24 卷），安徽教育出版社 2003 年版，第 266 页。
② 季羡林：《〈胡适全集〉序》，见《序跋集》，新世界出版社 2017 年版，第 210 页。

《纽约先驱论坛报》的《沙俄统治下的西伯利亚》，作者引哈佛大学 P. A. Sorokin 的话，认为"政治犯的流放和监禁，实质上是给了他们一次开销很大的休假"。联想到那只写了半部的《中国哲学史》，胡适在日记中写道：

> 此信很有趣。我屡次说，倘使国民党肯把我送到监狱里去同陈独秀享受一样的待遇（除了他的"土摩登"朋友的探视一项），只消三年，我的几部书都可以写完了！
>
> Sorokin（索罗金）的书，我没有看见，但他说的（开销很大的休假），大有我当日羡慕独秀的监狱生活的神情！
>
> 我当初作词，有"冰天十万囚徒"的话，我早已悔此数太不确了！

从学术与政治之间的选择来看，陈独秀与胡适有诸多相似之处，胡适对陈独秀在监狱的治学深表赞赏，对于其涉足政治而远离学术深表惋惜。政治上的抱负使得他们无法专注于成为一流的学者，而信仰上的分歧也影响了胡适对于历史与历史人物的理性判断。从胡适对待陈独秀遗著的处理态度上也能感知一二。如果说 1949 年的胡适对于《独秀丛著》的处理态度有可能受到彼时国共两党军事斗争的影响，那么胡适晚年对于《独秀文存》的选印，则较为客观地反映了胡适的微妙态度。在胡适去世前的几个月，台湾青年学者李孤帆去信征求胡适有关整理陈独秀遗藏的意见，胡适的反应可谓耐人寻味。在 1961 年 8 月 28 日的回信中，胡适写道，"我对于你选印《独秀文存》的事，颇不热心"。而"颇不热心"的原因，胡适解释：

> 第一，我自己就没有心力来写"介绍陈独秀的思想"的文字，因为那就需要我重读他的全部文字，而现在绝对无法搜集他的全部文字。第二，因为我觉得独秀早年的思想大都是很浅薄的；除了他晚年从痛苦中体验出来的"最后"几点政治思想是值得表彰之外，我也总觉他是个没有受过严格学术训练的老革命党，而不是一个能够思想的人。第三，我觉你也不是

理想的"马二先生"（《儒林外史》里的选家），而这个时候也不是选印独秀文选的时候。①

胡适的推却固然有对外界环境的考虑，但最根本的恐怕还在于他内心所坚持的"我觉得独秀早年的思想大都是很浅薄的"以及他认为的陈独秀"不是一个能够思想的人"。从有选择地接受到"颇不热心"，这两个细节从侧面反映了晚年胡适对于陈独秀精神遗产的真实态度。

王森然先生在论及陈独秀的治学思想时也指出："无论任何问题，研究之，均能深入；解决之，计划周全；苟能专门致力于理论及学术，当代名家、实无其匹。"② 陈独秀的学术思想多基于其政治抱负，而政治活动也使其学术思想迥异于一般学院派。陈独秀晚年尽管在文字学等方面投注精力，但主要为一种精神寄托。除了政治抱负上的冲突，崇尚科学主义与考据的胡适对于马克思主义形而上学难有会心。政治抱负的不同是一方面，思想背景、知识结构、人格性情迥异也成为影响胡适对于陈独秀学术成就的认同和精神遗产的态度。一个是受过西方系统学术训练的学者，一个是热心救世的革命家，他们的同一性在于都接受了进化论，他们以不同的方式参与政治，在政治角色上，不约而同地扮演了"一生的反对派"，尽管陈胡命运迥异，但晚年的落寞与孤独是相似的。从知识背景上看，胡适与陈独秀都不可避免地依赖域外文明，不同之处仅在于一个是俄苏，一个是美式的。对于前者，作为杜威信徒的胡适看来不过类似于"宗教式的迷信"——这是他们分歧的思想源头，或许也是胡适对陈独秀遗著持保守态度的真正原因所在。

胡适曾对弟子罗尔纲说："仲甫是有政治偏见的，他研究不得太平天国。"但从一些历史的细节来看，所谓政治偏见岂陈独秀独有？季羡林认为"适之先生在学术问题上有时偏激得离奇"③，如今看来似乎不无道理。陈独秀、胡适作为开一代风气之人，在理论修养和实际斗争方面皆有不足，这也使得他们的参政议政带有更多乌托邦的性质，其晚年

---

① 胡颂平编著：《胡适之先生年谱长编初稿》（第十册），联经出版事业公司 1984 年版；或转引自曹伯言、季维龙编著：《胡适年谱》，安徽教育出版社 1989 年版，第 951 - 952 页。

② 王森然：《近代二十家评传》，书目文献出版社 1987 年版，第 223 页。

③ 季羡林：《序跋集》，新世界出版社 2017 年版，第 209 页。

在政治上的失意与寂寞，已经说明了这一点。胡适与陈独秀两人的不同，在于一个从学理上，一个从时势上，与陈独秀相比，胡适不仅少了烟火气，而且其书生论政的乌托邦性质也注定是一种天真的幻想。

胡适在一些危难时刻能出手相助，主要是道义与情谊的作用，其宽容形象也由此熠熠生辉，然而他在学理与政治抱负上则表现出截然不同的另一种姿态。作为朋友的二人皆有着不凡的气量与胸襟，但作为思想家，陈独秀之于胡适则是另一种存在，这也是我们今天在胡适藏书中见到陈独秀著作的原因之一吧。当然，仅靠藏书情况，还很难证明二者真实的关系。但作为一种带有隐秘性的物证——学者私人藏书有助于我们研究作者的文化心理。那些通过作品很难了解的真实的内心世界，透过藏书却有望捕捉一二：如果说《独秀文存》是二人战友情谊的见证，那么《陈独秀最后对于民主政治的见解：论文和书信》则可视为两个旧友晚年的某种默契。作为一种物证，藏书的多少，很难说是私人关系亲疏的一种证明，但应该可视为藏家思想感情的一种表征。从胡适的陈独秀藏书来看，不难发现胡适的所重与所轻。其所重为《新青年》同仁的昔日情谊，或者说对旧友陈独秀人格的尊重；至于陈独秀的政治追求和学术素养，胡适则持一种相轻的心理。私人藏书作为一种带隐秘性的物证，恰恰折射出藏书者的微妙心理以及与被藏者的独特关系。不难看出，与其说作为《新青年》主编的陈独秀学术素养并未得到胡适的真正认同，不如说是胡适的托词背后隐藏着昔日同道的难以弥合的分歧。排除胡适藏书中关于陈独秀著作遗失的可能性，或许正是这种思想上的分歧，才能解释为何胡适藏书中关于陈独秀的著作寥寥可数。

作为文坛领袖的胡适素以"宽容"形象示人，譬如在处理鲁迅逝世后苏雪林的"攻击"方面，胡适告诫："他已死了，我们尽可以撇开一切小节不谈，专讨论他的思想究竟有些什么，究竟经过几度变迁，究竟他信仰的是什么，否定的是什么，有些什么是有价值的，有些什么是无价值的。如此批评，一定可以发生效果。""凡论一人，总须持平。爱而知其恶，恶而知其美，方是持平。"这自然是公允的评论。他建议写一篇短文为鲁迅洗刷清白，原因在于："此是 gentleman 的臭架子，值得摆的。如此立论，然后能使敌党俯首心服。"这固然有学者的风度，但也有表演的性质。对比他对陈独秀精神遗产的态度，我们不难看出这种态度上的差异。这或许是因为在学究气较浓的胡适眼里，政治信仰上的分歧毕竟有别于文学创作和学术研究。耿志云曾比较胡适与蔡元培的差异，在他看来：

> 蔡氏因近于圣贤境界，其待人之诚，容人之量，几乎是所遇皆然，始终一贯。胡适因是勉力为之，有时稍一松懈，便发生意气和不容人的情形。当年林琴南那般攻击北大，攻击蔡元培，而蔡氏复信丝毫不假辞色，平情论理，真可谓"犯而不校"了。胡适以晚辈学者，屡受蔡之知遇奖掖之恩，而对其《石头记索隐》攻之为"猜笨谜"。蔡元培作跋语只是申述己意，未尝有为此作气之意，真可谓"人不知而不愠"。胡适有时就做不到这一点了。①

众所周知，胡适是一位有着很强的历史意识的文化巨人，他深知自己将来必然成为历史研究的重要对象，因而对于史料的保存有很强的意识。而他保存良好的丰富的藏书，某种程度上，和他的著作、书信、日记等一样，成为胡适研究和二十世纪中国思想文化研究的重要史料。这一点，我们从他对古今中外各类自传的关注与收藏也能看出，譬如，他与宋子文的矛盾，在1942年的日记中便有记载："记此一事，为后人留一点史料而已。"然而，从他对待陈独秀遗产的态度上，也隐约可见素以"宽容"闻名于世的胡适其不太"宽容"的一面。

第三节　作为学者的胡适与鲁迅

如果说陈独秀之于胡适，是一种人格气魄上的欣赏与旧情谊的维系；鲁迅之于胡适，则更多是学理上的共鸣与艺术天赋上的赏识。作为学者和思想家的陈独秀，并未真正获得胡适的认可；对于鲁迅，尽管在情感上互有隔膜，但对其治学与艺术天赋胡适是暗含敬意的。这种复杂的文人关系和多面的文化性格，我们从胡适藏书中亦能看出些许端倪。

---

① 耿云志：《胡适新论》，湖南出版社1996年版，第188页。

一般来说，题赠本的收藏情况可视为作家交往史的一个侧影。对比胡适藏书中林林总总的来自世界名流和各界人物的题赠本，鲁迅的题赠本寥寥无几，这或许也证明了文学史上的胡鲁并不存在论学之外的私谊。然而，尽管胡适收藏的鲁迅著作不多，但亦颇具代表性，他们的交情不深，甚至意见相左，但对于彼此的治学尤其是旧学方面是尊重和欣赏的。在论政和探讨西学方面，他们的互动不多，两人少有的"蜜月期"主要与早期学术研究有关。具体来说，主要在整理旧学方面，以及围绕于此的借书、荐书、评书、赠书、出书等活动。两位文坛领袖的藏书与日记为他们的交往史提供了某些具体的证明。

胡适与鲁迅的相识与合作是从文化的破旧立新开始的，无论是早期白话文运动和新诗创作，还是古典小说研究，他们都有着一种默契。在胡适眼里，鲁迅早年文学作品和小说史研究"皆是上等工作"。1922年8月11日，胡适曾在日记里写道："周氏兄弟最可爱，他们的天才都很高。豫才（鲁迅）兼有赏鉴力与创造力，而启明（周作人）的赏鉴力虽佳，创作力较少。"彼时也正是胡鲁自《新青年》共事后在学术上交往的新的开始。自称有着"考据癖"的胡适，对于证据的迷恋是常人难以想象的。为了考证古典小说，他四处搜集史料，且多能获得珍稀版本。而在此过程中，鲁迅也起到了特别的作用，在胡适的回忆中，可以看到他对鲁迅的敬意和对那段岁月的怀念：

> 十年前（民国九年七月）我开始做《水浒传考证》的时候，我只有金圣叹的七十一回本和坊间通行而学者轻视的《征四寇》。那时候，我虽然参考了不少的旁证，我的许多结论都只可算是一些很大胆的假设，因为当时的证据实在太少了……
> ……但我举出的理由终不能叫大家心服；而我这一种假设却影响到其余的结论，使我对于《水浒传》演变的历史不能有彻底的了解。
> 六七年来，修正我的主张的，有鲁迅先生，李玄伯先生，俞平伯先生。①

---

① 胡适：《胡适古典文学研究论集》（下），上海古籍出版社2013年版，第672–676页。

在整理旧学上，胡适与鲁迅有着共同的趣味与话题。对于鲁迅的主张，胡适多是赞同的。他强调："鲁迅先生之说，很细密周到，我很佩服，故值得详细征引。"[①] 在胡适关于古典小说的论述中，常可以看到鲁迅的名字，他甚至大段借鉴《中国小说史略》的论述，对于鲁迅在该著中将《官场现形记》《二十年目睹之怪现状》等归为"谴责小说"以及鲁迅不将《儒林外史》列为近代谴责小说的做法很是赞同，认为"他这种区别是很有见地的"[②]。当然，作为对考据学深有研究的他，对于鲁迅的研究也能提出异议。在《〈宋人话本八种〉序》中，对于鲁迅所论话本体制以及话本中引子的作用及其解释，胡适也能从考据角度提出中肯的批评。

除了学问上的切磋借鉴，彼此的支援还体现在对资料的搜集以及考证方面，这一时期他们互动频频，甚至越走越近。1922 年 8 月 14 日，在致胡适的信函中，鲁迅寄送了杂剧《西游记》作者事迹材料（鲁迅从《山阳志遗》《剧说》等史料出发考证了吴昌龄的生平材料，亲手抄录了五张寄给胡适）。鲁迅还依据商务印书馆排印之《茶余客话》等材料对《山阳志遗》末段论断提出了质疑，结尾他向胡适借阅了同文书局印的《品花宝鉴》。1922 年 8 月 21 日，鲁迅再次致信胡适感谢其出借了许多书，对《七侠五义》和《西游记》等小说的考证提出意见。对于胡适的《五十年来之中国文学》，鲁迅赞道：

> 大稿已经读讫，警辟之至，大快人心！我很希望早日印成，因为这种历史的提示，胜于许多空理论。

1923 年 5 月 17 日的《鲁迅日记》有载：

> 胡适之赠《西游记考证》一本。

同年 9 月 1 日的日记又有云：

> 下午以《呐喊》各一册寄丸山及胡适之。

---

①　胡适：《胡适古典文学研究论集》（下），上海古籍出版社 2013 年版，第 678 页。

②　胡适：《〈官场现形记〉序》，见《胡适古典文学研究论集》，上海古籍出版社 1988 年版。

1923 年 12 月 22 日，再略记：

> 赠玄同、幼渔、矛尘、适之《小说史略》一部。

这种交流切磋和资料上的彼此支援一直延续到 1924 年。据《鲁迅日记》所载，1924 年 1 月 1 日，"上午得胡适之信并文稿一篇"；1 月 5 日，"下午寄胡适之信并文稿一篇，《西游补》两本"；1 月 21 日，"下午后寄胡适之信并《边雪鸿泥记》稿本一部十二册"。1924 年 2 月 9 日，鲁迅致信胡适，交流了访书、购书经验，推荐胡适购买百廿回本《水浒传》，并透露自己欲借阅百回本《水浒传》但又不认识书的主人，建议胡适请求已经购得若干百回本《水浒传》的李玄伯先生。鲁迅为胡适提供了这样一种珍贵版本，对胡适的小说考证和白话文学史研究显然会有很大帮助。胡适在 20 世纪 20 年代初撰写关于《水浒传考证》《水浒传后考》等考证文章的过程中，不少资料与思路都得益于与鲁迅的交流。鲁迅的《小说史讲义》为胡适当时正在进行的中国古典小说研究提供了可贵的参照。鲁迅考证古小说作者问题，胡适亦能慷慨出借其藏书。这些细节我们从二人早期的通信中能感受一二。

他们对于对方的论著，都能真诚地提出批评。比方对于胡适批评《中国小说史略》上卷"论断太少"，鲁迅乐意接受并进行了反思与调整，1923 年 12 月 29 日致胡适的信中写道：

> 适之先生：
> 今日到大学去，收到手教。
> 《小说史略》竟承通读一遍（颇有误字，拟于下卷附表订正），惭愧之至。论断太少，诚如所言；玄同说亦如此。我自省太易流于感情之论，所以力避此事，其实正是一个缺点。[①]

1924 年 2 月 16 日，《鲁迅日记》有云："晚寄胡适之信并百卅[廿]回本《水浒传》一部。"4 月 12 日，又有载："得胡适之信并书

---

① 罗尔纲：《师门五年记　胡适琐记》，生活·读书·新知三联书店 2006 年版，第 215 页。

泉四十五元。"5 月 2 日，鲁迅致信胡适，一为讨还胡适借阅的《西游补》，同时请求胡适帮助推荐李秉中的小说《边雪鸿泥记》出版。后再次致信，欲速售《边雪鸿泥记》，请求胡适代为催促，并介绍友人李庸倩谒见胡适。李庸倩为北京大学学生，也是鲁迅的少年知己，他藏有一部旧稿本《边雪鸿泥记》，因身缠债务，想将此稿卖给商务印书馆出版得 50 元钱还债。李庸倩请鲁迅先生介绍，鲁迅便托胡适向商务印书馆推荐。鲁迅为这部《边雪鸿泥记》曾多次致信胡适请为推介，但胡适极不积极，鲁迅几次致信均无结果。鲁迅在 1924 年 6 月 2 日的日记中写道："夜得胡适之信并赠《五十年来之世界哲学》及《中国文学》各一本，还《说库》二本。"1924 年 6 月 6 日，鲁迅致信胡适，感谢对方的来信、还书以及赠书，信中透露了欲登门拜访胡适而不遇的遗憾，重点介绍了李秉中的这部《边雪鸿泥记》，并再次恳请胡适帮忙推荐出版。信的末尾，鲁迅写道："但如用无所不可法而仍无卖处，则请还我，但屡次搅扰，实在抱歉之至也！"显然，文字间两人的关系已经显得微妙了。次月的 26 日，鲁迅还在日记中记载："赠胡适之《小说史略》下一本。"但这也是《鲁迅日记》中最后出现与胡适的文字之交了。

　　"文人的冷与热、深与浅、高与低、分与合，是民族历史的晴雨表。"① 胡适、陈独秀与鲁迅，三位文化巨人的交往史大致经历了早年合作、中年对立、晚年追怀的三个阶段。今天，继续梳理他们的精神遗产和论争焦点以及人生命运，对于我们增进现代性的理解和知识分子自身的反思有着重要的启示意义。

---

① 孙郁：《文人的分与合》，《中国图书评论》2008 年第 2 期，第 4-10 页。

第二章　鲁迅藏书与诗人鲁迅

　　鲁迅与诗歌的关系，显然不如他与小说、杂文的关系亲近。鲁迅曾谦称，对于新诗他是"外行"，只是"打打边鼓，凑些热闹"。关于诗歌，尤其是新诗，印象中他的批评要多于赞誉，他曾感慨："旧的诗人沉默，失措，逃走了，新的诗人还未弹他的奇颖的琴。"① 1934 年，他又在信中写道："新诗直到现在，还是在交倒楣运。"特别是在晚年的访谈中他对于中国新诗现状的批评，更是震动诗坛，自然也触发了后辈诗人的反省与焦虑。在那篇著名的《鲁迅同斯诺谈话整理稿》的前文部分，鲁迅列举了最优秀的诗人：冰心、胡适、郭沫若，然而也指出："他们的诗作，没有什么可以称道的，都属于创新实验之作。"鲁迅认为，"到目前为止，中国现代诗歌并不成功"②。接着，在这篇访谈的第7 条又写道："鲁迅认为，研究中国现代诗人，纯系浪费时间。不管怎么说，他们实在是无关紧要，除了他们自己外，没有人把他们真当一回事，唯提笔不能成文者，便作了诗人。"

　　这些零星的批评，让我们多少捕捉到鲁迅对于诗歌的复杂情感。可是，当我们走进鲁迅藏书，面对他收藏的古今中外的诗篇与诗论，我们会为他在新诗发展上倾注的心血而震惊和感动，也会对作为诗人和批评家的鲁迅多一分理解。这些重要的文化遗产在过去相当长的时间里并未引起足够的关注，而作为诗人的鲁迅（尤其是鲁迅与中国现代诗歌的关系及其影响）也往往被忽略和遮蔽了。通过重新梳理鲁迅的私人藏书，有望对鲁迅一生的写诗、译诗、论诗活动及其影响获得新的认识。

---

　　① 鲁迅：《〈十二个〉后记》，见《鲁迅全集》（第 7 卷），北新书局 1926 年版，第 300 页。
　　② [美] 斯诺整理，安危译：《鲁迅同斯诺谈话整理稿》，见宋庆龄基金会、西北大学鲁迅研究室编：《鲁迅研究年刊 1990》，中国和平出版社 1990 年版，第 129 页。

第一节 新诗拓荒人

日本学者古川幸次郎（1904—1980）曾在《关于鲁迅》中指出："在我看来，鲁迅的气质毋宁说是位诗人。散文诗《野草》比什么都能说明这一点；还有《朝花夕拾》《故事新编》等作品，也是有力的佐证。不仅如此，作为诗人的敏感，即使在小说中也随处可见。"① 而鲁迅的挚友许寿裳也曾表达过类似的看法："鲁迅是诗人，他的著作都充满着美的创造精神，散文诗《野草》不待说，就是其余也篇篇皆诗，尤其是短评，不但体裁风格变化无穷，内容又无不精练而锋利，深刻而明快，匕首似的刺人深际，反映社会政治的日常事变，使它毫无遁形，这些都是绝好的诗。"②

这些当然皆为知心之论，我们读鲁迅的小说、随感甚至书信，极易感受到那种诗人特有的敏感和天才式的诗意表达。对于诗歌，鲁迅只是偶有所作，"鲁迅先生无心作诗人"（郭沫若语），但他创作了包括律诗、绝句、歌谣在内的 63 首旧体诗和白话诗。这些不同的诗体，几乎伴随了鲁迅创作生涯的各个阶段，从中我们可以看到鲁迅对诗歌的用心尝试，也可由此进一步了解其爱憎、性情和思想变迁。旧诗写作，主要为过渡时代文人的雅趣，是一种私人化的写作，或许正因如此鲁迅从未主动发表。然而，诗以言志，诗如其人，鲁迅爱憎分明的性情恰恰在他的约 41 首旧体诗创作中获得了真实的体现，那首著名的《自嘲》于冷嘲热讽中传达了一种鲁迅式的斗争哲学。《为了忘却的记念》感情之深沉真挚，心境之苍凉寂苦，诵之令人无不动容。旧体诗之于鲁迅，既是一种情感的抒发，也是一种战斗的武器，是他的人格气质、思想情感和处世为人的缩影，也是他的彷徨、苦闷、诙谐、深沉个性心境的自然流露。他的律诗古朴典雅，意境冷峭深远，耐人寻味。

鲁迅不仅作旧诗，而且有新诗、散文诗、民歌体诗和"拟古的打油诗"，他的诗歌与小说、杂文乃一种同构的存在。他在《新青年》时期

---

① 转引自吉川幸次郎著，章培恒等译：《关于鲁迅》，见《中国诗史》，复旦大学出版社2001年版，第356页。

② 许寿裳：《鲁迅传》，吉林出版集团股份有限公司2017年版，第96页。

写的《梦》《桃花》《爱之神》《人与时》《他》《他们的花园》等白话诗，艺术上的创造力显然有别于胡适、刘半农等同道的学者之诗，更集中体现了现代的思想、现代的语言和现代的艺术方式，不仅有力地声援了文学革命运动，也是对新诗理论的一种勇敢尝试，而这种兼有艺术赏鉴和艺术创造力的才华，也是胡适内心特别敬重鲁迅的一个重要原因。鲁迅早期在《新青年》发表的 6 首白话诗，其价值不仅在艺术上，也在于本身的开拓意义。胡适赞誉道："我所知道的'新诗人'，除了会稽周氏兄弟之外，大都是从旧式诗、词、曲里脱胎出来的。"① 朱自清在《中国新文学大系·诗集导言》中也称赞："只有周氏兄弟全然摆脱了旧镣铐。"后起的汪静之等新诗人也曾表示学生时代受到过鲁迅新诗《爱之神》的影响，从这个意义上说，鲁迅无疑是中国新诗的先驱。其散文诗《野草》之于中国新诗的影响一直延续到今天，我们在一些当代著名诗人的作品中依然可以捕捉它的存在，鲁迅由此被推崇为"新诗之父"（张枣语）。鲁迅表示："我惭愧我的少年之作，却并不后悔，甚而至于还有些爱，这真好像是'乳犊不怕虎'，乱攻一通，虽然无谋，但自有天真存在。"② 是的，比起无病呻吟与虚伪矫饰，"天真"在鲁迅的诗学世界里无疑是一个重要的关键词。正因为这样，"他的诗可以当他的生活看，当他的战斗的历史看，他的诗充满了生活的实感，充满了悲愤的呐喊，充满了战斗的力量，充满了悲壮苍凉的时代音响"③。

　　然而晚年的鲁迅对于新的诗已经兴趣不再，他后来总结："我其实是不喜欢做新诗的，——但也不喜欢做古诗，——只因为那时诗坛寂寞，所以打打边鼓，凑些热闹；待到称为诗人的一出现，就洗手不作了。"④ 当他开始拿起杂文的武器与现实的丑恶做斗争，不仅抑制了自身的诗人气质，也劝诫青年"现在不是作诗的时候"。对于这一现象，

----

① 胡适：《谈新诗：八年来一件大事》，见《星期评论》1919 年 10 月 10 日"双十节纪念号"。

② 鲁迅：《集外集·序言》，见李新宇，周海婴主编：《鲁迅大全集8》，长江文艺出版社2011 年版，第 372 页。

③ 王亚平：《鲁迅先生的诗及其诗论》，中国社会科学院文学研究所鲁迅研究室编：《1913—1983 鲁迅研究学术论著资料汇编》（第三卷），中国文联出版公司 1987 年版，第 1210 页。

④ 鲁迅：《集外集·序言》，见李新宇，周海婴主编：《鲁迅大全集8》，长江文艺出版社2011 年版，第 372 页。

吉川幸次郎在《关于鲁迅》一文中特意引用了鲁迅作于 1922 年的《为"俄国歌舞团"》①，认为此文暗示了鲁迅当时复杂而微妙的文化心态：

　　我到第一舞台看俄国的歌剧，是四日的夜间，是开演的第二日。

　　一入门，便使我发生异样的心情了：中央三十多人，旁边一大群兵，但楼上四五等席中还有三百多的看客。

　　有人初到北京的，不久便说：我似乎住在沙漠里了。

　　——是的，沙漠在这里。

　　——没有花，没有诗，没有光，没有热。没有艺术，而且没有趣味，而且甚至于没有好奇心。

　　——沉重的沙……

　　一出现接吻的场面，兵们就激烈地拍手。不，非兵们也拍手，有一个最响，超出于兵们的。

　　——比沙漠更可怕的人世在这里。

　　——我不知道，——其实是可以算知道的，然而我偏要这样说，——俄国歌舞团何以要离开他的故乡，却以这美妙的艺术到中国来博一点茶水喝。你们还是回去吧！

第二节　异域盗火者

　　鲁迅的新诗只有寥寥 8 首，而译介的诗作却有约 20 首，他积极引介拜伦、裴多菲、普希金、雪莱、海涅，从作者来源上，横跨欧美数国，这些都是他不遗余力推介新诗的证明。1907 年的诗学论著《摩罗诗力说》，其思想意义大于艺术意义，可视为鲁迅早年对中国未来诗人的想象与期许。他认为"翻译外国的诗歌也是一种要事，可惜这事很不容易"。他早年翻译海涅、裴多菲、阿多里内尔等人的诗歌，翻译厨川

---

　　① 转引自〔日〕吉川幸次郎著，章培恒等译：《关于鲁迅》，见《中国诗史》，复旦大学出版社 2001 年版，第 357 页。

白村的诗论《东西之自然诗观》，体现了他对于新诗建设的关注与努力。

在鲁迅藏书中，不仅收有他本人翻译的诗集，还有友人赠送的诗歌翻译作品。他的西文和日文藏书中，有《德国近代名诗集》《德国现代诗人选》、海涅的《诗集》和《海涅十三卷集》《海涅研究》，中文藏书有徐梵澄译尼采的《朝霞》（1935年版），书面副页有译者墨笔题字："豫才先生赐存，诗荃拜赠"，柳无忌编《少年歌德》（1929年版），青主译《海涅最著名的爱诗》（该书为1929年上海X书店初版本），冯至译海涅的《哈尔茨山旅行记》（1928年版），等等。

从鲁迅的藏书看，德国诗人海涅是他特别关注的对象。鲁迅收藏了不少海涅著作，在他演讲中亦加以引用，他早年翻译海涅的爱情诗，晚年于1933年9月10日又依据高冲阳造日译的《海纳研究》重译了《海纳与革命》，可谓对海涅的关注贯穿了鲁迅的一生。对于后者，鲁迅披露了他重译之用意所在："（一）一向被我们看作恋爱诗人的海纳，还有革命底一面；（二）德国对于文学的压迫，向来就没有放松过，寇尔兹和希特拉，只是末期的变本加厉的人；（三）但海纳还是永久存在，而且更加灿烂，而那时官准的一群'作者'却连姓名也'在没有记起之前，就已忘却了'。"[1]

鲁迅的"海涅情结"，我们可以通过日本学者增田涉的回忆获得进一步了解：

> 在他死前的三个月，经过数年隔别再访问他的时候，他的书房里，排列着崭新的《海涅全集》原文体。我说"是《海涅全集》啊！"并问他的用意所在。他说，想重读一下海涅。从前读过日文译本，也读过单行本，全集还没有读过。那崭新的全集一大排并列着，好像就要坐下来读它的样子。那时谈话的细节已经忘记了。只记得从他的口气里，觉察到他是多么兴致勃勃的。由此想来，他这时候不是已经从尼采到海涅地变化

---

① ［德］毗哈著，鲁迅译：《海纳与革命》，《现代》1933年第4卷第1期，第98－102页。或转引自鲁迅著，陈漱渝、肖振鸣整理：《编年体鲁迅著作全集（插图本）．1926～1927》，福建教育出版社2006年版，第302页。

了么？不是他的爱好，而是他的为人，或者是作为文学家的应有态度，不是尼采的而是海涅的了。[①]

在鲁迅藏书中，还有石民译、法国波德莱尔著《巴黎之烦恼》，该书为1935年上海生活书店初版本。以及孙用译、匈牙利裴多菲著《勇敢的约翰》，该书由鲁迅校订并作后记，为1931年上海湖风书局初版本。这些显然皆为鲁迅所重视的书。

此外还有周作人辑译的诗歌小品集《陀螺》（1925年新潮社初版本）。该书收集了"外国诗二百七十八篇之语体散文译述，内计希腊三十四篇，日本百六十二篇，其他八十三篇，北京新潮社印行，新潮文艺丛书之一"[②]，从这部译作，我们可以看到周氏兄弟在新文学建设上的默契以及在域外文化的引介上的先锋意识。

鲁迅藏书中存有一册胡成才翻译的1926年8月北新书局出版的长诗集《十二个》（初版），该书由亚历山大·勃洛克著，V.玛修丁作图，鲁迅作后记，是鲁迅早年编辑的一套专收翻译的刊物。书内有四幅玛修丁所绘木刻插图以及一幅勃洛克画像，书的美术设计和诗歌的内容相得益彰，有一种神异的韵味。勃洛克曾被高尔基称为"极端真诚的诗人"，马雅可夫斯基也盛赞："亚历山大·勃洛克的创造，是一整个诗歌的时代。"查《鲁迅日记》，1926年7月7日写的《马上日记之二（七月七日）》中："然而他眼见，身历了革命了，知道这里面有破坏，有流血，有矛盾，但也并非无创造，所以他决没有绝望之心。这正是革命时代的活着的人的心。诗人勃洛克（Alexander Block）也如此。"[③] 鲁迅在1926年7月21日为此译著所作的"后记"中，在赞叹勃洛克的诗作的艺术高度和精神力度的同时，对中国诗坛也发出了深沉的感叹：

从一九〇四年发表了最初的象征诗集《美的女人之歌》

---

① ［日］增田涉：《鲁迅的印象·从尼采到海涅》，见钟敬文著译，王得后编：《寻找鲁迅·鲁迅印象》，北京出版社2002年版，第350页。

② 转引自陈子善：《签名本丛考》，海豚出版社2017年版，第7页。

③ 鲁迅著，陈漱渝、肖振鸣整理：《编年体鲁迅著作全集（插图本）.1926～1927》，福建教育出版社2006年版，第145页。

起，勃洛克便被称为现代都会诗人的第一人了。他之为都会诗人的特色，是在用空想，即诗底幻想的眼，照见都会中的日常生活，将那朦胧的印象，加以象征化。将精气吹入所描写的事象里，使它苏生；也就是在庸俗的生活，尘嚣的市街中，发见诗歌底要素。所以勃洛克所擅长者，是在取卑俗，热闹，杂沓的材料，造成一篇神秘底写实的诗歌。

中国没有这样的都会诗人。我们有馆阁诗人，山林诗人，花月诗人……；没有都会诗人。①

该书于 1926 年初版后，鲁迅还专门寄给了许广平一册，可见鲁迅对勃洛克的心仪与推崇。在鲁迅之后的作品中还多次出现了勃洛克的名字，在他逝世前所作的《〈坏孩子和别的奇闻〉前记》中，对于玛修丁和勃洛克以及《十二个》还念念不忘。显然，晚年鲁迅正是从《十二个》这样的诗歌艺术作品中洞察到了革命的复杂，也感受到了诗歌艺术的力量，这正如他所评论的："这诗的体式在中国很异样；但我以为很能表现着俄国那时的神情；细看起来，也许会感到那大震憾，大咆哮的气息。"②

第三节　新诗坛园丁

鲁迅的自谦，加之他在诗歌方面创作寥寥，使得人们极少对他的诗人身份和诗歌评论予以足够关注。事实上，作为昔日《新青年》战友的胡适对于鲁迅有过很公允的评价，他认为："周氏兄弟最可爱，他们的天才都很高。豫才（鲁迅）兼有赏鉴力与创作力，而启明（周作人）的赏鉴力虽佳，创作力较少。"③ 从新诗的产量来看，鲁迅确实不丰，且他显然也无意去构建系统的现代诗学理论，然而，在他短暂的一生

---

① 鲁迅：《〈十二个〉后记》，见朱正编：《鲁迅书话》，湖南教育出版社 2007 年版，第 188 页。

② 鲁迅：《〈十二个〉后记》，见《鲁迅全集》（第 7 卷），北新书局 1926 年版，第 300 页。

③ 参见《胡适日记》（第 3 卷），安徽教育出版社 2001 年版，第 755 页。

中，却以现代诗人的气质和卓越的艺术赏鉴力对现代诗学作出了深刻的分析，同时以一个文坛前辈的身份指引和扶携了中国新诗人的前行。

周氏兄弟之于中国现代歌谣研究无疑是贡献卓著的，这在今日鲁迅藏书中亦能觅得一些历史的印记。在鲁迅藏书中存有整套的《歌谣周刊》和 1936 年复刊后的首期。作为编辑的常惠在《鲁迅与歌谣二三事》中指出鲁迅实为中国征集歌谣运动的首倡者。而这主要源于 1913 年 2 月供职于教育部的鲁迅在教育部主办的《编纂处月刊》首卷首期上发表了《拟播美术意见书》一文，在《研究事业》第二项《国民文术》中，鲁迅提出："设立国民文术研究会，以理各地歌谣、俚谚，传说、童话等。评其意义，辩其特性，又发挥而光大之，并以辅翼教育。"① 正是因为鲁迅的号召，北京大学开始了征集近代歌谣运动。鲁迅对于这项运动很关心，在给《歌谣周刊》的建议中，他指出："光发表和研究民间歌谣太狭窄了，要包括其他方言，要让民间文学研究开展起来。"② 这样的指引对于丰富和深入民间歌谣研究无疑是重要的。

一般认为，作为新文学的构建者和文坛领袖的鲁迅，其藏书（尤其是现代文艺期刊）很难代表其艺术心态，因为这其中有相当部分不过是新文学的"幼苗"，且作为文艺青年赠阅的成分较多，以鲁迅的艺术高度，这些刊物及其作品之于鲁迅究竟是一种怎样的存在呢？是一种文人之间礼节性交往的赠物，还是也存在思想上的砥砺与互动？1925 年 4 月 19 日《歌谣周刊》第 87 期登载了鲁迅致北大歌谣研究会会员刘策奇的一封信：

策奇先生：

您在《砭群》上所见的《击筑遗音》，就是《万古愁曲》，叶德辉有刻本，题"崑山归庄玄恭"著，在《双梅景闇丛书》中，但删节太多，即如指斥孔老二的一段，即完全没有。又《识小录》（在商务印书馆的《涵芬楼秘籍》第一集内）卷四末尾，亦有这歌，云"不知何人作"，而文颇完具，但与叶刻

---

① 常惠：《鲁迅与歌谣二三事》，见《民间文学》1961 年 9 月号。
② 常惠：《回忆鲁迅先生》，见鲁迅博物馆鲁迅研究室编：《鲁迅诞辰百年纪念集》，湖南人民出版社 1981 年版，第 522 页。

本字句多异，且有彼详而此略的。《砭群》上的几段，与两本的字句又有不同，大约又出于别一抄本的了。知道先生留心此道，聊举所见以备参考。

鲁迅　四月八日①

刘策奇是远在广西山区的一名青年学生，立志收集整理地方民歌民谣并开展相关研究，自 1922 年起，已收集发表了广西地方民族歌谣百首，同时在《歌谣》上发表了《传说：刘三姐》、《故事中的歌谣》、《儿歌选录：广西：小公鸡》、《民歌选录：广西：晚姑姑》、《壮人情歌》（用官话唱的）、《月歌集录：广西：月亮光光》、《我采录歌谣的说明》等文章。正是这些文章引起了鲁迅的关注。查《鲁迅日记》，其中有 1925 年 4 月 9 日与刘策奇的通信，当年 6 月 20 日和 10 月 21 日，刘策奇又寄来信件与文稿。我们看到 1925 年第 28 期的《莽原》上刊载的《一本通书看到老》应该就是鲁迅推荐发表的。可惜这位受到鲁迅指导和关怀的青年研究者和那个时代的许多进步青年一样，不久便在"大革命"中被杀害。鲁迅藏书中的这个细节，让我们看到了鲁迅对于歌谣整理和研究工作的重视，以及对于青年的无私关怀。

今天在鲁迅藏书中，依然可见三册《歌谣周刊》，该刊的封面为鲁迅亲自设计，而书名则由鲁迅出面请沈尹默题写。新文学同人的珠联璧合，自然让年轻的《歌谣周刊》大放异彩。鲁迅虽然没有在该刊上发表研究文章，却是其阅读者和支持者，上文的通信即是典型的例子。当然，在早期白话诗和歌谣整理方面，鲁迅与《新青年》同人的携手合作和协同作战在鲁迅藏书中也能找到历史的证明。藏书中的《初期白话诗稿》为刘半农赠送，该书一共赠有 5 册，鲁迅转赠徐寿裳等人 3 册，自己保存了另外两册。此外，还有刘半农的签名本《瓦釜集》，书页题有"豫才我兄赐正"，另有一册《扬鞭集》也题有"迅兄教正"。刘半农辑译的 1927 年版的《国外民歌译》第一集也在藏书之列。鲁迅藏书中还存有由胡适、沈兼士、俞平伯、钱玄同、刘半农等新文学同人作序

---

① 鲁迅：《致刘策奇》，见李新宇、周海婴主编：《鲁迅大全集 3》，长江文艺出版社 2011 年版，第 91 页。

的顾颉刚的签名本歌谣集《吴歌甲集》，这几部作品之于鲁迅，显然还具有纪念意义，它是新文学运动同人同声共气开创新诗的历史见证。此外，民歌方面，还有钟敬文编辑的《客音情歌集》（1927 年北新书局初版）、谢康的长诗集《露丝》（1928 年北新书局初版）。这类藏书的存在，无声地证明了鲁迅之于中国歌谣运动的支持与贡献。

作为新文学的主将，鲁迅对于文艺社团和文学刊物的扶持可谓功莫大焉。这一点，我们从他收藏的为数可观的新文学期刊亦可看出。这些刊物中有部分与鲁迅有着内在的精神联系，可谓鲁迅人格气质、文学思想和艺术追求的象征。以鲁迅藏书中的 1926—1927 年的《莽原》为例，作为鲁迅真正意义上主编的一本刊物，《莽原》的生成及其诗歌理论与作品，集中反映了时代的精神面向和鲁迅的影响所在。以《莽原》1925 年第 9 期登载的《杂忆》为例，文中以比较文学的视野表达了他独特的诗学观：

有人说 G. Byron 的诗多为青年所爱读，我觉得这话很有几分真。就自己而论，也还记得怎样读了他的诗而心神俱旺；尤其是看见他那花布裹头，去助希腊独立时候的肖像。……

苏曼殊先生也译过几首，那时他还没有做诗"寄弹筝人"，因此与 Byron 也还有缘。但译文古奥得很，也许曾经章太炎先生的润色的罢，所以真像古诗，可是流传倒并不广。后来收入他自印的绿面金签的《文学因缘》中，现在连这《文学因缘》也少见了。

……那时我所记得的人，还有波兰的复仇诗人 Adam Mickiewicz；匈牙利的爱国诗人 Petëfi Sándor；飞猎滨的文人而为西班牙政府所杀的厘沙路，——他的祖父还是中国人，中国也曾译过他的绝命诗。Hauptmann，Sudermann，Ibsen 这些人虽然正负盛名，我们却不大注意。别有一部分人，则专意搜集明末遗民的著作，满人残暴的记录，钻在东京或其他的图书馆里，抄写出来，印了，输入中国，希望使忘却的旧恨复活，助革命成功。……

不独英雄式的名号而已，便是悲壮淋漓的诗文，也不过是纸片上的东西，于后来的武昌起义怕没有什么大关系。倘说影响，则别的千言万语，大概都抵不过浅近直截的"革命军马前卒邹容"所做的《革命军》。①

从这里，我们不难看到西方诗人的"反抗精神"之于鲁迅的影响。1926 年第 1 卷第 2 期的《莽原》杂志，再次登载了鲁迅翻译的日本厨川白村的诗论《东西之自然诗观》。显然，鲁迅从厨川白村的文化反省中，看到了东西方诗人的差异，而在西方摩罗诗人和东方静穆美学之间的取舍态度是明确的。我们看《莽原》所载之文章，多为时代的苦闷中之悲歌，这与鲁迅的精神气质无疑是契合的。从文章数量上看，《莽原》所载作品以散文和小说为主，但诗歌也为数不少，粗略统计有近二十首新诗。其中署名"长虹"（高长虹）的诗歌就占了八首，分别为：《永久》《闪光》《徘徊》和《给》（5 首）。总的看来，这些诗歌还较稚嫩，部分处于校园诗歌的题材范围，写作上尚有明显的模仿痕迹。但多数诗歌，自有其思想的锋芒，这与作为编辑的鲁迅不无关系。事实上，我们从李遇安的《无名的希望》、钟吾②的《昨晚独步》、于赓虞的《夜游》等，都能看到鲁迅散文诗《野草》的影子所在。下面摘录一首借以管中窥豹：

他自以为是诗人③

黄鹏基

（读者注意：这不是诗，只是牛背上唱的山歌）

他自以为是诗人，

在他的微笑里，

似乎是渺视我们！

---

① 鲁迅：《杂忆》，见李新宇、周海婴主编：《鲁迅大全集3》，长江文艺出版社 2011 年版，第 186－187 页。

② 钟吾，原名宗武，也作尚钺（1902—1982），河南罗山人，鲁迅在北京大学的学生，"狂飙社"成员，曾与高长虹一同拜访鲁迅，该诗为作者在《莽原》发表的第一首新诗。

③ 汤逸中选编：《旷野的声音——莽原社作品选》，华东师范大学出版社 1996 年版，第 322－324 页。

他自以为是诗人，
同样的五官四肢，
他总觉得高出我们！

"灵感"已经有人否认过，
但他却拿着这个来卖弄聪明，
他自以为是诗人！

耳朵变成了神秘，
书桌幻作了精灵，
几个字戏法儿，
他自以为是诗人！

他自以为是诗人，
他隔离了我们
"为艺术"的旗帜下，
他容忍了旁人的批评。

他自以为是诗人，
古僻生硬的字句，
骇着了我们。
"谁有功夫查字典？"
他骂我们蠢！

劳力者都是笨伯，
田野只供写他的心情，
一样穿衣吃饭，
他自以为是诗人！

诗人也是我们的国民，
亡国引起了他的同情，
睡梦里他翻了身，
立刻在爱国二字下，
就紧接着奇怪的两个字："诗人"！

雪茄把他刺醒，

他躺在摇椅里，

诅咒我们不为国牺牲。

我们问他："你呢?"

他傲岸地回答："我是诗人!"

巴比塞也曾从征，

助希腊独立的有拜仑，

俄国诗人几多入过狱，

唐南遮统率过大军，

他们都不及我们的诗人聪明!

桂冠是那样的荣耀，

加在谁的头上，

立刻就变作严厉的主人：

他安居在象牙之宫里，

我们就是他的长城。

诗人究竟有多大聪明?

"自然"玩弄他，

不一定就不如猴子之被弄于人。

他自为是诗人，

他为了"诗人"而生存!

一九二五，九，二十六，夜。

（原载 1925 年 10 月 2 日《莽原周刊》第 24 期）

我们读这首诗，对比斯诺的那篇鲁迅晚年的访谈，不难发现这其中的内在联系——鲁迅对于那些自我标榜"为艺术而艺术"的诗人是不以为然的。

《莽原》也刊登了不少爱情诗歌。如刘梦苇《倚门的女郎》、赤坪《赠礼》、署名"石民"的小诗二首《湖畔》和《无题》有新月派的影子，而《湖畔》则从语言和风格上皆明显模仿徐志摩的《再别康桥》。

这些诗歌没有明显的政治倾向性，但颇为清新真挚，从这里可以看出鲁迅事实上也不反对写爱情诗，他只是对于那些无病呻吟和故作超然的爱情诗反感而已。而"寂寞""苦闷"与"反抗"则贯穿了《莽原》的主题，恰如这首未署名的小诗①：

> To——
> By——
>
> 寂寞的是我的诗心，
> 心巢里栖宿着白翼的爱情，
> 悄悄地它终于飞去，
> 飞向你——音乐的灵魂。
>
> 是以，爱情的两翼
> 将扇起你烦恼的乐音；
> 但是我们各自忍受着吧，
> 那音波将更如何波动我寂寞的诗心。
>
> 1926 年 5 月 1 日
> （原载 1926 年 5 月 10 日《莽原半月刊》第 9 期）

　　鲁迅的诗歌的大众化理念在之后的《新诗歌》刊物上得到了更具体的体现。1933 年 2 月诞生于上海的《新诗歌》，是"左联"领导下的"中国诗歌会"编辑的新诗刊。该刊的《发刊诗》宣告"我们要用俗言俚语/把这种矛盾写成民谣小调鼓词儿歌/我们要使我们的诗歌成为大众歌调/我们自己也成为大众中的一个/我们唱新的诗歌罢/唱颂这伟大的世纪"。诗人白曙在《回忆导师鲁迅二三事》一文中，回顾了鲁迅对刊物的关怀与指导。在白曙的印象中，鲁迅"对青年人像对老朋友似的"。对于《新诗歌》的"幼稚"问题，鲁迅勉励白曙："幼稚不要紧，谁见过刚出壳的雏鹰就会飞呀！只要健康发展，肯下苦工，多读多写就会进步了。"在谈到新诗创作的问题时，鲁迅指出了新诗的弊病——晦

---

　　①　汤逸中选编：《旷野的声音——莽原社作品选》，华东师范大学出版社 1996 年版，第 333 页。

涩，认为"能吸收民间形式，学些民歌，也是个办法，勿写得令人莫名其妙，或苦涩难读，要大致押押韵，做到通俗，可唱，就有阵地，至少比什么'国事管他娘'那种歪诗强得多"。鲁迅的批评显然是针对新月派和现代派等右翼文人的。当时作为新时代书局总编辑和《新时代月刊》主编的曾今可出版了《词的解放运动专号》，宣扬所谓"不问国事，只顾个人消遣"的颓废诗风。鲁迅在《伪自由书·曲的解放》中，讽刺了其荒谬性。"中国诗歌会"曾计划邀请鲁迅就对消除右翼诗派的不良影响和新诗歌的战斗性问题公开批判，但基于形势和安全考虑而放弃了，后由《新诗歌》青年诗人杜谈致信鲁迅请教新诗写作问题，鲁迅很快回信，这就是后来刊登在 1934 年《新诗歌》第二卷第四期的《来信摘录：对于诗歌的一点意见》，在这篇意见稿中，鲁迅谈道：

> 要我论诗，真如要我讲天文一样，苦于不知怎么说才好，实在因为素无研究，空空如也。我只有一个私见，以为剧本虽有放在书桌上的和演在舞台上的两种，但究以后一种为好；诗歌虽有眼看的和嘴唱的两种，也究以后一种为好；可惜中国的新诗大概是前一种。没有节调，没有韵，它唱不来；唱不来，就记不住，记不住，就不能在人们的脑子里将旧诗挤出，占了它的地位。许多人也唱《毛毛雨》，但这是因为黎锦晖唱了的缘故，大家在唱黎锦晖之所唱，并非唱新诗本身，新诗直到现在，还是在交倒楣运。
>
> 我以为内容且不说，新诗先要有节调，押大致相近的韵，给大家容易记，又顺口，唱得出来。但白话要押韵而又自然，是颇不容易的，我自己实在不会做，只好发议论。[1]

鲁迅的观点为《新诗歌》的发展方向无疑提供了重要的理论指导。《新诗歌》不仅推出中外诗论，还有新诗歌、译诗和民歌等。此刊提倡的新诗创作和研究很大程度上推动了诗歌大众化运动。

鲁迅尽管在组织文学社团和文学期刊的编辑上，确有启蒙和斗争的

---

① 鲁迅：《来信摘录：对于诗歌的一点意见》，《新诗歌》1934 年第 2 卷第 4 期，第 25 页。

考量，但在扶持文学新人方面并无传统文人的"门户之见"。这一点，我们看他对于湖畔诗社、浅草社、沉钟社的关怀即可见一斑。鲁迅藏书中有一册初版的《湖畔》诗集，作为中国新诗坛的第五本新诗集，《湖畔》于 1922 年 4 月由湖畔诗社自行刊印，书的扉页上有赠者的钢笔题字"鲁迅先生请批评 漠华、雪峰、修人、静之敬赠"。这个诗社是在周氏兄弟和胡适等前辈作家关怀下成长起来的。朱自清曾赞赏道："中国缺少情诗……真正专心致志做情诗的，是'湖畔'的四个年轻人，他们那时候，可以说生活在诗里。"该诗社并非一个专门组织的文学社团，而是几个受《新青年》和《新潮》影响的热情的文艺青年的一时的结合。1922 年，四人在杭州西湖会晤后，由应修人将四人的诗稿挑选后编为一集，名之为《湖畔》，于该年 4 月出资自印出版。

湖畔诗社尽管是稚嫩的，甚至是盲目的，也无明显的政治倾向，但其率真的艺术风格和事实上的反封建的社会效果赢得了鲁迅的支持。紧接着，新诗坛又于当年 8 月推出了湖畔诗社骨干成员汪静之的《蕙的风》，该诗集的出版与鲁迅有着重要的关系：鲁迅阅读了诗稿并提出了修改建议，并在回信中赞赏道："情感自然流露，天真而清新，是天籁，不是硬做出来的。然而颇幼稚，宜读拜伦、雪莱、海涅之诗，以助成长。"[1] 鲁迅还对前来拜访的汪静之说："《蕙的风》出版之后，你一直不再寄诗给我看，我当作'汪郎才尽'了，前年冬天收到你寄赠的一本《寂寞的国》，我很高兴。我看过《寂寞的国》的意见和过去看过《蕙的风》的意见，大体差不多，技巧有些进步，但还要用功学习。"[2] 今天在鲁迅藏书中，还存有一册 1927 年上海开明书店出版的被列为文学周报社丛书的新诗集——《寂寞的国》，书面副页有诗人的钢笔题字"鲁迅先生教正，静之敬赠"。它是鲁迅关怀青年诗人的一个证明。

在一般人的印象中，鲁迅是严峻的，他与新月派的对立不仅在知识背景、文化立场上，也在人格性情上。鲁迅曾作《我的失恋》以"讽

---

① 汪静之：《回忆湖畔诗社》，见《诗刊》社编：《〈诗刊〉60 周年 文论选》（上下），作家出版社 2017 年版，第 166 页。

② 汪静之：《鲁迅——莳花的园丁》，见鲁迅博物馆鲁迅研究室编：《鲁迅诞辰百年纪念集》，湖南人民出版社 1981 年版，第 213 页。

刺当时盛行的失恋诗"①，然而当青年诗人汪静之的爱情诗遭到守旧派胡梦华"棒杀"为"叫人堕落的极不道德的诗"，而汪静之也被诬为"无赖文人"并"有故意公布自己兽性冲动和挑拨人们不道德行为之嫌疑"时，鲁迅又挺身而出，作了《反对"含泪"的批评家》，并表示"青年人有写爱情诗的权利"。但是当国内的形势日益严峻，鲁迅便劝说年青的诗人放弃作爱情诗，但他从未鼓励青年硬作"革命诗"，按照汪静之的说法是："他不要求水管像血管般流出血来。"这，就是鲁迅。在他看来，"呼唤血和火的，咏叹酒和女人的，赏味幽林和秋月的，都要真的神往的心，否则一样是空洞"②。

在鲁迅的诗歌藏书中，还有李金发的《微雨》以及《食客与凶年》，前者为1925年北京新潮社初版，后者为1927年北京北新书局初版，二者同为新潮社文艺丛书。此外，还存有冰心的《春水》，该诗集为1925年北京北新书局再版，为沉钟社文艺丛书。而作为狂飙诗社骨干的高长虹的《精神与爱的女神》也在鲁迅藏书中，该诗集为1925年北京平民艺术团初版，为狂飙小丛书第一种。至于被鲁迅誉为"中国最优秀的抒情诗人"的冯至的早期诗集也在鲁迅的收藏之列，如《昨日之歌》（1927年北新书局初版，沉钟丛刊）、《北游及其他》（1929年北京沉钟社初版，沉钟丛书之六，书面副页有赠者的钢笔题字："鲁迅先生指正。 冯至。一九二九、八、二八；于北平"）。

鲁迅藏书中还有一些并不知名的刊物和诗，这些刊物从一个侧面体现了鲁迅对于新文学的支持和对于新诗歌的扶携。如《青年诗话》，第一期封面有赠者钢笔题字："鲁迅先生教正　青年诗社敬赠"，第二期封面亦有赠者钢笔题字："鲁迅先生教正　英伟敬赠"。《青年诗话》1935年创刊于广州，由青年诗社出版，通讯地址为广州上海杂志公司，主编为余之谷，1936年因经费等问题停刊。在1936年3月25日第二期的编后记中，谈到彼时国内诗刊出版的困难，尤其是南国文坛，诗刊出版更是死灰一般沉寂。青年同人有鉴于此，希望借此刊物为建设现代诗坛多一分力量。在诗歌的内容上，同人取大众化方向，反映现实生活，

---

① 鲁迅：《二心集（野草）英文译本序》，见《鲁迅全集》（第4卷），人民文学出版社2005年版，第365页。

② 鲁迅：《〈十二个〉后记》，见《鲁迅全集》（第7卷），北新书局1926年版，第300页。

形式上力求让大众看得懂、读得出。诗集中刊有主编余之谷的《送灵魂》，林绍仑的《东山一角》，小苇的《在血里的太阳》《送远行》《大地的怒吼》《准备》，以及计无的《都市人》等，后者揭示批判了民国广州都市人的迷乱生活，"当司晨鸡歌出了朝阳/光的臂已拥着宇宙城/都市人还裹在迷网里/爵士乐和 Jazz 调的余音/威士忌和粉肉的残香/在虚无里追赶着人魂！……"鲁迅收藏的两册《青年诗话》，不仅因为其为新文学并不发达的南国地区的一部难得的诗刊，还在于其与广州木刻运动的关系，这从一个侧面反映了鲁迅对进步文艺青年的关怀。

　　鲁迅藏书中有一册名为"苜蓿花"的诗集，也反映了鲁迅与进步青年的关系。该诗集作者旦如（谢旦如）是上海人，1924 年经好友应修人介绍加入湖畔诗社。同年，他将编定的诗集《苜蓿花》，以"湖畔诗社"的名义于 1925 年 3 月 25 日自费出版，作为《湖畔诗集》第四集。只是因印数不多流传不广，现在凡谈及"湖畔诗社"的文章，极少有提及《苜蓿花》和它的作者的。这是一本三十余首无题悼亡诗集，诗人以此追悼他的亡妻。鲁迅收藏这册并不知名的诗集，显然不仅仅在诗集本身，而可能与该刊作者的进步倾向以及他曾为瞿秋白、方志敏等革命烈士保存狱中文稿的事迹有关。

　　回到鲁迅逝世前的那篇访谈，因为鲁迅的文学地位和影响，其所产生的反响和争议自然是非同一般的。鲁迅是苛刻的，但同时也是真诚的，他毕生反对"瞒"与"骗"的文艺，反对对诗歌和诗人的"棒杀"和"捧杀"。他认为"诗歌不能凭仗了哲学和智力来认识，所以感情已经冰结的思想家，即对于诗人往往有谬误的判断和隔膜的揶揄"[1]。可是，对于脱离现实和大众的诗人，他也予以批评："以为诗人或文学家高于一切人，他底工作比一切工作都高贵，也是不正确的观念。……以为诗人或文学家，现在为劳动大众革命，将来革命成功，劳动阶级一定从丰报酬，特别优待，请他坐特等车，吃特等饭，或者劳动者捧着牛油面包来献他，说：'我们的诗人，请用吧！'这也是不正确的。"[2] 因此，

---

① 鲁迅：《诗歌之敌》，《文学周刊》1925 年第 5 期，第 2 页。
② 鲁迅：《对于左翼作家联盟的意见》，见《鲁迅全集》（第 4 卷），人民文学出版社 1981 年版，第 233 页。

对比鲁迅早年对于未来诗人的设想，晚年的他对于中国新诗的失望是可以想象的。然而，在这严厉的批评背后，我们也应该看到他寄予的深沉的规箴的意味，这正如他在《诗歌之敌》的结尾用的裴多菲的诗句一样的深意："因为他是苦恼的夜莺，而今沉默在幸福里了。苛待他罢，使他因此常常唱出甜美的歌来。"① 以这样的态度去看待鲁迅的批评，对于当下和未来中国新诗的健康发展或许不无裨益。

---

① 鲁迅：《诗歌之敌》，《文学周刊》1925 年第 5 期，第 2 页。

第三章 鲁迅精神传人及其藏书

鲁迅一生弟子众多，追随其风者更不在少数。他们中有人承袭其思想，有人则模仿其文章之道，还有人从追随其战斗精神最后转而遁入文人趣味。不同的接受和不同的个性，使得鲁迅弟子呈现出不同的文学风景和精神面貌。从鲁迅弟子及其藏书出发，研究鲁迅精神遗产的传承，无疑成为我们接近鲁迅的重要途径。

第一节 胡风藏书及其艺术精神

作为中国现代文学史上有着独特艺术个性的诗人与批评家，胡风一直是个谜一样的人物。他的格局与审美品位，他在艺术理论与文化建设上的建树，他特立独行的精神人格气质，以及由此带来的悲剧性命运，都吸引着今天的研究者。作为一位杰出的诗人与理论家，其一生精于笔墨，成果丰厚，其皇皇可观之理论文集和诗作，已成为中国现代文学宝库之精品，而他多方面的文学成就与特立独行的风格，也成为中国现代文学史上一道独特的风景。他的艺术取向与审美个性，批评创作与主体人格，在后世学人看来，依然有着别具一格的魅力。今天，透过他的藏书，了解他的阅读史，我们或可窥探其艺术创作的源泉和精神深处的行进轨迹，洞悉其独特的审美趣味与艺术接受。通过他的存在方式与文化品格，进而获得在这个时代得以依傍的精神资源与文化启示。

一、新旧之间

在胡风现存的两千余册藏书中，有一个特别醒目的反差现象，那就是相比数量和种类繁多的外国文学作品和理论专著，中国古典文艺作品寥寥可数。我们结合现代文学馆的"胡风文库"的初步整理，主要有如下藏书：

1931 年开明书店出版的钟嵘著、陈延杰注的《诗品注：普及本》，1934 年商务印书馆出版的曹操等著、陈柱选注的《评注魏三祖诗选》。还有近十种关于《红楼梦》的著作和资料，例如：上海书局光绪丁酉年发行的《全像红楼圆梦》（3 册）；1954 年中国作家协会编的《红楼梦参考资料》；1954 年中国作家协会上海分会编的《红楼梦研究资料集刊》；1979 年上海古籍出版社出版、红楼梦研究集刊编委会编的《红楼梦研究集刊》；1979 年上海古籍出版社出版，陈毓罴、刘世德、邓绍基著的《红楼梦论丛》；1974 年四川人民出版社编的《〈红楼梦〉的反儒倾向》；以及 1986 年由湖南文艺出版社出版的胡风著《〈石头记〉交响曲》。除此之外，我们很难在胡风藏书中找到更多关于中国古典文学的著作。

对比胡风藏书，再看他所创作的为数不少的优秀的旧体诗，我们不禁要问，为什么在胡风的阅读史中，浩瀚的中国古典诗词寥寥可数呢？为什么单单《红楼梦》及其研究资料能够作为一种独特的存在进入胡风的视野并在他的诸多批评中获得高度的肯定与褒扬？为什么同为中国古典名著的《三国演义》《西游记》《水浒传》等，胡风论之甚少，或者即便略有涉及也多持否定态度呢？

事实上，藏书中留存下来的《红楼梦》及其资料对胡风来说的确有着非同一般的意义。即便是在他身陷囹圄的艰难岁月里，《红楼梦》也是陪伴他的知己和精神食粮。1965 年 8 月 13 日，他给前来探监的妻子梅志开了一份书单，这其中就有《红楼梦八十回》（俞平伯校）。胡风在书单后还特地附上叮嘱：

> 这书，可买三部放着。要三部，因为得用两部作剪贴之用。这书恐怕不易再印，不买就怕没有了。到书店时，看到有关《红楼梦》的书，不管新旧，如果是家中没有的，钱方便就随手买下。碰到《红楼圆梦》《红楼再梦》这一类宝贝，也如此。但价贵就不要买。家中有关《红楼梦》的书，可随手检归一处，不让被拉散了。①

---

① 参见梅志：《往事如烟》，生活·读书·新知三联书店 1987 年版，第 50 页。

　　一个人在身陷囹圄时还惦记着、想方设法地搜购、研读一本书，这是怎样的一种痴迷与狂热！

　　胡风的相关资料显示，他早年曾读过《红楼梦》，但真正集中地反复研读是在"胡风事件"之后的监狱生活中。与对待其他中国古籍的态度不同，胡风对《红楼梦》是"另眼相看"的。正如他评价这部名著："它肯定了女人也是人，能具有和男人同样的知识和才干。"胡风认为这是"历史上的伟大发现"。①

　　牢狱与不幸并没有摧毁胡风的才华与艺术激情。他利用在狱中的日子，反复研读《红楼梦》，出狱后，写成了《〈石头记〉交响曲》。全书分为《序曲》《正集》《反集》《合集》《终曲》五曲。序言中，胡风写道：

　　　　我全部的资料只有一部当时人民文学出版社出的《红楼梦》，我读了五六遍留下了印象，以后没有再读过。除了偶然在报刊上看到过单篇文章外，没有见过专门的研究资料。②

　　然而，今天我们考察胡风现存的藏书中，这方面的研究资料显然还是不少的，那么这批资料究竟是出现在胡风准备写作之前，还是在这之后所搜集的？目前还需要进一步考证。如果是在此之前的藏书，则说明胡风实际上已做了一些这方面的积累与准备工作。

　　对于这部特别的"红学"批评著作，著名红学家周汝昌给予了很高评价：

　　　　余自顾平生，红潮阅历，行年六五，目中未逢如此文词识解。最奇者，彼之手边，除一部流行旧本《红楼梦》外，更无参考凭藉，而其所见，虽精研极究之专家，仅堪伯仲，或犹愧色焉。余故曰：此自"五四"以来，最奇倔、最直爽、最

---

　　① 胡风：《比较评论〈红楼梦〉和〈水浒传〉》，见《胡风全集》（第6卷），湖北人民出版社1999年版，第595页。

　　② 胡风：《〈石头记〉交响曲序》，见《胡风全集》（第1卷），湖北人民出版社1999年版，第326页。

高明、最透辟之论红著作也。①

《〈石头记〉交响曲》从小说核心人物、精神价值等多个层面进行了艺术性的点评。与以往的文风不同，这部作品中，胡风采用了自创的"连环对诗体曲"的独特形式，从用韵和对仗上都尤为讲究，对小说中主要人物的评说更是精准，这与他深厚的中国古典文学修养不可分割。尽管胡风对于《红楼梦》的续写、回数以及情节的批评所依赖的更多是艺术上的自觉，但是也离不开研究者自身严谨的理论修养与独特的艺术发现。

那么，问题在于：对中国传统多有菲薄的胡风为何会对《红楼梦》情有独钟呢？在《〈石头记〉交响曲》序言中，胡风表明了自己的"主导思想"：

> ①1936年冯雪峰从陕北被中央调回到上海的时候，对我谈到过，毛主席爱看《石头记》，长征中书丢光了（当是马列主义以外的书），只保留着一部《石头记》；毛主席在闲谈中说过，"贾宝玉是中国历史上第一个大革命家"。
> ②鲁迅关于高鹗续书的两句话。一是说，续书时高鹗尚未中进士，有些落寞，所以与原作者"偶或相通"。二是说，由于其他原因，两者又"绝异"。②

以上表白或许暗示，胡风的文学审美观和价值观是深受毛泽东与鲁迅的影响的。即便身陷囹圄，二者的文艺思想也依然成为胡风的指导思想。他以毛泽东关于"贾宝玉是中国历史上第一个大革命家"的评价作为其批评展开的依据，对贾宝玉的斗争精神给予了高度褒扬，他盛赞曹雪芹："他是作家，他是诗人，不是人情之外的革命家。"显然，他从曹雪芹身上发现了自己，也发现了他所主张的"主观战斗精神"。而对于高鹗的"居心叵测的企图消灭掉曹雪芹的战斗精神"，胡风予以彻

---

① 周汝昌：《读〈〈石头记〉交响曲序〉感赋长句》，《团结报》1983年2月19日。
② 胡风：《〈石头记〉交响曲序》，见《胡风全集》（第1卷），湖北人民出版社1999年版，第318页。

底批判，认为"就是这么一个高鹗！否定了晴雯和她遭受死亡的经过及其战斗精神，否定了《芙蓉诔》在全书中的核心性的作用，那就是否定了宝玉，否定了曹雪芹，否定了曹雪芹对那个压榨人、奴役人、腐化人、任意牺牲人命的几千年黑暗社会的控诉和对未来的光明的人性社会的渴望"。①

客观地说，尽管胡风对曹雪芹的盛赞不无功利的考虑，但也充分展示了他的艺术发现能力和独特的审美感悟。而他对高鹗的批判，则显示了一个饱经牢狱之灾的知识者对于新文化启蒙和人道主义立场的秉持。而胡风的价值取向和独特立场似乎能够解释为什么今天在胡风的藏书中，我们几乎难以看到同样被列为中国传统名著的《水浒传》等著作的留存。

事实上，与他对《红楼梦》的褒扬相反，胡风对于《水浒传》等一贯抱着否定的态度。其中，他特别对《水浒传》中把女性写得"美而坏"深表不满，体现了他的女性主义批评立场。而对于《水浒传》充斥的暴力书写，胡风也站在人道主义和人性角度予以了批判。事实上，关于中国古典文学，在胡风的批评视野之中，不乏"中国封建诗词""旧文艺""封建文艺"的评说，而作为文学批评家的胡风，也似乎并未真正将中国古典文学纳入自己的整个批评体系之中。这一方面固然与他早期留学日本接受了普罗文学思潮有关，另一方面与他的精神导师鲁迅对于传统的评价亦不无关系。

毋庸置疑，鲁迅对胡风的影响是多方面的，而其中关于对待中国旧文学的态度，胡风显然受到鲁迅的"不读中国书"的观点的影响，这一点，在胡风藏书中也得到了某种印证。

在《胡风传》中，曾有这么一段自述：

> 当夜在涪陵下游抛锚。又向军人借来了《走马春秋》，这些都是无聊的旧小说，现在看来连消遣都不够格的。无怪乎鲁迅先生曾向我说过，他为了编《中国小说史略》，到图书馆去读了许多中国的旧小说。他慨叹地说：每看完一本，我把它向

---

① 胡风：《〈石头记〉交响曲序》，见《胡风全集》（第1卷），湖北人民出版社1999年版，第320页。

旁边一放，心里就说少活阳寿一年。①

鲁迅是否说过类似的话，我们无法考证，但结合五四运动以后的历史语境，鲁迅对传统的菲薄是不难理解的。鲁迅的这一观点，对彼时文艺青年，尤其是思想颇为激进的胡风自然影响深远。鲁迅对传统的这种态度，不仅影响了胡风行文，对其文艺思想也产生了重要的影响。这主要表现为有论者对胡风关于我国古代文学遗产从内容到形式表现出的虚无主义的倾向。有批评者结合《论民族形式问题》一文中，胡风对我国古代文学遗产的态度，认为胡风"否定民族传统，否定民间文艺"。批评者还指出胡风"否定了'五四'新文艺与中国优秀文艺传统的继承关系，轻视我国传统文艺、民间文艺在创造民族形式中的作用"（参见《胡风文艺思想新论》）。今天看来，在民族形式问题上，批评者对胡风观点的误解和否定显然是值得再商榷的，但倘若我们结合胡风藏书中中国传统文化藏书与西方文学的藏书的比重的明显差距来看，胡风对传统的激进态度也是可见一斑的（至少从现存的胡风藏书看，胡风对传统文化的关注与重视不是特别明显）。

胡风对于传统遗产的批判由来已久。20 世纪 20 年代，处于革命低潮中的青年受到复古思潮影响，文坛上出现了一股寻章摘句、卖弄文字的风气，站在无产阶级革命文学的立场上，胡风对此做出了毫不客气的嘲讽和批判：

可是我们既然要想"迎头赶上"世纪潮流，既然要"文学革命"，那么，这一份"宝贵"的遗产实在一钱不值！因为现代所谓"文学"和"文字的游戏"是两样东西。②

显然，较之文学的审美性，胡风更多强调文学的社会功用，强调文学的政治之用、革命之用。

1940 年 1 月，毛泽东在《新民主主义论》中提出建立中国文艺的

---

① 胡风：《胡风回忆录》，人民文学出版社 1997 年版，第 139 – 140 页。
② 胡风：《再谈文学遗产》，见《胡风全集》（第 5 卷），湖北人民出版社 1999 年版，第 198 页。

"民族形式"，周扬等人主张合理吸收中国民间文艺的遗产。对此，胡风在《论民族形式问题》中，认为这"本质上是用充满毒素的封建意识来吸引大众"，是一种"饮鸩止渴"主义，明确反对将"民族形式"理解为"民间形式"。①

胡风对中国传统的否定一直延续到中华人民共和国成立以后。在那篇《从莎士比亚谈起》中，他明确指出："我们的文学是封建社会的产物，我们没有过像欧洲文艺复兴时代那样伟大的东西；'五四'以前的旧文学就不曾有过在'改造世界'这一伟大气魄上自觉地产生的作品。中国丢脸吧？是的，中国在这里丢了脸。"② 今天来看，胡风的观点或予人以偏激之感，然联系批评者所处的时代语境，他的精英主义立场和理性主义个性以及他所接受的"五四"时代精神与普罗文学影响，我们不难理解胡风何以秉承启蒙立场，何以偏于强调"文学之用"。事实上，他貌似偏激的观点也确实能起到发人深省的效果，比如他引用并阐释鲁迅的名句："我吃的是草，挤出来的是牛奶和血。"认为其真正的含义是"中国的旧文学是一堆乱草，鲁迅先生吃下去了，但却挤出了滋补人民的'奶'和'血'"。借此强调鲁迅的批判吸收和转化能力，这样的见解符合鲁迅对待中国传统文学的实际态度，确实不失为灼见。

二、中外之间

五四运动以来，但凡大有成就的作家，背后无不有着异域文明影响的因子，这是新文学发展的实际。这一代作家不仅善于从中国传统文化的遗产和那些伟大的先行者中寻找滋养，而且把学习的目光投向了欧美、苏联甚至整个世界，他们从先行者深厚的思想与创作经验中汲取智慧的点滴，以转化和形成自己的风格与特色。

胡风无疑是其中的佼佼者。即便是在战火纷飞或东西辗转奔波的岁月里，胡风也抓紧时间阅读外国文学作品。1938 年 9 月 28 日，为抗战

① 胡风：《对于民间文艺的一理解》，见北京大学、北京师范大学、北京师范学院中文系中国现代文学教研室：《中国现代文学史参考资料　文学运动史料选》（第四册），上海教育出版社 1979 年版，第 508－517 页。
② 胡风：《从莎士比亚谈起》，见《胡风全集》（第 6 卷），湖北人民出版社 1999 年版，第 10 页。

文艺工作忙碌的胡风，在小江轮上，利用间隙的时间阅读文学书籍。正如他在《胡风回忆录》中所写的：

> 这一年来我为杂务奔波，很难有时间坐下来读书。现在正好看书了。看了契诃夫的《活动产》，作者的观念流出得太显了。又看他的《决斗》，这篇使我喜欢。继续看《征服者》。
>
> …………
>
> 看完了《征服者》，开始看杰克·伦敦的小说集。
>
> 看了契诃夫的两个短篇集，再看果戈里的《魏》和《旧式的地主》，还看了《塔拉斯·布尔巴》及《伊凡·伊凡诺维奇同伊凡·尼基佛诺维奇是怎样争吵的》，就把剩下的《密尔格拉得》全部看完了。
>
> …………
>
> 看完高尔基的《福玛·高蒂耶夫》，上下两卷。较之福玛本人，倒是那些商人们写得更好。用福玛这反抗意识的反映，作者对商人社会提出了无情的控诉。译得坏极了。
>
> …………
>
> 另外看了一本《高尔基回忆琐记》，写得很亲切有趣。
>
> 在这乱轰轰的家里，我只好躲在屋里看书，看完了《冰岛渔夫》，又看安德列夫的《往星中》，后来就开始看《静静的顿河》。①

1965 年，胡风遭遇牢狱之灾，然而即便在失去自由的恶劣环境下，他还努力研究文艺，而梅志的回忆录也显示曾在探监时给他带去一捆捆的《马恩全集》。在给梅志的信中，他写道："我正在读《战争与和平》，因而想把托氏的作品再读一读，告一段落。"接着他在信中罗列了自己想要读的托尔斯泰的作品及研究文章、俄国文学史著作、日译本的《马恩选集》、马克思主义和黑格尔的哲学著作，以及一些苏联文学作品和英日辞典。

---

① 胡风:《胡风回忆录》，人民文学出版社 1997 年版，第 119 页。

今天，我们考察胡风藏书，发现在他独特的文学成就背后是极为广泛地对外国文学作品的吸收。粗略统计，藏书中大致包括以下方面：

（1）外国小说戏剧。

胡风藏书中，外国小说和戏剧的分量颇重，约有近百种，其中又以俄苏小说居多，仅安特列夫的小说就有《人之一生》《黑假面人》《狗的跳舞》等。德国小说有《悔罪女》《白马底骑者》《赫贝尔短篇小说集》《浑堡王子》。美国小说有《伊坦·弗洛美》《戴茜米勒尔》《我叫阿拉谟：少年小说集》。而世界各国的小说集也是胡风收藏的重点，如《饥民们的橡树：苏联短篇小说集》《意大利短篇小说集》《比利时短篇小说集》《保加利亚短篇小说选》《瑞典短篇小说集》《罗马尼亚短篇小说集》《犹太作家小说集》《现代日本小说选集》《世界文学读本》《域外小说集》等。

正如胡风自述，从莎士比亚、歌德、席勒、巴尔扎克、海涅、王尔德、斯蒂文森、纪德、霍夫曼到普希金、屠格涅夫、托尔斯泰、契诃夫以及高尔基等，这些重要作家的作品为胡风文艺思想的形成提供了宝贵的源泉，这在今天的胡风藏书中也得到了某种印证。

（2）马克思主义经典著作。

如果说丰富的文学作品是胡风文艺思想的血肉，那么那些来自外国的思想和文论特别是马克思主义著作则是其理论形成的骨架。纵观其藏书，马克思哲学著作在胡风藏书和阅读中占据着重要的位置。我们在对胡风及其夫人梅志的回忆录以及相关文献资料的梳理中，发现胡风生前最爱读的就是马克思、恩格斯的原著，以及关于马克思主义艺术理论方面的书。在胡风1965年8月13日于公安部监狱写给梅志的书信和书单中，我们发现即便胡风身陷囹圄，还在阅读日文版的《马克思恩格斯选集》《资本论》。至今，在胡风的藏书中还藏有一套30册的《马克思恩格斯选集》，此外，还有《马克思列宁主义哲学问题论文集》《论马克思恩格斯及马克思主义》《唯物论史论丛》《论共产主义教育：言论选集》《列宁主义问题》《马克思恩格斯论文学与艺术》《马恩列斯思想方法论》等著作。

（3）马克思主义艺术理论书籍。

胡风藏书中的马克思主义艺术理论方面的著作数目不少，这些书多为日文。其中包括普列汉诺夫的《文学论》、卢那察尔斯基的《马克思主义艺术论》等，还有一些研究马克思主义文艺理论的书籍，如《文学概论》《反对文学批评中的庸俗化》《怎样分析文学作品：文学原理第二部》《战后苏联文学之路》《我们怎样写作》《苏联作家谈创作》《苏联文学之路》《高尔基与社会主义美学》《论社会主义现实主义的基本特征》《反对文学中的思想歪曲》《苏联文艺论集：社会主义现实主义的问题》《苏联文艺界的批评与自我批评》《文学发展过程》《俄国文学史略》《福楼拜评传》《苏俄文学理论》《苏联文艺问题》《论报告文学》《列宁的反映论与艺术》《艺术中的阶级性与民族性》《苏联文学诸问题》《论文学批评的任务》《论苏联文学的高度思想原则》《苏联艺术的发展》《苏联儿童的历史文学读物》《论文学、艺术与哲学诸问题》《马克思主义批评论》《艺术的起源与发展》《马克思恩格斯的艺术论》《马克思列宁主义的美学反对艺术中的自然主义》《艺术工作者必须掌握马克思列宁主义》《论苏联文学中的民族形式问题》《社会主义现实主义的几个问题》《社会主义现实主义是社会主义社会生活的反映》《高尔基与社会主义美学》《苏联文艺论集：社会主义现实主义的问题》《在苏联造型艺术中为争取社会主义现实主义而斗争》，等等。

（4）哲学社会科学名著。

《赫尔岑——十九世纪俄国古典哲学家》《哲学选辑》《哲学笔记》《西洋哲学史简编》《马克思列宁主义哲学问题论文集》《悲观论集》《论妇女解放》《自然辩证法》《论一元论历史观之发展》《唯物史观的文学论》《德意志意识形态》《个性心理学》《苏联社会主义经济问题》等。

（5）一般文学史及作家研究。

《英国文学史》《苏联文学史》《法国文学史》《英国文学史纲》《文学史方法论》《中国音乐文学史》《中国文学史简编》《德国文学史大纲》《俄国文学史略》《欧洲文学史》《中国民族文学史》《英国当代四小说家》《古代希腊文学史》《现代文学论》《日本文学概说》《明治文坛的回顾》《陀思妥耶夫斯基的世界观》《波德莱尔论》《中国神话传说研究》《作家研究：文艺理论》等。

（6）其他艺术美学类的理论研究著作。

丹纳的《艺术哲学》，克罗齐的《美学》，阿兰的《艺术论集》，艾略特的《诗的功能与批评的功能》，川端康成的《小说的研究》《小说的本质》《苏联演剧方法论》，宫本百合子的《文学的道路》，板垣鹰穗的《写实》《艺术的现代诸相》，以及豪森斯坦的《造型艺术社会学》，弗里契的《艺术社会学的方法论》《艺术社会学的各种问题》等。以及《党论电影》《中国美术史论》《中国版画丛考》《日本画的精神》《日本戏剧论》《日本建筑史研究》《意大利与德意志——文艺复兴时期的艺术》《近代音乐的黎明》《印象派时代》等。

从胡风藏书中我们不难看出，对苏俄及欧洲现实主义文学作品的广博阅读，为胡风文艺美学思想的理性思辨奠定了坚实深厚的感情基础。作为形象思维物化形态的外国伟大作家的优秀作品的感性营养，为胡风文艺创作提供了完全不同于纯粹理性的感性素养。表现在：一方面，通过对作品感性素材的吸收，升华成为文学原理与具体理论命题。另一方面，材料对作为理论家主体的人格的熏陶，胡风对外国伟大作家优秀作品的博览，为他文艺美学思想的理论主张提供了诸多胜于理性雄辩的感性证明。卢卡奇、厨川白村、托尔斯泰、高尔基、罗曼·罗兰对胡风文艺美学思想产生了潜移默化而深层有力的影响。这方面已有研究者专门论述，这里就不再赘述了。

此外，据梅志的回忆和相关资料统计，胡风藏书中日文藏书分量也很重（有100余册），这是胡风生前很喜爱的一批书。除了日文书籍，还有一些被译为中文的日本作家作品，如：《中国文学概论》（儿岛献吉郎著，隋树森译）、《宫本百合子选集（第一卷）》（宫本百合子著，萧萧译）、《癫院受胎及其他五篇：北条民雄小说集》（北条民雄著，许竹圆译）、《日本民主主义文化运动》（藏原惟人著，尤炳圻译）、《古代社会史》（早川二郎著，谢艾群、杨慕冯译）、《中国文学通论》（儿岛献吉郎著，孙俍工译）、《英国文学研究》（小泉八云著，孙席珍译）、《板车之歌》（山代巴著，钱稻孙、叔昌译）、《山彦学校》（无着成恭辑，汪向荣译）、《出了象牙之塔》（厨川白村著，鲁迅译）、《地底下的人们》（松田解子著，金芷、关衡译）、《播州平野》（宫本百合子著，沈起予译）、《西方美术东渐史》（关卫著，熊得山译）、《艺术中的阶级性与民族性》（藏原惟人著，文之译）……

日本对胡风思想的形成和知识结构的影响是不容低估的。1929年9月，胡风到日本留学，认识了日本无产阶级作家江口涣、小林多喜二，接触到马列主义文艺理论。后又加入日本共产党和无产阶级文艺团体，在杂志《无产阶级文化》上发表介绍中国左联的文章，与聂绀弩夫妇等成立了"新兴文化研究会"，发行机关刊物。1933年，小林多喜二被害，他以文总的名义发抗议电。他的革命活动引起当局注意，后遭逮捕并驱逐出境。留日四年，胡风广泛涉猎了无产阶级文艺理论，与日本革命作家密切交往，投身于左翼文化活动，这对他的思想和人生，都产生了深远影响。

胡风被关在秦城监狱时，梅志曾去探望三次。在胡风给梅志的信中，附有索要书目：日文版的《马克思恩格斯选集》《普希金全集》《美学》《精神现象学》，河上肇译日文版《资本论（第一卷）》，森鸥外译《浮士德》，以及《广辞林》《日汉辞典》《日英小辞典》《外来语辞典》。他在信中说："森鸥外译的《浮士德》、森太郎译的《浮士德》，是同一种书的不同版本，译者也是同一人。两种都很小，前者是岩波书店文库本，后者是硬皮，两个都行，但最好是后者。岩波文库的书很多，不太好找，找译者名森鸥外，比较容易找到。"今天从这份书单中不难管中窥豹，胡风的日文藏书很丰富，而且从他对所藏书籍的了如指掌，可见他认真读过。胡风回国后再没有机会去日本。这些带给他思想、理论、信念的书，在凄苦绝望孤独寂寞的牢狱中，给了他些许慰藉。

日本文学对胡风的滋养是多方面的，这其中最重要的影响当来自厨川白村。厨川白村要求作家"出了象牙之塔"，积极干预社会人生，坚持社会批评与文明批评，这引起了胡风的很大共鸣。在那本最能完整体现其文艺美学思想的名作《苦闷的象征》中，厨川白村提出"生命受了压抑而生的苦闷懊恼乃是文艺的根柢"，纵观胡风的一些著名的文艺观点和命题，不难发现诸如"主观战斗精神论""自我扩张论""精神奴役创伤论"等，或明显或潜在映现着厨川白村的文艺美学思想的痕迹。

在文学方面，胡风和他的导师鲁迅一样，是一位多面手。胡风不仅在文艺评论、理论研究、诗歌创作等方面展现了丰富的才能，在翻译方面也颇有建树。然而，一直以来学界对于胡风的关注一般集中于文学创作与理论研究，对其翻译活动和翻译思想的研究却少有涉足。而从他的文学经历来看，胡风应该首先是一位翻译家，其次才是诗人、理论家。我们了解他的翻译史，也就拥有了其创作与思想活动的钥匙。这个复杂的成长过程，也使其成为继鲁迅之后中国文艺理论界最具世界眼光的人之一。

　　胡风一生中翻译过四十多部外文著作，数量颇为可观。为中外文化交流作出了重要的贡献，他在翻译思想方面亦有着独特的见解。现实主义是胡风整个文艺理论的核心部分，现实主义文艺理论对胡风的翻译思想也产生了深刻的影响。今天，透过胡风的众多藏书中的几十册 1955年之前的译著，我们大致可以了解这位 20 世纪的文化名人的思想渊源与成长。这批译著目前藏于北京鲁迅博物馆，从现存的这批藏书来看，胡风与那个时代的文艺青年一样，对域外文化的关注是很深的。他曾经花了不少精力翻译外国的艺术作品。他翻译的作品很多，有约 10 个国家近 30 名作家的作品。在林林总总的译作里，其思想的起伏变化也可以得到互证。

　　纵观胡风的译著，不难发现有两个显著的特点：一是重视俄苏文学和西欧国家文学的译介，二是关心与中国同样处于民族危机的弱小民族的文学的译介。这显然受到了当时的国际国内政治形势和无产阶级文艺思潮的影响，也与鲁迅、周作人的翻译观不无关联。从翻译对象的选择和翻译策略以及译著的影响上来看，在中国知识界的反响都是不一般的。在这里，我们发现，作为理论家、作家的胡风与作为翻译家的胡风是密不可分的。今天我们了解他的翻译，也就不难了解他的创作与思想活动。

　　胡风精通日语，早年留学日本，借助译文，他开始关注马克思主义和俄苏小说，又参与日本知识界的文艺活动且注意其发展动向，并以日本为中介，瞭望弱小民族的文学景观。他所译介的作品数量和质量均十分可观。从藏书来看，胡风的翻译，大部分选择的还是进步的革命的文艺作品。胡风后来既热衷于小说翻译，又大量介绍文艺理论的著作，这与他的双轨思维有很大的关系。他一开始所建立的多维的思维空间，影响了他后来的文学道路。一边与感性的艺术对话，一边和理性的哲学对话，这个过程对于他的创作的潜在影响，都是不可小视的。如果我们读他所介绍的那些文本，再反观他自己的作品，有时候能够感受背后的潜文本的存在，他的作品是深受外国作品影响的。

他的文学视野比较开阔，并较早接受了马克思主义文艺思想。和瞿秋白、鲁迅等人一样，胡风本人也曾翻译过一些马克思主义文艺理论经典作家的理论著作。比如，在1933年和1934年间，胡风就从日文版中首次翻译了恩格斯致敏娜·考茨基的信。在此后长期的文艺评论中，胡风一直努力以马克思主义文艺理论为指导，对一些文艺作品进行既尖锐又有独到见解的批评。比如，他对张天翼、林语堂早期文学创作倾向的批评和对艾芜、艾青等文学创作倾向的肯定，大都具有马克思主义文艺批评的理论特色。胡风在以马克思主义文艺学原则观察、分析和解决中国实际的文艺问题时，比较偏重于运用马克思主义文艺理论关于文学内在规律的观点，他对马克思主义文艺学关于文学与生活特别是现实主义与文学典型等问题比较关注。1935年，胡风的《什么是"典型"和"类型"》一文，就曾以恩格斯的"典型环境中的典型性格"理论作为立论依据，1936年，胡风在出版《文学与生活》一书时，具体阐述了文学源于生活又高于生活的命题。同年，他又翻译发表了卢卡奇的《小说底本质》一文，其内容也涉及文学内在规律的探讨。胡风对苏联文学的学习和吸收是非常广泛的，但真正对胡风文艺思想的创造性特质有构成性影响的是斯大林、别林斯基和卢卡奇。20世纪40年代后期，是胡风系统学习马列著作的阶段，他的《论现实主义的路》，正是在研读了一系列马列著作之后完成的。胡风早期的马克思主义文艺观点，更多的是通过苏联的无产阶级作家的作品、创作经验，通过苏联马克思主义理论家的理论文章间接得来的。其中，苏联无产阶级文学的感性经验、社会主义现实主义的创作方法，成为胡风文艺理论中极为重要的构成元素。

翻阅胡风藏书《胡风全集·译文卷》，其中域外作品翻译介绍的重心固然是俄苏小说和高尔基等人的文艺批评理论，但论精神渊源，对胡风影响最大的则是匈牙利马克思主义文论家卢卡奇。早在1936年，《小说家》创刊号第1、2期就连载了胡风翻译的卢卡奇《小说底本质》。在日本的几年里，胡风广泛接触普罗文化，受到了福本主义者青野季吉等人的影响。回国后，胡风大胆支持卢卡奇的观点并把他的作品发表在自己主编的刊物上，胡风也曾援引卢卡奇的观点作为论争的依据。卢卡奇的思想在许多方面和胡风是相通的，如对主体性的强调，对真实观的贯彻，对世界观与创作方法的辩证坚持等，原因在于：一方面胡风接受了卢卡奇的影响，另一方面他们又和苏联保持几乎同步的理论关联。

当然，这只是一些相对典型的例子。和导师鲁迅一样，胡风批评理论中的许多概念、逻辑，有的是外来思想的借用，有的是一种改造，还有的是一种发现和独创。在他的写作中，背后的深刻的外来文化知识背景，需细细琢磨方可领略一二。胡风是个很善于吸收外来营养的人，他并不掩饰自己的精神来源，在那篇《我与外国文学》的文章里，他差不多逐一列举了感动过自己的书，更可贵的是他又花费很多心血将其译介过来（如帮鲁迅翻译日本作家鹿地亘的小说），那境界是很高远的。今天，通过作家的藏书活动，我们能找到其文学创作与理论研究的思想渊源与逻辑起点。

总之，透过这些斑驳的藏书，我们可以发现作为作家和学者的胡风曾大胆主动地从外来的理论中拿来有益的营养为我所用，即创造性地灵活运用于他的批评和理论研究当中。胡风对文学理论的汲取，是从中国现代文学的现实需要和时代课题出发的，他用分析的眼光，吸取精华，摒除糟粕，创造性地把国外思潮理论中的营养化为自己的血肉，逐步充实提高自己。胡风借鉴外国名家，又形成了自身的风格，为我们如何对待外国精神财富提供了范例。

三、感性与理性之间

人，大概都是感性与理性的结合体。然而，对于作家，尤其是对于像胡风这样兼具诗人和理论家身份的个性卓异不凡的现代知识分子，感性的冲动与理性的智慧在其身上得到了尤为生动的体现。今天，通过作家遗存的私人藏书，我们或可以管中窥豹，发现作家的感性与理性的逻辑原点，感受作家在感性与理性之间的交融互补和冲突徘徊。

作为中国新文学史上极富个性的诗人与批评家，胡风的文学创作和艺术理论有着许多特别的思考。他既具备诗人敏锐的个体感觉，又形成了独树一帜的理论深度。纵观其文学生涯，胡风首先是以诗人形象出现在中国现代文学史上的，其次才发展成为理论家，这也使得他成为鲁迅之后为数不多的能够在创作和理论批评中纵横驰骋的"多面手"。这种"左右逢源"的文学现象背后与胡风多年文学积淀所形成的"双轨思维"密不可分。这意味着除了具备学者理性以外，胡风也兼具特别感性的一面。这种"两面性"也体现在他的藏书选择中，而具体表现就是藏书中的感性材料和理性材料的统一性。相对数量和种类众多的外国作品，胡风的藏书中关于中国古典文献的收藏极为少见。

在胡风的藏书中蕴藏着丰富的感性材料，除了他本人创作的诗集和中国近现代诗人如苏曼殊、郭沫若、闻一多等人的作品外，仅各种外国诗集就有 20 余种，如：《新俄诗选》（杨任译述，启明书局 1937 年版）、《美国诗钞》（李溶华译，文学丛报社 1900 年版）、《天蓝色的信封：苏联爱国战争诗集》（扎米雅金等著，铁弦译，中苏文化协会编译委员会 1942 年版）、《雪莱诗选》（雪莱著，郭沫若译编，泰东图书局 1926 年版）、《虎皮武士：中世纪乔治亚民族史诗》（罗司泰凡里著，李霁野译，出版社不详，1944 年版）、《考什布克诗选》（考什布克著，冯志臣译，人民文学出版社 1979 年版），等等。

本质上，胡风应该是一位诗人。他的藏书中光是关于外国和中国现当代的诗歌作品和理论研究就有近 40 种 50 余本，其中一部分是他本人的诗集、诗论，例如：《胡风论诗》《胡风诗全编》《胡风的诗——时间开始了》《狱中诗草》《为了朝鲜，为了人类：集体朗诵诗》，也有关于苏曼殊的《苏曼殊诗文集》。此外，主要是中国新诗和相关诗论，例如：闻一多的《闻一多全集（一） 序及年谱 神话与诗》《闻一多全集（三） 唐诗杂论》《闻一多全集（四） 诗选与校笺》，田间的《抗战诗抄》，艾青的《新诗论》，朱自清等著的《雪朝：新诗集》《新诗杂话》，朱光潜的《诗论》，新诗社编辑部编的《新诗集第一编》。此外，苏联和欧美的诗歌作品、理论著作也有数十种，其中以苏联作品居多，例如：《苏联诗选》（马尔夏克等著，丘琴、刘光杰译），《苏联诗坛逸话》（本约明·高力里著，戴望舒译），《天蓝色的信封：苏联爱国战争诗集》（扎米雅金等著，铁弦译），《马雅可夫斯基选集第二卷诗》，《马雅可夫斯基选集（第三卷）长诗》，《怎样写诗》（马雅可夫斯基著），《论诗的"秘密"》（伊萨柯夫斯基撰，磊然译）。英国作品：《马

克思主义与诗歌》（乔治·汤姆生著，袁水拍译），《明天：莱抒情诗
选》（雪莱著，徐迟译），《雪莱诗选》（雪莱著，郭沫若译编），以及
《考什布克诗选》（考什布克著，冯志臣译），《阿拉贡诗文钞》（阿拉
贡著，罗大冈译），《马蒂诗选》（马蒂著，卢永等译），《虎皮武士：中
世纪乔治亚民族史诗》（罗司泰凡里著，李霁野译）。另外，还有一些
重要的译诗，如《诗与诗论译丛》（袁水拍译），《陀螺：诗歌小品集》
（周作人译），《沫若译诗集》（郭沫若译），《现代诗论》（曹葆华译），
《新俄诗选》（杨任译述），《美国诗钞》（李溶华译），《诗之研究》
（Bliss Perry 原著，傅东华、金兆梓译）。

　　胡风极富才华的理论修养正是建立在对传统与域外文学经典的研读
基础之上的。作为中国现代历史转型期的一个极有才华又饱含悲剧性的
人物，胡风的悲剧既是时代的悲剧、文化的悲剧，也是个性的悲剧。与
一般的马克思主义者不同，他有着强烈的浪漫感性，天性追求精神的自
由释放。与他的导师鲁迅一样，他习惯在思想的旷野里独自翱翔，而不
愿意做精神的奴隶或被囚禁。这固然与作家的天资禀赋有关，但与作家
后天的文学熏陶和感染更是密不可分。今天，我们翻阅胡风的藏书，依
然能够分明地感受到感性形态的精神产品和生活经验对其影响的重要。

　　他的文艺美学思想中的具体理论命题，很多都源自对这些外来材料
的整合与概括。他的“双轨思维”以及开放的视野，使他能够真正地
将理论的论述与具体的文学创作结合起来。譬如：在《关于诗的形象
化》一文中，胡风提出了这样一个理论命题：“人不但能够在具象的东
西里面燃起自己底情操，人也能够在理论或信念里面燃起自己底情
操。”[1] 在概括归纳出这个命题的论证推演过程中，胡风列举了普希金、
惠特曼的诗作，在说明文学作品思想和艺术的统一关系时，胡风又举重
若轻地以但丁的撒旦和上帝、莎士比亚的精灵等为例加以论证。

　　“真实的现实主义的创作方法，能够补足作家底生活经验的不足和
世界观上的缺陷”[2]。这是胡风现实主义文论中的一个重要理论主张。
对于这个理论主张的推理论证，果戈理和巴尔扎克的创作为他提供了胜
于理性雄辩的诸多感性证明。在论述现实主义创作时，他还剖析了巴尔

---

① 胡风著，晓风编选：《胡风选集》（第一卷），四川人民出版社 1996 年版，第 254 页。
② 胡风著，晓风编选：《胡风选集》（第一卷），四川人民出版社 1996 年版，第 229 页。

扎克的政治理想与审美理想之间的关系，并指出巴尔扎克的现实主义战胜了他的反动的世界观，马克思从其身上看到了现实主义的胜利，因此我们不能以其大无边的世界观来轻视具体的文学创作实践。

"主观战斗精神"也是胡风的著名理论主张，这个命题的产生和他从俄苏及欧洲现实主义作品中汲取的感性养料有着密切关联。巴尔扎克、托尔斯泰、罗曼·罗兰、司汤达、果戈理作品中的人道主义精神、民主精神与对现实的深刻剖析，都是胡风"主观战斗精神"理论命题的感性基础的组成部分。而其中尤以托尔斯泰的创作和文学观念最契合胡风的主张。托尔斯泰在《复活》和《安娜·卡列尼娜》中表现出的道德情感，在中外文学史上是不多见的。在文学观念上，托尔斯泰认为好的艺术品第一要素应该有正确的道德态度。莫泊桑不乏才情，作品也独具漂亮的形式，但因为缺乏正确的道德态度便失去了理性的力量。胡风认为如果作家自身的"主观战斗精神"不强，技巧再高也无济于事。在胡风看来对现实生活的人道主义态度和创作上的现实主义原则是双向互动的、相辅相成的关系："对于人生苦恼的痛感，要求他底艺术向现实深处搏斗，向现实深处的肉搏的艺术努力又使他底对于人生苦恼的痛感加强了。"① 对此，胡风的发现无疑是深刻的。

"书籍不过为一种光学仪器，帮助读者发现自己的内心"（普鲁斯特语）。对于胡风来说，他的阅读史实际上倒映着他的精神生命的成长史。他与鲁迅的渊源，他对传统的态度，他对西方尤其是俄苏文艺理论的接受，他的作为批评家的理性与作为诗人的感性，以及由此带来的文学上的成就与局限，他一生命运的跌宕起伏，在他的藏书与阅读史中都隐藏着某种历史踪迹与文化启示。这对于今天的研究者，应该依然是一个值得深入探究的"谜"。

第二节　唐弢藏书及其文化选择

唐弢是中国现代文学史上的典型的学者型的作家与作家型的学者，

---

① 胡风著，晓风编选：《胡风选集》（第一卷），四川人民出版社1996年版，第67页。

也是著名的现代文学藏书家。其晚年诗作"平生不羡黄金屋，灯下窗前长自足。购得清河一卷书，古人与我诉衷曲"，道出了从邮局捡信生成长为中国现代文学大家的"秘诀"，也表明了其一生的志趣所在。唐弢一生聚书、读书、评书，他的藏书可谓其全部生命的写照，是中国文化史上一笔极为珍贵的遗产。行走于文学创作与学术研究之间的唐弢，有着不同于一般左翼作家的独特的知识结构。而体现在他身上传统士人的情怀与作为"流氓鬼"和"绅士鬼"的双重文风，也暗示了其复杂的精神人格、文化心理与审美趣味，他对于新旧文化的选择与汲取，对鲁迅遗产的继承与偏离，以及一切看似矛盾的方面，在今天他丰富的藏书中或许可以觅得一些踪迹，得到某种互证。

在中国现代学人藏书家中，钱杏邨以收藏晚清小说戏曲见长，郑振铎以收藏宋明善本见长，巴金以收藏西文书著称，而唐弢则以收藏现代作家珍本和期刊闻名，且由此获得"中国现代文学第一藏书家"的美誉。其藏书之丰之精，巴金曾有言："文学馆有了唐弢的藏书，文学馆就有了一半。"巴金的这句评价进一步明确了唐弢藏书的独特性、权威性和重要性。至于唐弢藏书的总数，舒乙在《唐弢藏书目录》序言中有介绍："唐弢藏品 4.3 万件，其中期刊 1.67 万件，图书 2.63 万件。"[①] 另据中国现代文学馆的数据统计：唐弢文库中，平装书居多（共计逾 2 300 册），期刊排第二（计 1 888 种），线装书四百余种 2 000余册，另有 600 余种外文书；1937 年以前的初版本逾 1 500 册、签名本逾 600 册；毛边书逾 1 300 册；珍稀本逾 600 册。这批新文学的珍品，种类丰富，极大地弥补了现代文学研究史料的缺憾。

今天，我们考察唐弢的藏书，发现其背后是一个融合古今中外的复杂的知识体系，涉及文学、哲学、科学、美术、音乐各个方面。他的兴趣可谓广泛，趣味也颇为独特。而这其中，他对中国传统文化的关注体现得尤为突出。

一、在"画坛"与"文坛"之间

唐弢的文学创作与审美世界里，"美术"一直扮演着特别的角色，

---

① 中国现代文学馆编：《唐弢藏书目录》，内部资料，2008 年。

这一方面体现出其对鲁迅遗风的一种主动传承，同时更暗含了对鲁迅精神实质的叛离。"美术意识"使他文章上深得鲁迅笔法神韵，而鲁迅的精神气质、审美品位以及"美术观"背后负载的"变革"与"斗争"的用意，也一度为他所吸引并追崇。然而，后期唐弢放弃了鲁迅精神层面的阐释并转向京派与周作人式的文人趣味。"二周"之间的"位移"，背后是他文化心理的复杂性、精神气质的分裂性的一种表征，也反映了一个时代的知识分子精神世界的真实境况。从作家私人藏书的角度审视"唐弢现象"，对于我们把握作家精神底色、思考"鲁迅遗产"的继承以及知识分子人格现代性问题或能多一层理解。

我们读唐弢的文章，尤其是他的散文、杂文和书话，总能体会到一种特别的古典韵味。他的文字里有着传统文人的气息与气象，而这其中的表现之一即他早年习画经历所形成的"美术意识"对其艺术感觉与审美观和创作风格的影响。与他的"导师"鲁迅一样，他似乎打通了一条沟通审美鉴赏、文学创作、理论批评与美术之间的"密道"。他的古体诗的创作、文化批评的展开，都与其早年美术修养的积淀存在着千丝万缕的联系，这一点，从他的藏书中能够找到某种踪迹与证明，而他的独特的艺术经验为今天的人们提供了有益的启示。

关于唐弢的艺术感觉，张梦阳先生曾指出："至今中国现代文学界甚至整个文学评论界，都无人在审美评价与艺术鉴赏方面超过唐弢。对唐弢的艺术感做一番深入的玩味，对于缺乏艺术感的中国当今评论界来说是非常有意义的。"① 唐弢的文字里充溢着传统文化的气息与气象，有着旧式文人的雅趣。事实上，我们考察唐弢的藏书构成和阅读史，一个最鲜明的特征就是他对中国传统的特别关注。他的文化选择，背后既有时代和鲁迅的影子，又表现出与鲁迅不尽相同的路径，而与胡风等其他鲁迅传人相比，则更显出了他的文化思考的特别。

众所周知，"五四"以来卓有成就的作家，其思想与文字上皆受益于西方文化，这是中国文学现代性的实际。与胡风等左翼作家一样，在文化选择和理论批评上，早期唐弢也表现出对时代进步思潮的主动追随

---

① 张梦阳：《唐弢的艺术感》，《文艺报》2012年3月16日第7版。

与呼应。1939 年 12 月 6 日发表在《大美报·浅草》上的《从欧化到中国底的》一文，批判了"本位论"者"捧着祖宗的牌位，一味向僵尸学习"[1] 的不良风气以及对欧化的全盘否定的观点，而强调一种古今中外文化的"溶和与化合"[2]。我们仔细体会他的立足点，发现在传统与异域文明之间，他较早便显出了与胡风等人迥然不同的思考，而多了一份理性与辩证的意味。他赞扬巴人的《中国气派与中国作风》，认为"这并不是欧化的全盘否定，而是要从自己民族的风格上吸收外来的影响"，"在艺术上保有民族的特有的气派与作风，反映真实的民族的生活"。与同时期的胡风等人对传统的激进态度不同，同样站在启蒙大众和文学革命的立场，唐弢的立足点始终是本土的。"我们的创作的源泉，却是在活生生的民族生活里，汲取特性，提炼精髓，在世界文学里建立起中国的典型来。"[3] 这样的判断，背后无疑有着对鲁迅的"拿来主义"的深刻领悟，而他自身的艺术感觉与个人旨趣无疑亦参与其间。我们看他在 1982 年 6 月写的《在民族化的道路上》及同年 12 月发表在《文艺研究》上的《西方影响与民族风格》，实际上正是这种艺术观的延续与发展。他后期的批评文字背后都显示出他对文明的一种个性化的理解。

在《漫谈美术》一文中，唐弢批评国画的"永远做着祖宗的扈从"，对盲目崇洋却只顾着挖掘学院派的"木乃伊"，而不能与时俱进地掌握艺术发展的趋势与脱离中国现实需要的"西洋派"作风也颇为不满，认为"大师们永远只能作盛名的奴隶"。而 1935 年 8 月 28 日发表在《时事新报·青光》上的《文坛·画坛》一文中，自谦为"门外汉"的唐弢，对比新文学的兴盛，以此反观当时中国美术创作的寥落与萧条。接着他结合自身习画与从文的经历和中国诗书画一体的艺术传统，对当时文学与绘画分离与矛盾的不良现象予以辛辣的批评。针对上海画坛表面的热闹，他尖锐地指出其背后的因循守旧和时代新鲜感的缺乏。对于彼时国画主题的守旧和手法的缺少创新，他一针见血地指出：

① 唐弢：《从欧化到中国底的》，见《劳薪辑》，改进出版社 1941 年版，第 136 页。
② 唐弢：《从欧化到中国底的》，见《劳薪辑》，改进出版社 1941 年版，第 135 页。
③ 唐弢：《从欧化到中国底的》，见《劳薪辑》，改进出版社 1941 年版，第 136 页。

至于技巧呢，反而一年一年地坏下来，所以现在的所谓"国画"界，也依旧是石涛、黄鹤山松等等的世界。①

那么，对于当时流行的西洋画呢？唐弢认为这种"新文艺"只有理论的空谈和所谓的"虚名"，而缺乏实际的力作，他对这种虚浮的画风也颇有意见：

讲到西洋画，那情形也差不多。我们只所见文西、赛尚，嗯嗯嗡嗡，在耳边乱叫。大师巨擘的头衔都有了，然而货色呢？划时代的货色呢？不见，一点也不见。②

唐弢的评价无疑是切中时弊的。他所关注的问题，已经不仅仅是美术界，而是面对世界潮流，如何实现中国艺术的转化与发展的问题。正是在这种背景下，才有了鲁迅20世纪30年代所倡导的美术运动，这场深刻推动了中国美术发展甚至整个文化发展的运动对于非美术科班出身的唐弢影响也是很大的。这一点，在今天唐弢数量可观的美术藏书中亦可见一斑。

走进唐弢藏画，我们发现在中国现代作家中，除了鲁迅恐无出其右。从荆浩、关仝、董源、巨然、石涛等人的山水画到丰子恺、陶元庆、钱君匋、司徒乔、王一榴等新文艺画家的漫画，既有中国的传统画作，也有戈雅、陀密埃和珂勒惠支等西方表现主义大师的作品，其收藏包括国画、版画、漫画，林林总总。而中国文人画、中国现代木刻、欧洲名家版画更是收藏颇丰。今天，在这位"美术的鉴赏者"的藏书中，关于美术的各类史著、研究专著和画作有逾300种700余册。他一生为美术与文艺所倾注的热情与心血由此可感。

他的藏书中，有着大量的中外版画和木刻（粗略统计有版画类作品20种40余册），这显示了他的左翼文化立场和对鲁迅文艺思想的传承。

---

① 唐弢：《文坛·画坛》，见《海天集》（第一辑·第十一册），新钟书局1936年版，第81页。

② 唐弢：《文坛·画坛》，见《海天集》（第一辑·第十一册），新钟书局1936年版，第81页。

透过这些有着时代印记的版画和木刻藏品，可以看到鲁迅的"革命所需要，有宣传，教化，装饰和普及"① 的美术观之于唐弢的感染。在他那本著名的《晦庵书话》中就有《鲁迅与版画》一文。文中，他尊鲁迅为"中国新兴艺术——木刻的始祖"，认为正是鲁迅"替后一代开拓了一个'力之美'的境界"②。藏书中，他还收集了不少有关鲁迅与美术关系的研究专著（逾 20 种）。鲁迅的艺术观之于唐弢的影响由此可见一斑。

除了一种对于鲁迅的追崇，在艺术旨趣与天分上，我们更看到了二者的某种相通。与鲁迅一样，唐弢藏书中更有相当数量的中国传统文人画，他对此类书籍的收藏，一方面显示了他审美趣味的传统的一面，另一方面也暗示着他对国画确实是投入了热情去研习的。藏书中还有不少经典画论，如王维的《山水诀》以及《芬奇论绘画》《琵亚词侣诗画集》等。在《琵亚词侣诗画》一文中，他写道："《琵亚词侣诗画集》收诗两首，四幅插画分别为《自画像》《音乐师》《整理着衣裳》《梳装》。诗用红色花框，颇精致。我于工作之余，常常希望读几本心爱的书，有一个比较安静的环境可以休息。别的不会，爱好一点艺术趣味。因此买书之时，犹不忘此，遂不免被别人认为怪癖，但也顾不得许多了。"③ 他的精神气质的沉静内敛，审美倾向的精致和谐，生活态度的闲适优雅由此可见一斑，而这种艺术旨趣在他的文学作品中自然也不难觅得一些印记。

众所周知，鲁迅的"反传统"很大程度上是基于对当时的"复古主义"的警惕，而作为一名古籍研究者和对于中国文化有着深刻了解的现代作家，鲁迅对于传统文明的精粹是充满眷念与欣赏的。这一点，较早便熟知鲁迅知识结构的唐弢无疑是深明于心的。鲁迅的影响和自身的文化旨趣与审美倾向，使他在左翼文化阵营的批评话语中表现出某种特别之处。他一再强调"中国气派"的背后既有对时代政治语境的呼应，

---

① 鲁迅：《〈新俄画选〉小引》，见陈漱渝、肖振鸣主编：《编年体鲁迅著作全集（插图本）. 1928~1932》，福建教育出版社 2006 年版，第 272 页。

② 唐弢：《鲁迅与版画》，见《唐弢文集》（第五卷），社会科学文献出版社 1995 年版，第 736 页。

③ 唐弢：《琵亚词侣诗画》，见《晦庵书话》（第二版），生活·读书·新知三联书店2007 年版，第 406 页。

更隐含着深层的文化认同与文化自信的存在。在《西方影响与民族风格》一文中，他以鲁迅、老舍、赵树理等人为例，阐释了民族风格的独特之处。我们看他早期的散文充满诗情画意和江南特色，他的杂文寥寥几笔，犀利传神。显然，传统的风俗画、含蓄、传神已被他融为了一体。古典文明的修养，使得他的文章比之其时的青年作家更显精致，左翼文人文字中普遍存在的概念化与激切峻急，在他那里是不多见的。

如果说"国画风格"是他早期散文的基本特征，那么他杂文中常用的"漫画笔法"则在他丰富的中外漫画藏品中也得到了某种互证。他藏书中的经典作品有：亨利·遮勒（Heinrich Zille）的《柏林生活素描：世界漫画选集之一》、列平的《列平画集：七十幅油画及素描复制本》、张谔的《漫画和生活》、鲁少飞的《时代漫画》（藏 39 册）等。这些都是他早期杂文创作的重要艺术资源。

他对丰子恺的关注尤深，藏书中几乎囊括了丰子恺一生的艺术作品。他还收有陶元庆、钱君匋、司徒乔、王一榴等人的插画、绘图等作品。在《谈封面画》一文中，唐弢谈到了"五四"新文学书籍对封面的开始重视。在他所列举的一些中国新美术的开山人物之中，丰子恺是列为首位的。而在他的《晦庵书话》中，对其他几位新文艺画家也多有赞赏。我们看他的杂文与散文，这种文人间的欣赏与借鉴时常出现。

见微知著，我们不难发现：从古典到现代，从东方到异域，从感性作品到理论研究，从美术鉴赏到美术技巧，唐弢对美术的关注之深、之广，显然已经超出了一般文学家的层次。他的文化取向与审美趣味的多样性在他的美术世界里可见一斑。他早年是一位相当"入世"的进步作家，但人格气质上又明显偏于传统文人，他在重视鲁迅艺术精神的传承的同时，没有左翼文人和鲁迅其他弟子如胡风等人的激进，而始终重视"文学的民族性""中国作风"以及"中国气派"。我们看他的藏书，走进他的阅读史，再反观他早年的创作，鲁迅的犀利与周作人的散淡赋予了他特别的视野与风致，他的艺术敏感与审美品位可谓并存于一身。

（一）"临摹之法"与"文章之道"

我们考察唐弢的文学创作，他的文章与"美术图像"之间事实上存在着一种互通共享的有趣现象。从他的批评视野观之，在《关于

〈故事新编〉》中，他表示不能认同将鲁迅《故事新编》的创作手法"比之于绘画中的毕加索"，在他看来，"除了《铸剑》和《补天》外，也没有毕加索的忧郁的蓝色或者强烈的彩色（《铸剑》在坚韧不拔中带点忧郁，而《补天》却给人以耀眼的五彩缤纷的感觉）。其他各篇的色泽近于白地黑线的漫画，如果一定要举绘画来作说明的话，我觉得那种朴素而略带夸张的笔调，倒有点接近格罗斯（George Grosz）——一个鲁迅喜爱的德意志的画家"①。这样的认识出自一个非美术科班出身的作家，显然是一种不凡之论，这背后应该是他艺术思维的多维交织与诗意韵致的深刻体悟。

现代研究证明，各种艺术趣味之间事实上存在着一种饶有趣味的由生理到心理之间相互转向的"通感"关系②。从培养艺术感性与审美品位的角度来说，早期中国画的研习给予唐弢文学艺术创作的滋养是潜在而深刻的。唐弢早年追随清末著名画家陆廉夫的回族门人学习中国山水画的经历是值得关注的。虽后来学习被迫中断，但他对美术的热衷不改，他藏书中的王石谷的画册、王原祁的《雨窗随笔》、恽寿平的《南田画跋》，这些经典画作的收藏显示他早年摹习研究之深，他的"美术意识"大概也是这个时候形成的。

对传统的研究，也使他领悟到古典画作与语言之间事实上的互仿关系。这促使他在美术学习上"不走寻常路"，也放弃了美术学习中所谓"直逼古人""追踪先匠"的"雄心"，而试图从中国传统艺术名家的论画中努力汲取美术创作的资源，进而洞悉艺术之间的微妙关联与艺术的真谛。他对于所谓"其最不同处，最多相合"以及李北海的"似我者病"等画论的感悟是很深的。而从司马迁著《史记》的经验中，他也领悟到艺术家步前人后尘的缺陷，由此转向从一切古今中外的文艺作品中汲取所需要的艺术感情与营养。于是，"我决定放弃学画，正如向古典诗歌吸收营养一样，也向美术品——后来还加上西洋的：米开朗基罗、鲁本斯、伦勃朗、罗丹、马蒂斯和毕加索，汲取自己需要的东西，

---

① 唐弢：《关于〈故事新编〉》，见《鲁迅的美学思想》，人民出版社 1984 年版，第 210–211 页。

② 参见贡布里希：《艺术与人文科学》，浙江摄影出版社 1989 年版，第 51 页。

以培养感情与兴趣，我于是成为一个美术——不，应该说是艺术的鉴赏者"①。

艺术之间终究是有一些相通之处的。虽唐弢最终未能成为一个美术家，但传统临摹的诀窍已经被他应用到了对文章学的探索之中。他的一些文章，虽无法抵达鲁迅的刚劲深邃，但鲁迅杂文的洗练、辛辣的风采与神韵，他显然是捕捉到了一二的。《短长书》里的一些杂文，行文之风趣，形象之生动，比喻之精妙，古今之交融，掌故之熟习，简直达到一种神似的程度。这里，都可以看到他对鲁迅文章风格的用心"模仿"（尽管唐弢本人从不太承认自己有过刻意模仿鲁迅）。同样的情况，还出现在他的散文中，我们看他与周作人和京派作家的文章，在许多高调的公开的非议背后他用心的借鉴是不难发现的。对于这种高超的"模仿"能力，唐弢自己的理解是："要学的是鲁迅的精神，而不是文字上的一点皮毛。"② 与他对习画的感悟相通，他对于文学创作的学习也远远超出了所谓"临摹"的水准。

唐弢真正艺术上的成熟，则是在鲁迅开创的文风下，逐步形成了自己的多面的风格。他在把握鲁迅的"神韵"的同时，也善于"转益多师"，向京派作家学习。他早年的《落帆集》等散文，从各方面都能看到京派和周作人的影子，他晚年的书话写作，更是受益于周作人的《知堂书话》。他崇仰鲁迅的战斗精神且向往鲁迅的力度，但也保留了自己的世故与柔弱。他的文章既有鲁迅的犀利，又不无周作人的世故超然。博采众长，为吾所用，成为他由美术学习通向文学创造的一条独特的隧道。

我们看他后来的创作，也依然是这个路径：《晦庵书话》的笔法间既有鲁迅的隐笔，更有周作人的闲适超然，早期绘画的模仿技巧和"不同处同、不似求似"的美术意识以及"转益多师"成为唐弢文学成长中所获得的最大的启迪与收益，也可以说是他从一位邮局捡信生成长为中国现代文学大家的独特的艺术经验。仰钻先匠、洞贯秘途，在学习偶像的过程中逐步建构属于他自身的风格。和鲁迅一样，唐弢试图打通一条诗画之间的艺术通道，并由此领悟到了艺术的真谛，逐步形成了其知

---

① 唐弢：《读史与学文》，见《生命册上》，浙江文艺出版社1984年版，第92页。

② 邓九平主编：《生命册上》，民主与建设出版社1997年版，第227页。

识结构的多维性构建。这种艺术成长之路，也是他的导师鲁迅曾经走过的，他独特的悟性与勤奋使他的文章在 20 世纪 30 年代就一鸣惊人，在左翼青年普遍的机械化和概念化写作中，唐弢真正做到了独树一帜、脱颖而出。今天看来，这样的艺术经验不仅于唐弢，于今日之作家，无疑依然具有很强的启示性。

（二）"诗画相通"与"风格自成"

赵宪章先生在分析鲁迅作品与图像的关系时，曾将鲁迅小说特征概括为"版画风格"①。我们以此观照唐弢一生的创作，二者之间在深度上的差别是显然的。但唐弢作品呈现出的"国画风格"和"漫画风格"恰恰构成了其"感抒性"散文和"战斗性"杂文的两种底色。

我们读唐弢的文章，如果说早期临摹经历和美术意识形成了他的艺术学习观，那么传统诗书画一体的创作观念实际上已经深深地渗透于他的散文与杂文之中。众所周知，美术的基本表现方式是线条与色彩。在色彩方面，他早期散文多采用暖色；在线条方面，他综合使用各种线条去勾勒人物形象特征，这位"美术的鉴赏者"很快将美术中的艺术手法移用到自己的文学创作之中，他那些写得最好的散文背后都有着美术的白描与写意的技法，他善于将中国古典诗词中的优美意境用现代白话文的形式描绘出来，既有着古典文化的诗情画意，又有着浓厚的现代浪漫气息。这方面，我们不妨以他 1947 年发表在《大公报》的散文《故乡的雨》为例：

> 少时留居家乡，当春雨像鹅毛一般落着的时候，登楼一望，远处的山色被一片烟雨笼住，疏零的村落恍惚若有若无，雨中的原野新鲜而幽静，使人不易去怀！②

整段文字有着一种中国山水画的空间感和画面感，满储着诗意，令人生发无限遐想。

还有些描摹显然是直接将古人山水诗句转化为现代白话，体现了早

---

① 赵宪章：《文体与图像》，人民文学出版社 2014 年版，第 154 页。

② 中国现代文学馆编：《唐弢文集》，华夏出版社 2000 年版，第 287 页。

期白话散文语言的过渡色彩，如《桥》显然是对马致远的《天净沙·秋思》中的"枯藤老树昏鸦，小桥流水人家"的意境做了一番诗意的发挥与描摹，中国古典诗词中经典的意境与物象成了唐弢散文创作的重要思想宝库和艺术源泉。这样的例子还有很多，《城》借用了杜甫笔下的"落日照大旗，马鸣风萧萧"的苍凉悲壮的意境。《海》则是对陈子昂《登幽州台歌》的想象与描绘，这种"图—文"或者"古诗—白话文"的互换成为他早期散文的一大特色。

与鲁迅作品色彩的黑白鲜明的对照和背后的批判逻辑相比，唐弢作品的色彩显得斑斓、宁静与和谐：

> 海，它给我安慰，告诉我什么是伟大。在清晨，地球刚从黑夜里苏醒过来的时候，碧澄澄的水波微漾着，海面罩着淡淡的雾气，渔帆在迷漾中开始出现；随后太阳上来了，海波闪烁出黄色的，蓝色的，紫色的花纹。[1]
>
> ——《海》

文中的"黑夜"作为大布景，而"碧澄澄"以及"海波闪烁出黄色的，蓝色的，紫色的花纹"作为点缀，简直就是一幅美丽的水墨画。他早期散文《落帆集》有京派文人的空灵唯美，笔下朦朦胧胧的美好画面，完全是典型的东方文化的意境。他笔下还有饱含油画感的画面，如《飞》这篇散文便可作为"文字的油画"来欣赏了。

我们知道，艺术家的作品是联结着他的心理思维的。就现代美术而言，对色彩浓淡的调度的差异，背后往往映射出艺术家精神气质及其对现实的感觉的不同。从唐弢早期散文来看，传统山水画的"色彩美"是很明显的，他对色彩的浓与淡的调度深谙于心，他笔下的风景大多给人一种视觉的愉悦感。与鲁迅注重用黑白强烈对比来突显生活画面的现实主义手法不同，唐弢的色彩运用上多喜欢用彩色，有着浪漫主义的倾向。这种美学风格的分歧背后也暗示了作为师徒的鲁迅与唐弢在精神气质上的迥异。

---

① 中国现代文学馆编：《唐弢文集》，华夏出版社 2000 年版，第 286 页。

　　如果说传统国画给予唐弢在散文意境画面和情调上的浪漫主义的滋养与启迪，那么现代漫画给予唐弢的则更多是对现实丑恶的逼真的描摹手法的借鉴。今天，我们看他的美术藏书中，丰子恺和丁聪的漫画是收藏颇丰的。他的书话文章中谈到绘画的线条之美，是很有见地的。我们看唐弢的杂文创作，"白描"手法的运线与造型艺术他可谓深谙于心，他的杂文中鲜明地展现了美术线条的表现力。他的笔法的老到与勾勒的传神是很见其美术功底的。

　　20 世纪 30 年代，在那篇《文坛画坛》中，他表达了自己对中国漫画的积极态度。他指出："我们需要漫画，因为它更接近于我们的生活。"① 他结合赵望云的《农村写生集》，提醒画家不仅要描摹现实，最重要的还是注重精神的表现和塑造。他对于漫画的艺术境界和批判讽世功能显然寄予了很大的期望。这显然是对当时革命文艺思潮的一种呼应与配合。事实上，他在《自由谈》上发表的一系列杂文，在注重对社会现象和文人丑态进行栩栩如生的刻画的同时，真正做到了将精神的批判寄予其中。

　　他认为早年求学中的美术意识的养成，尤其是对他艺术感觉的培养是很重要的，而且暗示了二者事实上的"相通性"和"转化性"②：

　　　　我认为杂文试图将复杂的社会现象集中于短小的形式，从而展开多采的场面，不能不讲究艺术表现的方法与手段……也曾作过种种尝试：意境也，韵味也，格调也，旋律也，气氛也，色彩也，一个都不放过，目的是使重点更突出。

　　他的杂文，对于色彩与线条的重视是尤为明显的。在 1933 年 11 月 19 日发表在《申报自由谈》的《新脸谱》一文中，他以中国传统京剧舞台上的脸谱为喻，寥寥几笔勾画出了某些"帮闲文人"为了迎合看客而不惜卖笑的媚态与丑态，例如："白脸的回到后台去涂上更白的粉，不久重又上场；青面獠牙的装出不自然的笑容，向着看客们做媚眼。"

---

　　① 唐弢：《文坛·画坛》，见《唐弢文集》（第一卷），社会科学文献出版社 1995 年版，第 237 页。

　　② 唐弢：《新脸谱》，见《唐弢杂文选》，人民文学出版社 1955 年版，第 4 页。

他早期的杂文中，批判和战斗的色彩很浓，为了达到强烈的讽刺效果，他多用漫画的手法，如在《狗和养狗的人们》中，他饱含嘲讽地描绘了"帮闲文人"的媚态①：

> 耸起脊骨，饿瘪肚子，活象清贫自守的"正人君子"；它们的形状是介乎猫狗之间，以伶俐光泽的皮毛取悦于人，它们没有特殊技能，不过生成一副小丑脸，惯会摇头摆尾的献殷勤，专供"有闲阶级的玩物"。

这样的描绘无疑是犀利甚至刻薄的，文字中也不乏鲁迅笔法的韵味。

在《鬼趣图》中，他更是对当时文坛各种丑态，甚至京派和海派文人等都进行了辛辣的讽刺，所采用的手法依然是白描，例如："站在黑雾浓烟里""放些空气掩住马脚"的所谓"存心忠厚"的绅士们；"跟在胖主人后面，赤身跣足，戴了顶缀着残缨的破帽，使出腐儒摇摆的架子，仿佛在暮夜奔走""便是在夜台，也还忘不了施展钻营的伎俩"的赢奴；"拿着藜栏，状如弥勒佛然而却哭丧着脸"的"惯做歌颂圣德的妙文和三角式的肉感小说，颇曾发过一番财"的矮先生等。《略谈英雄》中，以夸张的漫画笔法描绘了"英雄"的"伟绩"，完成了对历代"英雄"的解构。《土地和灶君》中，他更以动作和表情的素描对国民性弱点进行了调侃与讽刺，而这样的动作感和表情感，我们往往只有在漫画中才能看到。

由此，我们不难发现传统诗书画一体的观念和现代漫画的线条勾勒技法之于唐弢创作的影响。他由此形成了自己的"战斗性"（主要是杂文）与"超然性"（主要是散文与书话）的艺术风格。他的独特的艺术经验，在今天看来，固然有"二周"影响的存在，但是个人的趣味与悟性或许更重要，在"二周"的众多"模仿者"中，唐弢显然是得二者创作神韵和一定程度上实现了现代与传统艺术种类之间的有效"沟通"的现代作家。

---

① 唐弢：《新脸谱》，见《唐弢杂文选》，人民文学出版社1955年版，第4页。

对于传统，鲁迅曾称自己"旧习甚多"①，这"旧习"主要指一些中国民间艺术，比如"中国笺纸""旧法木刻"等。事实上，正如其好友所述："鲁迅的爱好艺术，自幼已然，爱看戏，爱描画；中年则研究汉代画像；晚年则提倡版画。"②

作为最了解鲁迅知识构成的传人，唐弢表现出了与鲁迅艺术趣味明显的趋同，比如美术、藏书和装帧艺术等。和鲁迅一样，他对于现代图书封面设计、编排、选纸、装帧等，都尤为讲究。在《浮斯德献诗》一文中，他感慨："白报纸印，虽留有毛边，较诸木造纸初版本，豪华寒伧，判若天壤，令人兴西施、嫫母之叹。"③鲁迅的审美品位对他的影响也是明显的，唐弢对陶元庆、钱君匋和司徒乔也欣赏有加，"三人中我最喜欢元庆的作品，一幅《苦闷的象征》，已是人间妙品……元庆有一幅画叫做'大红袍'，许钦文取以为短篇小说集《故乡》封面，色彩醇美，构图奇巧，尤属不可多得"④。

鲁迅的艺术思想与文化趣味对他都是一种特别的存在。他晚年总结："鲁迅对艺术的兴趣极为广泛，然而于审美之外，也重视对社会的功利，取其简便，则是着眼于大众化的缘故。这理论，和他的不写小说，却反而来作杂文，以便对客观现实作迅速直接的反映，暗暗相通。"⑤唐弢的一生，尽管在文学和艺术上无法抵达鲁迅的博大精深，然而作为"文学家"之外的鲁迅的艺术品位和文人趣味他是领会很深的。"美术"于他，既成为一种艺术思维，也构成其创作的内容；既在革命时代作为一个政治选择，又成为后革命时代的一种文化旨趣。我们看他的评论文章，所涉的美术种类既有传统国画，也有现代版画、木刻、素描与漫画。内容上既有对现代美术状况与作品的点评（如《文坛　画坛》）；又有对中外美术家及其作品的介绍与评价（如《木刻三

---

① 鲁迅：《鲁迅全集：编年版》（第8卷），人民文学出版社2014年版，第408页。
② 许寿裳：《亡友鲁迅印象记》，人民文学出版社1953年版，第37页。
③ 唐弢：《浮斯德献诗》，见《晦庵书话》（第二版），生活·读书·新知三联书店2007年版，第346页。
④ 唐弢：《谈封面画》，见《晦庵书话》（第二版），生活·读书·新知三联书店2007年版，第149页。
⑤ 唐弢：《鲁迅与版画》，见《唐弢文集》（第五卷），社会科学文献出版社1995年版，第736页。

种》《琵亚词侣诗画》《关于陶元庆》）；更有站在现代美学视角的美术作品设计的品评赏鉴（如《苦闷的象征封面》《画册的装帧》《谈封面画》等）。从审美功能上来看，既有侧重现实批判性的（《一幅木刻的来由》），也有纯粹从个人审美趣味角度的品鉴（《王一榴插画》）。他早期的美术活动，背后有着大时代和鲁迅的启蒙思想的影子，也不无对功利的考虑。后期则更多地显示了对美的追求，背后是一种传统文人的闲适心态。而周氏兄弟的共有的私人趣味的影响是明显的。

对于美，他一直有着传统文人般精致而细腻的感知。比如在《革命者！革命者!》一文中，他对 1923 年由泰东书局出版的《红烛》的装帧稍有微词，认为"封面白底红字，用蓝条框边，装帧粗俗，殊不美观"①。事实上，和"二周"一样，唐弢有着很好的艺术美感和天赋。这当然与他受中国古典艺术的长期浸润密不可分。他晚年的书话中在对那个时代的创作精神表示追怀时，对现实文艺的审美艺术感的堕落也隐隐不满，认为："今人作封面，但重图案，欲求如元庆之并寓深意，使人低徊不已者，难矣。"②他不能接受没有艺术性和文学性的作品，他的书话可以说是在特殊时代的一种审美的"突围"，具有特别的艺术价值。

然而，我们在看到这种"师徒"间趣味的趋同与追随的同时，也应该看到二者的"和而不同"与"貌合神离"。众所周知，鲁迅是从自己的"感官的趣味"里发现了"反思的趣味"③，从传统最终走到了传统的反面。而唐弢的一生，其文学活动与精神气质则更多体现了在二者之间的游离。他的精神世界与作品里，既有鲁迅的影子，也有着某种"叛离"。他既研究鲁迅，也如周作人一样韬光养晦，沉入古典。他努

---

① 唐弢：《革命者！革命者!》，见《晦庵书话》（第二版），生活·读书·新知三联书店 2007 年版，第 46 页。

② 唐弢：《关于陶元庆》，见《晦庵书话》，生活·读书·新知三联书店 1980 年版，第 176 页。

③ 布尔迪厄曾引用康德关于"趣味"的论述，将知识分子的趣味分为"反思的趣味"和"感官的趣味"，并认为"纯粹趣味的原则就是一种拒绝，甚或，一种厌恶，对迫使人享乐的对象的厌恶以及对满足于这种强加的享乐的粗俗和庸俗趣味的厌恶"。因此，通过与这种倾向对抗，纯粹的鉴赏，即"反思的鉴赏"与"感官的鉴赏"对立。参见［法］布尔迪厄著，刘晖译：《区分——判断力的社会批判》（下册），商务印书馆 2015 年版，第 771 页。

力借鉴域外文化，又不放弃对中国文化遗产的承续，在审美与致用两个维度，在"流氓鬼"与"绅士鬼"两个世界里行走或彷徨，由此构成了一种所谓"唐弢现象"。

考察他的思想艺术轨迹，鲁迅"为人生"的艺术观和他对于中国美术与文艺的民族化与世界化的思考与实践，一度成为唐弢美术和艺术批评的重要方面。他早年所写的《漫谈美术》，对于"由私人享受的，变为大众应用的，把逃避现实的，改为批评现实的；把沉醉的，改为暴露的；把死的静物写生和风景写生运用技巧赋与生命"① 的艺术观尤为赞赏。他在 1937 年 3 月 21 日的《立报·言林》发表的《戈雅的画》中，首先站在艺术审美的角度高度评价了欧美通俗杂志采用插画点缀小说的做法，对戈雅画图的精神与艺术内涵予以盛赞，认为"他还终于是正统派眼里的异端，用笔尖刺着千秋万世的专制魔王们"②。

唐弢的这种审美的现代性眼光还体现在他对版画和木刻的欣赏与收藏上。如果说传统书画艺术是唐弢个人审美趣味的重要方面的话，那么现代版画艺术则体现了唐弢的社会性审美的艺术取向。1946 年 7 月 13 日，《文汇报　笔会》登载了唐弢的《读画有感》，文章首先列举了几位重要的画家如戈雅、陀密埃、珂勒惠支对自己的教益③：

> 在戈雅的画里我认识了当时西班牙战争的残酷；同样地，陀密埃却教我憎恨法兰西的统治阶级；前些年，鲁迅先生介绍珂勒惠支，从她的版画里，我又看到德意志人民的饥饿、挣扎和反抗。

这些历史的苦难的画面给予"五四"后成长起来的中国青年的影响是重大的，这些饱含现实血泪和阶级仇恨的画作在唐弢等进步青年的心灵里已经播下了抗争的种子。他将司徒乔与"果尔培笔底的农民和石匠，米勒的拾穗者"相比照，强调全世界底层人民苦难的相通性，表达

---

① 唐弢：《漫谈美术》，见《唐弢杂文集》，生活·读书·新知三联书店 1984 年版，第 266 页。
② 唐弢：《戈雅的画》，见《唐弢文集》（第一卷），社会科学文献出版社 1995 年版，第 455 页。
③ 唐弢：《读画有感》，见《唐弢杂文集》，生活·读书·新知三联书店 1984 年版，第 596 页。

了对艺术表现现实革命抗争的希望："我期待从司徒先生的笔下看到抗争。"① 今天，我们看他对于现代版画木刻的搜集，鲁迅的关于"当革命时，版画之用最广，虽极匆忙，顷刻能办"② 的美术观和美术实践对他的影响是很大的。如果说他早年是纯粹出于个人爱好与审美层面看待美术，后来则主要从现实斗争的需要出发强调美术表现现实，揭露现实和批判现实的目的。只是这种审美的社会性或许并不能完全体现作家真实的审美趣味，在他的人格气质与审美取向中，纯粹艺术的审美性是超过了功利的审美性的。

唐弢在1949年后的文学活动中，真正体现了二者的复杂性与矛盾性。20世纪50年代以后，他的文风发生了很大的变化。鲁迅的精神的锋芒和早期的强烈的入世情怀在他那里渐渐消隐，与此同时，对周作人和传统文化的欣赏，对鲁迅进行主观的艺术美学的解读，成为他逃遁现实和保全自身的一种选择。其间，唐弢所创作的一系列书话文章充分展现了他深厚的文化底蕴和独特的审美品位，如《画册的装帧》《谈封面画》等。然而，他的这种选择所呈现出的人格精神与他作为鲁迅传人及其"阐释者"的那一个"唐弢"，显然构成了分裂。

从现代精神分析的角度来看，作家的审美趣味本质上不过是其内在精神世界的反映。相比胡风等人，唐弢无疑更似"周作人"，他对于中国文人画的热衷，背后是他人格气质与人生体悟的投影。他早年的《消遣的艺术》《游戏文章》《趣味》等文章，在配合时代思潮与语境的言说外，实则已经隐含了对传统的眷念和对士大夫文人审美趣味的向往。他晚年对周作人和林语堂的点评，批评的文字背后却是趣味气质的契合。在《静穆和热烈》一文中，他表示自己曾经热爱歌德的《流浪者的夜歌》，其中的原因是"因为我爱着这首诗所包含着的静穆"（虽然京派的"静穆"曾经是他所批判的对象）。然而，他又说："不过我的情感就只止于爱，并没有把自己也投到静穆的深潭里去，所以当艰难的环境包围我，生活的条件压迫着我的时候，我立刻从静穆的玄想里解放

---

① 唐弢：《读画有感》，见《唐弢杂文集》，生活·读书·新知三联书店1984年版，第597页。
② 鲁迅：《〈新俄画选〉小引》，见陈漱渝、肖振鸣主编：《编年体鲁迅著作全集（插图本）．1928～1932》，福建教育出版社2006年版，第273页。

出来了。"① 他的艺术思想和个人趣味的冲突由此可见一斑。《论陶渊明》中，唐弢认为陶渊明"丢开世事，躬耕力作，用自己的劳动，造成一个平静的小天下，坐在里面，雍容，安闲，淡泊"，认为此乃"渊明的过人处"②。由此可见，"对传统的选择与浸润，不仅形成了唐弢'精致'的审美趣味和晚年的'游戏笔墨'，而且对他的精神人格包括'处世哲学'的形成也有着潜在的影响"③。

从艺术的认识功能角度来看，应该说美术所给予他的潜移默化的艺术熏陶、加深他对现实社会的了解的作用是不可低估的。他在鲁迅的美术观念的影响下，形成了自觉的左翼进步立场和杂文的战斗风格。从艺术的审美功能来看，在中国古代山水画的意境里，他更多地发现了那个真实的"个体"的自我，并由此构建了他的"诗意人生"和"游戏笔墨"。传统与现代既塑造了他，也成为他精神人格多重性的一种症候。

与鲁迅和胡风等人相比，唐弢当然不算"独战多数"的"英雄"。他无法像鲁迅那样既狂又狷，也不具备胡风、萧军的"桀骜不驯"，他是温静而谨慎的，尽管内心不无对"狂狷"的向往。他的人格气质和人生态度，与他的文化选择和艺术趣味显然是相生相通的。以美术观之，相对于鲁迅的粗犷瘦硬，唐弢更欣赏一种柔和恬淡，鲁迅的憎爱分明的个性在美术上的表现就是喜欢非黑即白的色彩感，这在唐弢，却显出了多样性。如果说文化审美上的甜腻、柔顺与精致是鲁迅生命趣味与审美品格中最不能接受的，那么喜暖色、偏柔美、尚纤细、崇和美则恰恰是唐弢生命趣味的重要部分。鲁迅的生命趣味里对所谓绅士派趣味是鄙夷和警惕的，他所赞赏的是充满生命意志与灵魂搏斗的"壮美""大美"和"力之美"。也正因于此，凡·高、塞尚、高更、雷诺阿、梅斐尔德、珂勒惠支才成为他的艺术选择。而唐弢的艺术趣味里，东方古典的宁静与超然物外或许才是更令他神往的。这种美学鉴赏的不同，背后的个性心理和精神人格的差异是显然的，而这种潜在的文化心理的差异或许才是作为鲁迅传人的唐弢最终选择了"悖离"鲁迅的深层原因。

---

① 唐弢：《唐弢杂文集》，生活·读书·新知三联书店 1984 年版，第 265 页。

② 唐弢：《论陶渊明》，见《海天集》，河北教育出版社 1994 年版，第 153 页。

③ 李明刚、张鸿声：《作为鲁迅精神传人的胡风与唐弢——以藏书为中心的比较考察》，《鲁迅研究月刊》2018 年第 2 期，第 35－45 页。

尽管唐弢也像鲁迅一样，欣赏现代版画木刻的深入本质的现实感和撼人心魄的灵魂张力，但他似乎更醉心于中国古典文人画的圆润与和谐。鲁迅认为中国人过于"沉静"，他对于作家的把玩古董的审美趣味予以了毫不留情的嘲讽。有趣的是，作为弟子的唐弢也曾以辛辣的文字向京派的"为艺术而艺术""开炮"。然而事实上，我们看他的藏书，他的文化"趣味"与现实选择却表现出一种"文"与"行"的背离：出现由鲁迅的趣味向周作人式的趣味"位移"的现象。除了欣赏鲁迅的现代"力之美"，欣赏珂勒惠支、司徒乔之外，唐弢更倾向古典的"静之美"，他的审美趣味的多重性和复杂性与他的精神人格的分裂性构成了事实上的同构的关系，这在他晚年写的《鲁迅传》中所表现出的尴尬的思想状态和他的那些精致优雅的书话作品与艺术赏鉴中不经意流露的趣味里都可以感觉一二。由此，我们也不难理解为何他在继承鲁迅文章和艺术一脉的同时，却只能强调鲁迅"文章学"的一面。

事实上，我们考察他一生，他的精神人格与生命趣味恰恰是在"绅士鬼"与"流氓鬼"之间矛盾，他的文学活动在"审美"与"致用"之间平衡，他的思想在"鲁迅"与"周作人"之间徘徊，他的灵魂在"个体"与"组织"中纠结。一言以蔽之，他是一个集合了传统与现代的矛盾统一体。

1936年9月，鲁迅在辞世前的那篇以《死》命名的文章里，以深沉的笔触写道："孩子长大，倘无才能，可寻点小事情过活，万不可去做空头文学家和美术家。"这"空头"两字背后，隐含了鲁迅一生对于文学与美术的独特理解与深切感喟，更与他对中国历史的洞悉，与他对知识分子人格的观察与了解以及他一贯的反对"瞒"与"骗"的做派是高度一致的，他的叮嘱意味深长，耐人寻味，他的目光如炬亦在于此。

与胡风等人将鲁迅精神内化为一种行动相比，作为鲁迅弟子的唐弢，在选择鲁迅趣味性的一面和刻意突出鲁迅艺术审美的一面的同时，实际上已经离鲁迅愈来愈远。这一点，在他晚年撰写《鲁迅传》的过程中，或许已经有深切感受。

唐弢在1988年8月20日写的《狂狷人生　后记》中所表达的对那个时代的文坛故人的怀念，背后的心态是耐人寻味的。对中国历史文化的深切了解与体悟以及骨子里的传统文人的精神人格，使他在那个特殊的时代里，以一种谨慎自保的姿态，在配合主流的言说之外，尝试着一种不无个人色彩的文化追寻。他的清醒与天性，使他选择了以沉入古典的传统审美的方式拉开与现实世界的距离。他对鲁迅知识与趣味的继承和对中国千年文脉的承续，所取得的成就于个人于中国现代文学与艺术都是很有价值的。然而，今天我们回头审视"唐弢现象"，鲁迅的深刻的艺术观和他在美术活动中所负载的文化进化的深意以及他对知识分子角色的定位，对于作为鲁迅传人与鲁迅话语再生产者与重要阐释者的唐弢来说，不能说没有造成很大的遗憾。他晚年陷入对鲁迅精神诠释的尴尬以及所表现出的灵魂的纠结，背后折射出的知识分子人格现代性的难题，显然还值得更多的思考。

二、在文学家与史家之间

除诗歌作品外，在唐弢藏书中，各类民俗野史的分量也很独特。据唐弢自述，做诗人的梦想受到了来自老师的"打击"后，他开始购读南社诗文集，并开始从诗歌的爱好转为对历史掌故的留心，对"野史"的关注与偏爱也从这个时候开始，即便是战乱逃生中，"手里也捧着自己爱读的诗集和野史"。

今天，在唐弢藏书中，仅关于各类史著、历史小说和历史研究方面的著作就达数百种逾千册，其中有来自西方的著作，如：《赂史》（［法］亚波倭得著，林纾、陈家麟译）、《滑稽外史：滑稽小说》（［英］却而司·迭更司著，林纾、魏易译）、《贼史：社会小说》（［英］却而司·迭更司著，林纾、魏易译）、《旅行笑史》（［英］却而司·迭更斯著，常觉、小蝶译）、《文苑外史》（［英］乔治吉辛著，朱厚锟译）、《还珠艳史》（［美］堪伯路著，林纾、陈家麟译）、《万国史纲》（［日］元良勇次、［美］家永丰吉著，邵希雍译）、《俄国情史》（［日］高须治助译述，戢翼翚重译）、《清季宫闱秘史》（德菱著，则民译）。

此外，还有中国民俗与野史：如文康著《绘图评点儿女英雄传》；杨大洪等著《碧血》；齐东野人著、上海改良小说书局改正《绣像正订隋炀艳史》；凌濛初著《拍案惊奇》；计六奇编辑《明季南略》；（宋）郑所南著《郑所南先生铁函心史》，周南籥著《趣史》；李维编《诗史》；胡云翼编著《中国词史大纲》；潘光旦著《人文史观》；李中昊编《文字历史观与革命论》；冯自由著《革命逸史》（第1—4集）；清溪道人编著、张静庐校点《禅真逸史》；张亮采编《中国风俗史》；阿英编《近代外祸史》，等等。

唐弢坦言，野史的熏陶和历史的启发，使得自己"不大安分了"，"我无法拒绝时代潮流的冲激"，并进而认识到"压迫是必须以反抗来结束的"。① 至今，在唐弢藏书中，依然存有不少相关史作，如：［越］巢南子述，新民社社员编《越南亡国史：附越南小志》；［日］吉备西村丰著，独头山熊译《朝鲜史》；广文书局编译所编《朝鲜亡国演义：李完用卖国秘密史》；［日］平山周著《中国秘密社会史》，等等。

而章实斋的《文史通义》、刘知几的《史通》也成为唐弢时常研读之物，尤其是刘知几的关于史学家的"史才""史学""史识"令唐弢感佩不已，对"史识"的重视，深刻地影响了唐弢的学术研究与治学观念。韦尔士的《世界文化史》与萧一山的《清代通史》也给予他不少启发。今天，在唐弢藏书中，关于萧一山的书就存有《清代通史　下卷　讲稿辩论集》《曾国藩》《非宇馆文存》《近代秘密社会史料》等。其中，尤令他赞许的是《清代通史》。而世界各国的文化史也是他所特别关注的，例如：《欧洲文化史论要》（阎宗临著）；《现代文化史》（［法］福利德尔著，王孝鱼译）。福利德尔的文化史著从文艺复兴始，时间上跨度不长，但材料的周详精辟和文采的出色斐然，更加激发了唐弢对历史的浓厚兴趣。事实上，我们看他后期少作杂文而编撰文学史这一文学活动的重大转向，与这一阶段对历史的自修积累也是存在一定关联的。

在对待文学遗产的问题上，唐弢曾经和鲁迅以及左翼作家胡风等人一样，对"旧文学"发表过激烈的抨击与菲薄，如呼吁："咱们中国人最相信书，而咱们中国书最不足信。"② 或是批判"醉心古雅的八股

---

① 唐弢：《生命册上》，浙江文艺出版社1984年版，第54，57页。
② 唐弢主编，陈子善、王锡荣编选：《〈申报·自由谈〉杂文选1932—1935》，文艺出版社1987年版，第226页。

家"①, 或是抨击封建礼教 "吃人的面目"②。但是, 我们看他的藏书中为数众多的古籍经典, 再读他的散文, 却发现, 事实上他是把中华传统中最好的传承了过来, 在对待传统上, 唐弢与他的导师鲁迅一样, 都讲过一些极端的话, 貌似蔑视传统, 但不少是在特殊语境下的特殊表达, 其批评旧文化往往是有所特指, 其深层审美心理却是饱含着欣赏和眷恋的成分的。在这一点上, 胡风显然与鲁迅的其他弟子明显不同, 对待旧文学, 胡风的态度是偏激与激进的, 然而, 一方面批评传统, 另一方面从传统文化中汲取营养, 鲁迅的 "拿来主义" 对唐弢来说可谓深谙于心。这一点也使得他的文章风格无论从 "形似" 还是 "神似" 上都几乎达到了与鲁迅文章乱真的程度。

　　唐弢对传统民间文学饶有兴趣, 对中国传统文学的研究性著作也特别关注。他的文章的老到与其广闻博识和传统文化的长期浸润有很大关系, 充满气象的文辞使得唐弢在中国现代文学史上成为为数不多的 "多面手"。在左翼文学家中, 他是集诗人之感性与学者之理性于一身的独特存在。他的文字间隐含着古人的品格, 同样的论战杂文, 唐弢走笔就比其他左翼作家要显得老到深沉。唐弢早期的杂文思想的政治功利性色彩明显, 但文章里也有着书斋人特有的气质, 较之左翼作家的语言多了一丝古雅的味道。一方面秉承对社会和国民性批评的立场, 另一方面带着传统文化的古韵, 这在 20 世纪三四十年代的上海青年作家那里, 是不多见的。可以说, 在新文学文坛初出茅庐的他, 就蕴藏了审美趣味的多重性。在同时代的文学青年中, 唐弢显现了其对中国古典文学的熟习与丰厚积淀, 这种较浓的传统气味, 使得他有别于同时代的其他文学青年。当然, 这与少年时代的唐弢沉浸于古典诗词又有很大关系, 事实上, 他在开始正式的文学生涯之前, 便有过写作旧体诗词的经历, 而且对旧体诗词形式的爱好伴随了他的一生。

　　身为作家, 唐弢有着极强的艺术感和独特的艺术鉴赏眼光。这一点, 从他对文学书籍的搜求上可见一斑。唐弢藏书中, 有大量中国近代图书与杂志, 而 "五四" 以后的新文学图书期刊占主体。在现存的唐弢文库中, 史书的分量颇重。我们翻阅唐弢的一些文学史话, 其材料考

---

① 唐弢:《唐弢文集》(第一卷), 社会科学文献出版社 1995 年版, 第 72 页。

② 《谈礼教》, 原载于 1934 年 1 月 25 日《申报·自由谈》。

订的翔实，历史画面的生动以及语言文字的精致，倘若没有丰厚的艺术作品与理论藏书资料的积累，显然是难以做到的，当然这也离不开其独特的天赋与勤奋。

长期而广泛的文学作品的阅读浸润与积极的文学实践，对唐弢的学术研究带来直接的影响。创作实践中磨炼而成的艺术感性与才华以及日积月累的艺术修养，使他对于文学艺术具有独特而精致的感受性和鉴赏力，这在同时代的一般理论家和学者是很难具备的。文学史的撰写，史料的完备是十分重要的，这项工作需要日积月累，琐细而零散，唐弢却乐此不疲，从各方面搜集，点滴汇成江河，砖瓦筑成高楼，终于成为中国现代文学领域的专家。他主编的《中国现代文学史》《中国现代文学史简编》，以及有关中国现代文学的论著、文学史料工作和鲁迅研究工作，成为中国现当代文学研究的重要学术成果。他的学术研究，最大的特点是材料丰富、内容翔实。不仅那些史料性的著述如《唐弢书话》中包含大量翔实的史实，而且唐弢的理论文章也有理有据，资料丰富，如《四十年代中期的上海文学》《文化战线上的战斗红旗——关于中国左翼作家联盟》。这背后没有大量的藏书资料和广泛而深入的资料研读，显然是不可能做到的。

从《晦庵书话》来看，唐弢已做了相当充分的史料搜集的准备工作。他具备丰厚的创作实践经验与良好的艺术感觉和审美修养，对历史文化和文坛状况了解全面，加之极为丰富的关于中国现代文学作品和理论研究的藏书，使得唐弢的书话在众多的书话中别具一格而散发着独特的艺术魅力。

他的藏书为其后期研究和写作立下了"汗马功劳"。在《鲁迅传》的写作上，唐弢也曾倾注了心血，在具体的写作过程中经常为使得论述周密准确，不惜花时间搜集各方资料，从藏书和其他材料中查考相关依据。1971年集体编写《中国现代文学史》时，作为主编的唐弢明确规定了编写原则，要采用一手材料，防止以讹传讹。而研究现代文学必须采用第一手材料，这个今天的文学研究者所熟悉和遵循的原则的首倡者就是唐弢。这点对今天的学术研究依然是重要的。在唐弢的藏书中，我们可以看到大量期刊和著作的初版本，唐弢注重搜集各种版本，重视文学研究的一手材料的掌握与运用，以至于当时国内的中国现代文学史的研究问题上的空白与争议，最后也是通过唐弢这样藏书极为专业丰富、文化掌故熟习的学者才迎刃而解的。

总之，唐弢作为中国现代文学学科的奠基者，其在中国现代文学学科的杰出建树与贡献，与其丰富的藏书和勤奋的阅读钻研是密不可分的。

三、在诗人与杂文家之间

事实上，唐弢的文化接受与审美趣味经历了一个变化的过程。他最初的梦想是做一名诗人，青年时代的唐弢，也一度陶醉于"古书"。他关注中国古典诗词，也是城隍庙逛旧书摊的"常客"。而兴趣背后的心理动机却是"觉得距文明愈近，仿佛离人性愈远，与其彷徨无地，不如退守固垒，从昔人里去找寻朋友了"①。他早年习诗学画，起初认为王次回格调不高，转而欣赏"温李"一派，但黄仲则的《两当轩集》亦每每激起他的共鸣和强烈的身世之感，而黄仲则在艺术手法上的举重若轻也令他深受启发，而曹孟德诗歌的沉雄和陶渊明诗歌的轻逸都曾令他倾心不已。

唐弢喜爱旧体诗，尤其是李商隐的近体诗，受其影响，唐弢先后创作了《落花》《偶成》《夜雨》等。他早期的读书中，南社的诗文对其影响很大。而《国粹丛刊》《南社丛刊》也给予他较深的印象。但随着社会和时代的急剧变化，唐弢将兴趣从古文世界转移到现实和新文学。以个体的感悟和直抒胸臆的为文方式纵论古今，成为青年唐弢的选择。温庭筠、李商隐、鲍照、庾信和三曹的诗词都成为他的古典文学修养的重要部分。唐弢明确表示他的旧体诗与黄仲则的关联。他在晚年写的《记郁达夫》中坦陈自己"爱读的是达夫先生的散文"，"再就是他的旧诗"，"十分心折"达夫旧诗尤其是感时诗的"情真意切"。这里，多少表明了他的审美趣味。事实上，唐弢工于七言，《书生》这首诗就体现了唐弢与黄仲则、郁达夫一脉的流风遗韵。

今天，在唐弢文库中，光是古今中外的诗集就有 1 605 本之众。而其中古体诗集和诗论就有数十本。例如：（宋）王柏著，胡凤丹、月樵

---

① 傅小北、杨幼生编：《唐弢研究资料》，知识产权出版社 2010 年版，第 41 页。

甫校的《诗疑》；（清）沈德潜选《古诗源》；（清）张景星选《元诗别裁》；（清）瞿应绍著《月壶题画诗》；（清）冯浩编《玉谿生诗笺注》；胡朴安编《诗经学》；（清）张泰来著《江西诗社宗派图录》；白采著《绝俗楼诗·卷上》；陈梦赉编《中国历代名医诗选》；（清）邵懿辰著《集杭谚诗》；（明）李梦阳著《空同诗选》；谢楚桢著《新诗海》；（宋）黄彻著《碧溪诗话·一函》（武英殿聚珍版），等等。

诗歌的阅读和学习积淀，培养了唐弢的文学敏感性，后来在专业的现代文学领域研究之余，唐弢坚持写诗，他认为诗歌的感性恰好构成了对文学研究的理性的一种有益互补。唐弢一生出版了 20 多本杂文、散文，然而，他最喜爱、最重视的文学形式却是诗。他认为"一个诗人，也许不会写小说，但一个小说家，却应该写诗，至少应该懂诗"。他的一生，写过不少旧体诗，他的很多散文也都具有诗的韵味与境界。他的散文、杂文都具有诗情特质，这是唐弢作品的一大特色。唐弢曾在《我观新诗》中指出："诗需要做，需有雕琢"，"但诗又不容许露出一丝一毫雕琢的痕迹，所谓羚羊挂角，无迹可寻就是"。他的文章老到而精致，除天赋和才气，更与他对古今中外文学作品的阅读与刻苦琢磨密不可分。

这些藏书，我们在唐弢的文章中或能隐约捕捉到其影子，但显然，传统的营养最终为唐弢吸收后成了其作品的独特风景，这是同时代的作家中少有做到的。他的古典文艺修养、独特的底蕴与审美的旨趣都是浸透在他的文字里的。就杂文的创作而言，他早年所读的《文章游戏》、《梦笔生花》、桐城派与南社诗人的作品对他的影响也是显然的。这些短文往往不拘形式，妙趣横生，于幽默诙谐中寄予讽刺喻世意味，这些书使他"开窍"，他早年充满战斗气息的杂文就是从这里开始的。在《文章修养》里，他从文章学的角度，深入探讨古文与白话文之文体，其中的知识趣味显现出明清文人的旨趣。唐弢以史代论，言而有据。那些平时阅读和积淀的诗词曲赋、古今中外的文学作品——作为其征引的感性材料，读起来全无八股气，令人明白晓畅。

20 世纪 60 年代初期，唐弢又发表了《创作漫谈》，与同时代的胡风、周扬等左翼作家以及当时的语境明显不同的是他已经很少引用当时流行的俄苏文学和理论术语，其文章的论据大都出自中国古典文学名著，而呈现出的审美的趣味明显与中国古典文论一脉相承。而同样在60 年代出版的《晦庵书话》，写作的趣味明显类似晚明的文人，笔法则兼具京派作家尤其是周作人的痕迹。以周作人的"苦雨斋"式笔法讲述新文学变迁轨迹，背后隐含的是唐弢独特的文学趣味与文化选择。从他纵横古今背后丰厚的文化知识积淀，以及对版本学和目录学的深谙，我们可以了解到唐弢深厚的古典文化修养。对中国古典藏书的搜集整理和深入研究，为唐弢撰写书话提供了极大的资源支持。他的书话传播的是文化历史的信息，更能在阐释知识的同时给读者以审美艺术的享受。从他清淡平和的文字里，读者感受到的是往昔时代的文人风貌、传统文化修养与氛围。在《晦庵书话》里，他借助对书的历史的点评回顾，如同一位饱经沧桑的老者，从他不疾不徐的叙述文字里，使读者重温时代的斑驳。从现代图书的封面装帧到具体的图书出版，从鲜为人知的文化掌故到文坛的逸闻趣事，在他的笔下，中国现代的文化名人茅盾、巴金、郑振铎等跃然纸上、如见其人，而他的点评文字也往往言简意赅，饱含性情。从这里，我们看到了一个杂文家之外的因真实而更显亲切的文学史家唐弢。

四、在传统与异域之间

作为鲁迅研究专家和鲁迅弟子之一，唐弢对于鲁迅的知识结构是非常熟悉的，他的阅读倾向与知识结构受鲁迅影响是很深的。翻阅他的藏书，我们发现他的知识结构同样是复杂多元的，他的艺术视野也是独特而广泛的。他的藏书中有很多关于中华民俗的作品，例如《东京梦华录》，该书为南渡遗民孟元老所撰，是再现北宋汴京气象的一部奇书，亦可观作《清明上河图》之文字版。还藏有多册宋代沈括的《梦溪笔谈》和洪迈的《容斋随笔》、清代冯苏的《见闻随笔》和俞樾的《春在堂随笔》。以及郭钟岳的《东瓯百咏》（瓯江竹枝词，温州竹枝词）、顾希佳选注的《西湖竹枝词》。此外，还有数册唐代刘恂《岭表录异》，唐弢所收藏的是人民出版社 1983 年的版本，从出版的时间来看，他晚年的思想与审美是倾向传统古典的。

中国古典诗文书画他都有所涉猎，他的藏书中还有唐宋类书多种，例如：（宋）李昉等撰《太平御览》、（宋）郑文宝编《南唐近事》、

（宋）郑所南著《郑所南先生铁函心史》、（宋）罗大经著《鹤林玉露》、（宋）洪迈著《容斋随笔五集》。

此外，还有关于音韵学的多种藏书，例如：王世贞著《韵学全书》、王国维著《唐写本唐韵校勘记》、王国维著《尔雅草木虫鱼鸟兽释例：两周金石文韵读》、赵元任著《国音新诗韵》、学林丛刊社编《韵学源流》、龙沐勋著《中国韵文史》、施则敬著《集韵表》、卢冀野著《广中原音韵小令定格》、（清）张玉书等编《佩文韵府》（1—4册），等等。

一般的印象中，唐弢是一位很传统的作家，他重视并多次强调文学的民族性以及中国作风和中国气派。他的散文受传统的浸润很深，他的藏书和阅读中，中国古典文学占有特殊的位置。但是，这并不等于说唐弢是一个文化保守的作家。事实上，我们看他的论文里，古今中外、纵横捭阖，大到文学风格题材，小到具体的外国作品的细节，试想：倘若没有对异域文学的熟习，又如何大到这样的气度与格局呢？今天，在唐弢的藏书中，关于外国作家的作品集和研究资料实属丰厚。其中，有美国、日本的，也有关于英国、法国、德国等几乎整个欧洲的文学作品，这些外国文学经典，在唐弢藏书中都为数不少。

唐弢早年对欧洲文学和俄苏文学的阅读和关注是很深的，他的一些散文中甚至直接以外国著名作家为主人公。譬如，他写于1943年的《寻梦人》开头便引用安特列夫的"我是在蕲求人生的真，我是在蕲求存在的意义，我是在蕲求围绕于自然界中的一切事物"[①]。文中借都德的短篇小说集《磨坊文札》表达时代青年的迷惘与"怀乡病"，文字间却饱含诗意与思辨的哲学意味。文末写道：

> 很久以来我爱易卜生的《傀儡家庭》，我喜欢这位女主人的归宿，娜拉因为不甘于做丈夫的傀儡，就决定出走，看客只听到关门声，接着就闭幕。我们这故事也到了可以闭幕的地步了。你要追问寻梦人的下落吗？惭愧我知道得太少。我们这故事里的主人向着自己的理想在奔逐，成败利钝不出一途，任凭你想去就是。谁怎样想法都可以是这故事的结束。而你，我的

---

① 唐弢著，刘纳编，徐柏容、郑法清主编：《唐弢散文选集》，百花文艺出版社2004年版，第191页。

朋友，你是怎样想法的呢？①

同样发表在 1946 年的《路》以哈代为主人公，以哈代的人生经历和诗歌《倦旅》表达自己对人生道路的看法和抉择。而在散文《窗》中，他写道：

> 我替这黑影造出故事，像诗人波特莱尔一样，我念给自己听，而又为这自己造出的故事泪下了。
> 我凝想着，就在凝想里看见波特莱尔先生，这个乖僻的恶魔诗人，他睁大令人战栗的眼睛，扶住手杖，缓缓地从街的这头走到那头去，仿佛一个上了年纪的老人。②

唐弢对俄苏文学作品，特别是高尔基的作品最为留心。这里面当然不排除有时代和意识形态的因素，但俄国作品确实也是唐弢阅读史中重要的一页。根据初步的整理分析发现，藏书中关于俄国作品有数十本：［俄］布罗克撰、广学会出版的《战局将来论·卷一》，［俄］马明西皮尔雅克著、鲁彦译的《给海兰的童话》，［俄］库普林著、汝龙译的《歌舞集》，［俄］库普林著、汝龙译的《呆子集》，［俄］迦尔洵著、巴金译的《癞蛤蟆和玫瑰花》，［俄］库普林著、汝龙译的《侮辱集》，［俄］迦尔洵著、巴金译的《红花集》，［俄］屠格涅夫著、巴金译的《木木集》，等等。

苏联时期的作品最多，有逾 500 本，其中以托尔斯泰、屠格涅夫以及高尔基的作品最为突出。晚年的唐弢，回顾自己的文学生涯，自述"小说，最喜欢高尔基和鲁迅"。在唐弢的 2 万多册藏书（不含期刊）中，高尔基的作品占据很大分量，就其捐赠给中国现代文学馆的藏书来看，高尔基的著作初步统计就有 311 本，作品出版时间的跨度从 1928 年直至 1990 年，也就是说高尔基作品从最初传播至中国直至唐弢离世，

---

① 唐弢著，刘纳编，徐柏容、郑法清主编：《唐弢散文选集》，百花文艺出版社 2004 年版，第 201 页。

② 唐弢著，刘纳编，徐柏容、郑法清主编：《唐弢散文选集》，百花文艺出版社 2004 年版，第 207 页。

一直受到唐弢持续的关注。一个人在生命的尽头依然关注某位作家，依然搜集阅读该作家的作品，这足以说明二者精神上的联系之紧密。同一作品收藏多本，如《母亲》第一、二部藏有6本，《我的童年》3本、《草原故事》9本……

20世纪20年代中期，俄苏文艺作品开始陆续被介绍到中国。和众多热血的文学青年一样，唐弢怀着兴奋的心情迫不及待地去了解这个新的世界。但没多久，大革命失败后，俄苏文艺作品一度成为禁书。尽管文化的环境和形势恶劣，但唐弢与读书会的成员还是搜读了不少苏联进步书籍，如由鲁迅作序、林克多写的《苏联见闻录》，也就是从那个时候开始，唐弢开始频繁接触左联，广泛了解苏联文学的发展史与现状。他特别喜爱高尔基等著名作家的作品，高尔基的粗犷情调与强烈的反抗意识令唐弢着迷。这种有意识的阅读与汲取，对青年唐弢思想上和文学上的影响是重大的。在文学评论方面，显然唐弢的风格与高尔基有着诸多相似之处。在创作与评论的双轨思维里驰骋，强烈的政治色彩，注重文艺创作的倾向性，同时善于从作家创作与读者鉴赏角度立论，可以说是高尔基给予唐弢的最为突出的影响。与高尔基类似，唐弢本人在杂文、散文甚至诗歌和小说创作上下过长期的功夫，有真实的实践经验，深谙其中苦乐，20世纪30年代出版了《文章修养》，60年代又根据自己长期在群众中创作指导的经验汇集成《创作漫谈》，这些文学评论似高尔基的文学论文，轻车熟路，又直击要害，深入浅出，旁征博引，总结文学创作经验，探讨文学艺术规律，却又并非简单地照搬理论，也无意构建理论体系。他的评论都来源于自身经验，着意于艺术性与内在的情感的感染力以及阅读的感受与个人心得体会，远非一般的文学批评，而是真正意义上具有美学魅力的"批评的文学"。《谈短篇小说的结构》《关于题材》《学习社会，描写社会》《风格一例》《关于杂文写作的几个问题》《人物创造随想》等皆为这方面的代表作。

对高尔基作品的熟习和文学观念上的共鸣，使得唐弢的文章尤其是文学评论不仅风格上接近高尔基等人，而且在具体的论述上也往往引用高尔基的言论。此外，左拉、契诃夫的作品，从唐弢文章里的旁征博引，我们也可以看到其熟习的程度。这如同近代大学者梁启超所说："学习内容的扩大与生命内容的扩大成正比。"高尔基以外，法捷耶夫、绥拉菲莫维奇、托尔斯泰等作家都受到唐弢的青睐。

在唐弢藏书中，还收藏有托尔斯泰的约 120 种 140 余部作品，并且关于托尔斯泰的研究搜藏也很齐全，约有 45 种 50 余部。作品中以 1949 年之前出版的居多，早期版本有：林纾、陈家麟译的《恨缕情丝》《现身说法》《社会声影录》《罗刹因果录：笔记小说》《婀娜小史：初编—四编》，马君武译的《心狱：社会小说》，雪生译述的《雪花围：醒世小说》，朱东润译的《骠骑父子：义侠小说》。另外，"文革"后唐弢收藏了三部托尔斯泰的作品，即：草婴等译的《文明的果实》，林纾、陈家麟译的《苦难的历程·第一部　两姐妹》，章其译的《苦难的历程·第三部　阴暗的早晨》。

此外，关于托尔斯泰的评传有：《托尔斯泰的最后一年》《托尔斯泰自白》《托尔斯泰之死》《托尔斯泰传·第 1—3 部》《回忆托尔斯泰与高尔基》《早春絮语：托尔斯泰晚年名著》《托尔斯泰最后的日记》《托尔斯泰夫人日记·上卷（1862—1900）》《托尔斯泰夫人日记·下卷（1901—1910）》《托尔斯泰文学书简》《托尔斯泰的情书》《托尔斯泰研究》《托尔斯泰研究论文集》《俄国作家批评家论列夫·托尔斯泰》《托尔斯泰印象记》《托尔斯泰研究》《托尔斯泰小传》《论托尔斯泰创作》《托尔斯泰晚年生活纪实》，等等。

为探究艺术家的世界观和具体创作的关系，唐弢写过一篇《艺术家与道德家》，文章中，他以托尔斯泰的思想与创作作为解剖标本，有力地批驳了关于托尔斯泰是一个非抵抗主义的鼓动者的论点，他结合一些能全面表现作家倾向的作品以及相关的回忆录、自传等研究资料，经过深刻细致的分析后得出了自己的结论：托尔斯泰也同样是一位激烈的抗争者。唐弢在探讨问题时，是完全从自己的艺术发现与真实感受出发，从文学的角度进行追溯，而不是简单地引用当时流行的一些政治家的结论。这一点，在当时的语境下尤为难得。

唐弢的阅读视野是相当宽广的。他的藏书显示，在特殊的时代，作家如何从感性天地游弋到更为广阔的艺术世界。例如，在他的藏书中关于托洛茨基、普列汉诺夫、卢那察尔斯基诸人的著作为数不少，有《审美价值的本质》《文艺与批评》《斯大林评传》《艺术论》《实证美学的基础》《社会科学的基本问题》《解放了的董·吉诃德》《普式庚论》

《艺术之社会的基础：外二篇》《浮士德与城》《没有地址的信：艺术与社会生活》等。在这里，哲学、社会科学和马克思主义文艺理论著作，无疑为他的思维开拓与批评开展提供了多种可能。这些全面而重要的资料，为唐弢的文学创作提供了有力的支撑，对于今天的文学研究，其价值与意义也是不言而喻的。

第三节　作为鲁迅精神传人的胡风与唐弢

在鲁迅的众多弟子与追随者中，胡风与唐弢算是步鲁迅后尘而有所成就的佼佼者。二人分别承续鲁迅思想与艺术一脉而卓立于文坛，成为中国现代文学史上颇有成就和影响的大家，由二人演绎的不同的文学风景以及背后的话题也持续吸引着今天的研究者，并由此引发了诸多的思考。著名鲁迅研究专家黄乔生曾指出："从胡风入手考察鲁迅与其继承者们的关系，特别是鲁迅对他们的影响，应该是个比较好的切入点。"[1]以往的研究多侧重于从政治上和思想上探讨鲁迅遗产的继承问题，专门对鲁迅弟子的知识结构、文化取向和审美趣味方面的比较研究尚不多见。今天，考察作家丰富的私人藏书，为我们进一步洞悉中国现代文坛的两位历史人物打开了一扇特别的窗。通过比较探讨，以期在此基础上进一步思考：在新世纪如何看待文学传统、鲁迅遗产，以及知识分子精神人格等问题。

一、藏书中的鲁迅

鲁迅之于唐弢，并非直接的师承关系，却成了后者一生的文学活动中心。而鲁迅与胡风的交往，曾经是20世纪中国思想文化史上的一个事件。鲁迅之于两位后生的影响，无疑是巨大的，今天尽管资料有限，但通过这些藏书我们依然能够管中窥豹，探知一二。

（一）胡风藏书中的鲁迅

在中国现代文学馆的"胡风文库"中，我们发现胡风收藏的鲁迅作

---

[1] 黄乔生：《〈鲁迅与胡风〉序言》，《鲁迅研究月刊》2003年第1期，第74页。

品并不算特别丰富全面，这与文献中记载的显然有些不一致。在胡风夫人梅志于 1989 年 10 月 27 日所写的《书香余韵》中，有着如此的描述：

> 他有两个柳条箱，那里面很少衣物，多数是书。鲁迅先生所有的著译、编的书和刊物，胡风都在收到或买了后签上自己的名字和日期。他告诉我，有些是一知道出版就赶到翠花胡同北新书局门市部买来的，他在那里还经常遇见鲁迅先生。①

显然，这有战乱和散失的可能，但也不排除目前公开的资料只是胡风的所有现存藏书中的一角。然而，即便是从有限的藏书来看，胡风对鲁迅的关注之深也是可以深切感知的。

藏书显示，胡风对鲁迅的杂文和译作关注较多，这些书大都为 1949 年之前出版，以北新书局和生活书店出版居多。据胡风晚年回忆，他正是在北新书局搜购新书时结识鲁迅的。"那以后，凡是他经手印的书，总要送我一本。和他有关的书，只要他有多的，也总送我一本。"②今天，在胡风藏书中还有 1929 年 4 月北新书局出版的《壁下译丛》等书以及鲁迅译著，如：1928 年 5 月由鲁迅全集出版社出版的苏联雅各武莱夫著、鲁迅译《十月：鲁迅全集单行本翻译之部》，1930 年 3 月由水沫书店出版的苏联卢那卡尔斯基著、鲁迅译《文艺与批评》，1935 年 7 月由生活书店出版的苏联班台莱耶夫著、鲁迅译《表》，1935 年 9 月由北新书局出版的日本厨川白村著、鲁迅译《出了象牙之塔》等。

在胡风的藏书中，还有一本 1985 年由陈鸣树、刘祥发编辑，黄河文艺出版社出版的《胡风论鲁迅》。这是一部胡风的论文选集，其中收录了胡风写的关于鲁迅的一些论文与悼文。胡风曾经写过许多关于鲁迅的文章，文章十分精当、深刻而感人至深，这从一个侧面表明二者相知之深。我们考察胡风的创作与理论研究，就会发现在现存的这部分鲁迅译著中，胡风确实从中汲取了不少文艺思想和理论的营养，这些成为他后来开展文学批评和构建自身理论体系的重要源泉。

---

① 梅志：《书香余韵》，见钟敬文、张岱年、邓九平主编：《书香余韵》，中国广播电视出版社 1997 年版，第 249 页。

② 梅志、晓风：《胡风：死人复活的时候》，中国青年出版社 1999 年版，第 318 – 319 页。

从北京鲁迅博物馆的胡风遗藏来看，鲁迅对这个"鲠直、易于招怨"的胡风特别的信任也是可感知一二的，而"平生风谊兼师友"情谊亦由此可见一斑。在胡风的藏书中有一部分是鲁迅专门赠送给胡风夫妇的"纪念品"。梅志后来回忆说："这书香，这情意，久久地留在了我们的脑海中！尤其是有几本特殊的、格外值得我们怀念的书，更是永志难忘！"① 这里的"特别的书"指1934年3月由鲁迅编辑的上海三闲书屋出版的苏联版画集《引玉集》的初版本，以及鲁迅编辑的《海上述林》。这些特别的馈赠②，背后不仅隐含了许多文人知己间的动人故事，更是一份私人情谊的见证。在胡风的藏品里，还存有一张《母与子》的画页，这是鲁迅当年特意赠给初为人母的梅志的，足见鲁迅对胡风的特别的关爱。事实上，藏书中的这批鲁迅著作如《鲁迅全集》《鲁迅日记》等以及鲁迅的私人赠书，给胡风晚年的生活确实"创造了奇迹"，梅志后来回忆，是鲁迅的赠书让一度精神失常的胡风的"被苦难和恐惧锈蚀的心""复活了"③。

此外，就胡风在中国现代文学馆的鲁迅藏书来看，基本上都是1949年之前的版本，他后来在牢狱之中曾表示对1949年之后的《鲁迅书简》的"改写"颇为震惊与不解，而表示"想读一读解放前出的这一本"④。这表明他对鲁迅著作是何等熟悉，也暗示他对1949年之后围绕鲁迅的种种"删改"内心产生警觉与不满。

（二）唐弢藏书中的鲁迅

与胡风相比，唐弢的鲁迅藏书则更为全面系统，这大概与他后期尝试写《鲁迅传》也有一定关系。在中国现代文学馆的"唐弢文库"中，最为丰富的部分可以说就是鲁迅著作及有关资料，初步统计就有393种850册。而其中仅鲁迅译著就有67种74册。此外，关于鲁迅杂文的各种版本也是搜集最为齐全的。

---

① 梅志：《书香余韵》，见钟敬文、张岱年、邓九平主编：《书香余韵》，中国广播电视出版社1997年版，第250页。

② 梅志：《书香余韵》，见李辉主编：《花椒红了》，中国华侨出版社1995年版，第244页。

③ 梅志：《书香余韵》，见钟敬文、张岱年、邓九平主编：《书香余韵》，中国广播电视出版社1997年版，第253页。

④ 梅志：《我陪胡风坐牢》，中国工人出版社2002年版，第33页。

对于鲁迅的作品，唐弢情有独钟。以译著为例，有同为生活文化出版社的 1935 年 1 月出版的果戈理著《死魂灵：增订版》（搜藏多册）和高尔基《俄罗斯的童话》（搜藏多册）；1935 年 7 月和 1948 年 1 月出版的 L. 班台莱耶夫著、勃鲁诺·孚克绘《表》的两个不同版本。北新书局：1923 年 7 月出版的爱罗先珂著、鲁迅译的《桃色的云》；1927 年 1 月出版的武者小路实笃著《一个青年的梦》；1927 年 6 月出版的阿尔志跋绥夫著《工人绥惠略夫》；1929 年 1 月出版的板垣鹰穗著《以"民族底色采"为主的近代美术史潮论》；1929 年 2 月出版的鹤见祐辅著、鲁迅译《思想·山水·人物》；1931 年 8 月厨川白村著、鲁迅译《出了象牙之塔》。水沫书店：1929 年 1 月出版的卢那卡尔斯基著、鲁迅译《文艺与批评》；1930 年 6 月出版的藏原、外村辑，鲁迅译《文艺政策》等，此外，还有鲁迅杂文的各种版本也是搜集最齐全的。

正如前文统计，唐弢藏书中不仅包含了鲁迅各个时期的著作、译作、手稿和遗文等，还藏有不少鲁迅著作的珍贵版本，如《月界旅行》等，这些皆为鲁迅研究的重要史料。此外，唐弢还藏有关于鲁迅的各个时期的研究资料共约 800 种 1 188 册，时间跨度上从 1937 年至 1990 年，而唐弢本人研究鲁迅的著作单行本也很多。

唐弢藏书中还有大量日文的鲁迅研究资料，唐弢曾在鲁迅的建议下学习日文，在书信中，鲁迅也曾提醒他从日本的翻译界了解别国作品，并表明自己"是不看中国译本的"（详见许广平编《鲁迅书简》第 723 页），唐弢后来两次赴日交流考察，不仅加深了对日本学界的了解，对鲁迅早期的在日情况也有了更全面的掌握，这也是他藏书中日文研究文献很多的原因。这也为他后来为鲁迅立传做好了准备，他的藏书显示了他对鲁迅的资料整理是何等的用心与精心，他不仅藏有鲁迅的小说集、杂文集及译文集的各种版本，还有《鲁迅手稿》《鲁迅藏汉画像》等大量重要的原始文献。

此外值得一提的是，唐弢还藏有相当规模的关于鲁迅的美术论著和鲁迅与美术相关的研究专著，粗略估计有两百余种近千册，例如：《以"民族底色采"为主的近代美术史潮论》（［日］板垣鹰穗著，鲁迅译）；《阿 Q 正传画集：木刻二十幅》（鲁迅著，刘岘插图）；《阿 Q 正传插画》（鲁迅原著，丁聪作画）；《凯绥·珂勒惠支版画选集》（［德］

凯绥·珂勒惠支作，鲁迅编）；《苏联版画集》（鲁迅辑）；《レンブラン卜の自画像：小説家の美術ノート》（井上靖著）。此外，还有《鲁迅论美术》《鲁迅论连环画》《鲁迅编印画集辑存》等。

这一方面暗示了鲁迅对唐弢的影响所在，另一方面也显示了二者在艺术旨趣和天分上的某种相通。这一点，在胡风等其他鲁迅弟子那里是难得一见的。

二、鲁迅：一树竞开双色花

对于 20 世纪的中国来说，鲁迅无疑是一个复杂的存在，即便是今天，也依然如此。他思想的隐晦与艺术的驳杂给后人的理解增加了很大的难度，也由此生发了无穷的魅力与话题。事实上，即便是鲁迅最亲近的弟子往往也只能得其皮毛，这也是为何晚年的胡风与唐弢依然不约而同地"重读"鲁迅，并感慨对鲁迅把握理解之难的重要缘故。

今天我们比较对鲁迅的接受情况，如果说鲁迅之于胡风是精神遗产、文化姿态和艺术视野的影响；那么鲁迅之于唐弢，除了精神资源，更多的则是艺术趣味、文章之法，与对历史的穿透力的启迪，二者在传承鲁迅的同时也发生了一些"变异"。

（一）作为精神苗裔的胡风

从藏书来看，鲁迅对传统的言论与态度对胡风的文化观的形成影响是很大的，他的藏书中中国传统书籍的少见或为一种证明。对于传统，胡风的言辞中"否定"是多于肯定的。他认为：

> 所谓"接受文学遗产"，应该是指学习一个作家的战斗经验，学习他在那个时代怎样地反映了那个时代的人生，这样地学习了他，就能增加我们的战斗经验，使我们能够更好地反映我们这一个时代……站在今天的立场，把整个文学遗产拿过来，消化它，使之成为自己的血肉，自己的养料，培养自己的一切，这才是正确的接受文学遗产的态度。①

---

① 胡风：《从莎士比亚谈起》，见《胡风全集》（第 6 卷），湖北人民出版社 1999 年版，第 10 页。

胡风的这种文化观可以追溯到 20 世纪 20 年代，其时针对复古思潮对青年的影响以及文坛的不良风气，胡风即予以了尖锐的嘲讽和批判：

> 我们既然要想"迎头赶上"世纪潮流，既然要"文学革命"，那么，这一份"宝贵"的遗产实在一钱不值！因为现代所谓"文学"和"文字的游戏"是两样东西。[①]

对于文学遗产，他所不屑的是"文字的游戏"，他所看重的是"文学革命"，较之文学的审美性，胡风更多强调文学的社会功用，强调文学的政治之用、革命之用，他是站在"现代性"的角度号召人们警惕遗产的积弊与桎梏的。

今天来看，胡风的观念里自然有着现代性的偏执，在胡风的批评视野之中，从来不乏"中国封建诗词""旧文艺"和"封建文艺"的评说，古典文学基本上被否定居多，而作为文学批评家的胡风，也似乎并未真正将中国古典文学纳入自己的整个批评体系之中。这背后作为批评者的胡风所处的时代语境，他的理性个性，他所接受的"五四"时代精神与普罗文学影响，以及与他的导师鲁迅一样对传统的积弊以及所谓复古背后的帝王之术的深切理解都是我们不应忽略的存在。正是这些使得他在一个全新的文化环境下依然无法放下个性启蒙的大旗，也由此闯下了"大祸"。

他曾一再重申鲁迅的"我以为要少，或者竟不看中国书，多看外国书"[②] 的主张，并以自身践行了这一评价。胡风的这一"激进"态度后来给他带来了很大的麻烦，在众多的反对的声音中，同样作为鲁迅弟子的唐弢认为："他自己恶意地把在当时胡适高唱'整理国故'的环境下，鲁迅劝青年不必读古书的一般概念和文学传统问题相混淆，简直是缠夹不清，是扯淡。如果说鲁迅是反对文学上的传统关系的，他就不必去写中国文学史，更不会已经写了《汉文学史纲要》和《中国小说史

---

① 胡风：《再谈文学遗产》，见《胡风全集》（第 5 卷），湖北人民出版社 1999 年版，第 198 页。

② 鲁迅：《青年必读书》，见《鲁迅文集·杂文卷》（上），华中科技大学出版社 2014 年版，第 133 页。

略》了。"①

今天，我们重新看待这场"论战"。较之胡风，唐弢确实展示了对鲁迅驳杂的知识结构和文化趣味背后的传统资源的更深的洞悉与了解。然而，将鲁迅选择撰写《汉文学史纲要》和《中国小说史略》的动机与行为视为对民间文艺遗产的认同，显然也是值得质疑的。貌似"有理有据"的背后，他对鲁迅原旨的有意"误读"与"再生产"是比较明显的，其意在削平鲁迅思想的锋芒，进而将其纳入新的政治文化制度之中。

至于胡风，他是否为"民族虚无主义者"姑且不论，但他对复古主义背后的帝王之术深恶痛绝，对文化糟粕于中国变革的阻碍痛心疾首，对广大青年能否像鲁迅一样在接受传统的同时免受精神的侵蚀心存疑虑——这样的文化立场显然是源于鲁迅和他所开创的"五四"新文化批判的传统。对于民族遗产，胡风一直持警惕的态度，他认为："接受遗产是可能掉到泥境里去的，所以我们首先就得有坚定的立场。"②与鲁迅的立场一样，他认为中国青年最要紧的是"行"，不是"言"，是"战斗"，不是"守成"。

胡风后来回忆，在对旧小说之类的态度方面，鲁迅与他"表示了非常同感"，"谈起他教小说史时得读许多旧小说，其中绝大多数是忍受着生理上的难堪读下去的"，"早在二十年代初他就提出了少读甚至不读中国旧书那个严重问题的思想动力"（以上详见胡风《鲁迅先生》）。鲁迅的态度与评价更加强化了胡风的文化立场，于是"解放初，在人民新生力量奋发沸腾的日子里，我才在诗里吐了一口闷气：在我们人民的劳动心灵周围，堆着一层又一层的文字垃圾堆，我们有什么权利盗用他们的名义再添上一叠叠冷清的废纸?"③……

今天我们看来，胡风的激进背后是有着深层的文化考量的，只是他忘了最重要的一条：时代变了，这个时代已经不是鲁迅话语的时代，更不是他胡风的时代。他的坚持，即意味着一场不可避免的悲剧。

---

① 唐弢：《不许胡风歪曲鲁迅》，见《海山论集》，人民文学出版社 1979 年版，第 281 页。

② 胡风：《从莎士比亚谈起》，见《胡风全集》（第 6 卷），湖北人民出版社 1999 年版，第 10 页。

③ 梅志、晓风：《胡风：死人复活的时候》，中国青年出版社 1999 年版，第 324 – 325 页。

　　1965 年的胡风，在已经失去自由 10 年之后，他被正式宣判为有期徒刑 14 年、剥夺政治权利 6 年。8 月 13 日，他在狱中给妻子梅志写了一封特别的信。信中几乎少见胡风对妻儿思念的表达，字里行间依然是对知识的渴望，对理论的狂热。他只是大篇幅地罗列了自己想读的书。我们看这份给梅志的书单，可以想见当时的他依然关注的是托尔斯泰、马克思恩格斯和鲁迅的著作。

　　从现代阅读心理来看，一个人在日常闲暇和身心自由的情况下的阅读行为，一般较能反映其审美趣味。相反，一个人在人身受限甚至生死未卜的情况下的阅读行为，则往往折射出阅读者对阅读对象的狂热程度，或者说，阅读对象对于阅读者来说已经成了生命与精神世界的不可缺少的一部分，甚或超越了主体自身而成了一种高度的信仰与精神支柱。而此刻，在肉身随时行将毁灭的关头，他的"主体战斗精神"显然依然发挥着独特的作用。

　　信中，他写道：

　　　　《鲁迅书简》（我去年又读了两遍新版全集。译文集也再读了一遍。但书简收得太少，奇怪！所以想读一读解放前出的这一本）①

　　从这里可以看出他对鲁迅的关注之深，而后者对他来说或许永远是一个充满诱惑的"谜"。在胡风看来，如果说早年是鲁迅的"道德感情，打动了我，提高了我对他的敬仰"②，那么后来则更多源于他对鲁迅精神人格的崇敬与文化立场的认同。他的成就离不开鲁迅，而他的悲剧大概也源于此。他"以鲁迅精神的继承者自命"（唐弢语），"在鲁迅的旗帜下张扬一些自己不愿放弃的东西，比如个人自由、人格独立、启蒙立场等等"③，这给他带来了意想不到的灾难。按照唐弢的话说是："胡风不顾事实，不顾时间、条件的变化，似乎至今还躲在他的'蚓

---

　　①　胡风：《鲁迅先生》，见梅志、晓风：《胡风：死人复活的时候》，中国青年出版社1999 年版，第 315 页。
　　②　梅志、晓风：《胡风：死人复活的时候》，中国青年出版社 1999 年版，第 315 页。
　　③　李新宇：《愧对鲁迅》，上海三联书店 2004 年版，第 214 页。

楼'里，用蚓笛吹唱着自己爱听的调子，继续作他'主观'的'战斗'。"①

弥漫于言语中的硝烟，背后却基本认同了一个事实：胡风确实是作为鲁迅的"精神传人"而存在的。然而在唐弢看来，这种选择却是"不顾事实，不顾时间、条件的变化"。换句话说，就是"不识时务"。这样的评说所折射的，是同样作为鲁迅弟子的唐弢与胡风对时局迥然不同的判断与洞悉，这当然与他们的个性人格有关，然而也与他们对鲁迅的不同接受密不可分。

对于鲁迅遗产，李新宇认为："在从乱到治的过程中，革命哲学与执政逻辑存在着不可调和的矛盾。对于新秩序来说，一些革命时期非常珍贵的资源往往不仅要放弃，而且要对它百倍警惕。"② 然而与一般的马克思主义者不同，胡风强烈的个体感性和不妥协的人格，他的追求精神的自由释放而非拘囿囚禁，使他习惯与他的导师一样在思想的旷野里独自翱翔，而不愿意被任何鸟笼限制。而那些所谓的遁入艺术之宫独善其身的行为，在他是不屑一顾的。纵观胡风的一生，他的个人主义甚至不无狂傲背后与鲁迅精神气质的桀骜不驯是息息相通的，"鲁迅的左翼诉求所包含的'改革'、'革新'、'对于旧社会和旧势力'的持久'斗争'等内容，超越具体的政治理念和历史时空，是对知识分子角色的一般性定位"③。而始终高扬鲁迅精神旗帜并有着知识分子的使命感的胡风，无疑成了这一传统的"正脉"。

藏书显示，胡风与唐弢的分歧还体现在对异域文化的态度和择取路径上，从胡风的艺术视野来看，显然也是深受鲁迅影响的，他的阅读史中对鲁迅关于中国书不可读的话真正是深信不疑的——我们读他的自传和日记，他确实是将几乎全部的激情与生命投入到对外国文学作品的阅读与理论的研究之中。这也使他有别于同时代的周扬等人而明显属于

---

① 唐弢：《不许胡风歪曲鲁迅》，见《海山论集》，人民文学出版社1979年版，第270页。

② 李新宇：《1955：胡风案中的鲁迅》，见王彬彬、王晴飞主编：《十年论鲁迅——鲁迅研究论文选（2000—2010）》（下），南京大学出版社2015年版，第410页。

③ 曹清华：《何为左翼，如何传统——"左翼文学"的所指》，《学术月刊》2008年第1期，第102-109页。

"艺术体验型"理论家①。他的理论创造很大程度来源于他的感性的艺术体验。他在狱中写给梅志的信里，结合鲁迅和自己的阅读和治学之法，认为："读文学作品有两种态度：一是主点在研究；一是主点在欣赏，在吸收营养。绝大多数的情形为后者，你现在的情形更应该是后者（我也是后者）。"② 他强调："感觉深入对象（作品情节氛围和人物的内心状态），达到感情的集中和深化，那么，神经机能的活动就会逐渐由杂乱而集中起来，单纯起来，也就健康起来……那精华也得经过改造和消化才能成为血肉。"③ 我们看他的文章，他的独特的艺术体验确实使他的理论创作更加有血有肉。

他的藏书中，最多的就是新文学作品期刊和外国革命文艺理论，这也从某种程度上印证了胡风关于自己的思想源于"五四革命文艺传统"与"国际革命文艺传统"的说法。胡风的藏书阅读，给予其丰厚的感性积淀和文论素材，即便是在战火纷飞或东西辗转奔波期间，胡风也抓紧时间阅读外国文学作品④。我们看他的藏书，再反观其文艺批评，卢卡契、厨川白村、托尔斯泰、高尔基、罗曼·罗兰对他的思想潜移默化的影响是不可低估的。

藏书中，胡风对马克思主义文论和日本文学著作的关注是显然的。正如梅志回忆："胡风每月都要买回好几本日文书，是有关革命文艺理论方面的。"⑤ 从这林林总总的外国作品来看，他是在作品与理论、感性与理性的世界里苦苦寻觅。

他的藏书和传记显示，马克思哲学著作在胡风的阅读史中占据着重要的位置。在胡风 1965 年 8 月 13 日写给梅志的书信和书单中，我们发现即便胡风身陷囹圄，还在阅读日文版的马恩著作。此外，胡风还收集

---

　　① 李丕显：《异端非异端辨——胡风冯雪峰合论》，当代中国出版社 2003 年版，第 206 页。文中李丕显先生将文艺理论批评与研究工作者概括为两种类型，一种是"理念逻辑型"，另一种是"艺术体验型"。

　　② 胡风：《致梅志》，见梅志、晓风：《胡风：死人复活的时候》，中国青年出版社 1999 年版，第 292 页。

　　③ 胡风：《致梅志》，见梅志、晓风：《胡风：死人复活的时候》，中国青年出版社 1999 年版，第 293 – 294 页。

　　④ 胡风：《胡风回忆录》，人民文学出版社 1997 年版，第 123 页。

　　⑤ 梅志：《书香余韵》，见钟敬文、张岱年、邓九平主编：《书香余韵》，中国广播电视出版社 1997 年版，第 250 页。

了大量马克思主义艺术理论方面的日文著作和大量关于马克思主义文艺理论、哲学社会科学方面的名著，以及文学史与艺术美学方面的著作。诚如胡风自述，这些重要作家的作品为其文艺思想的形成提供了宝贵的源泉，而这在今天的胡风藏书之中也得到了某种印证。

如果说欧美文学给了胡风文学感性的滋养以及"人性""人道主义"的洗礼，那么日本留学经历和日本文学给予胡风更多的则是文艺的现代性思想的影响。据胡风夫人梅志的回忆和相关资料统计，胡风藏书中日文藏书尤为丰富（有100余册），这是胡风生前很喜爱的一批书。除了日文书籍，还有一些被译为中文的日本作家作品，如《日本民主主义文化运动》《艺术中的阶级性与民族性》，等等。

日本文学对胡风的滋养是多方面的，他思想的激进大概也源于此。胡风与厨川白村存在着明显的精神相通之处，在此意义上，对《苦闷的象征》的热衷与吸收，可谓胡风文艺美学思想发生、发展及成熟的重要契机。然而，在接受厨川文艺美学思想的同时，他独特的转化与创造之力是可见的，异域之音作为一个整体已成为胡风文艺美学思想的血肉。他的对主体性理论的摄取与转化，显现着接受主体卓越的辨识眼力和严肃的批判精神。和他的导师鲁迅一样，胡风批评理论中的概念与逻辑，或是对异域之音的借用，或是一种个性化的转化，当然，更不乏他的杰出的发现与创建。在他的写作中，背后深刻的异域背景，需细细琢磨方可领略一二。

（二）作为言派传人的唐弢

唐弢收藏的鲁迅作品中，杂文数量是最多的，这也印证了鲁迅杂文给予唐弢的滋养与影响。他是从鲁迅的杂文起步的，在1933年的"小品文年"中，年轻的唐弢在这股文学浪潮中最终得以脱颖而出成为名噪一时的杂文家。他一度主张"战斗"是杂文的生命作为对鲁迅的呼应，他的勤奋与悟性也使得他一出手即得鲁迅文章之神韵。我们翻阅他早期的杂文，年少老成，针砭时弊，可谓针针见血。他以杂文为矛，横扫社会黑暗与现实丑恶，可谓对20世纪中国文学与社会革命的独特贡献。新中国成立后的唐弢一度延续了"鲁迅风"的精神，发表了一系列杂文作品。直到因为一篇《另一种"有啥吃啥"》而遭到"非难"，他的杂文的锋芒便渐渐黯淡了。外在的环境与天性的趣味，使他渐渐显出了与京派和知堂的亲近。

　　从唐弢的文学活动与文章风格来看，他实为一个"叛徒"与"隐士"的矛盾结合体，他一生特别是晚年的心态都显示了他的矛盾。在抗战期间，他紧随鲁迅，战斗的锋芒和政治参与的意识是明显的。而在特殊的文化氛围里，他渐渐收起了那种直面现实的犀利，沉入古籍，选择了相对安全的艺术辞章，这固然与其处世哲学有关，但深层的个人旨趣也是不可忽略的。事实上，我们看他的知识结构，再反观其文章，"游戏笔墨"和"文人雅趣"在他那里是客观的存在，而这些，我们在有着"革命家"气质的胡风身上是难以看到的，这也似乎决定了他们对鲁迅的不同理解。

　　唐弢曾批判胡风"看不见祖国文学遗产的瑰宝，成为一个否定民族形式的形式主义者"[1]。今天看来，姑且不管胡风是否为"否定民族形式的形式主义者"，也不论唐弢的所谓胡风"看不见祖国文学遗产的瑰宝"是否偏激，但有一条是可以肯定的：唐弢对于传统文学遗产的精妙是深明于心的，他的批判背后实际上隐含了他对文明的独特的悟性与充足的自信。唐弢看到了鲁迅对传统批判的背后实际存着对传统文明精粹的汲取，他从鲁迅那里培养了很好的艺术感觉，也由此成为继承了鲁迅的文章一脉。对于唐弢的艺术感觉，张梦阳有句很精辟的评论："可以这样说，就审美体验、艺术品位和论文文体的秀雅，不仅在鲁迅研究界首屈一指，就是在整个文学批评领域也是少有人能够企及的。"[2]

　　今天，我们考察唐弢的藏书构成，不难发现他的阅读旨趣和审美品位的独特，这一点，或许恰如胡风所说的，"主张对旧东西要严格清理，尽可能剔去那里面的糟粕，这往往受到了'民族虚无主义'的恶谥。那主要原因之一恐怕是，做这样论断的理论家很少甚至没有读这种作品的难堪的经验，或者读了也能够感到愉快罢"[3]。

　　胡风的批评显然是有所指的，我们考察唐弢早期的文化态度和后期的审美趣味，不难发现他与胡风所形容的"没有读这种作品的难堪的经

---

①　唐弢：《不许胡风歪曲鲁迅》，见《海山论集》，人民文学出版社 1979 年版，第 281 页。

②　张梦阳：《鲁海梦游》，安徽大学出版社 2013 年版，第 252 页。

③　梅志、晓风：《胡风：死人复活的时候》，中国青年出版社 1999 年版，第 324－325 页。

验，或者读了也能够感到愉快"是有几分吻合的，对于传统，唐弢的眷恋和欣赏是一直以不同的姿态存在着的。

我们考察他早期的文章，与胡风和其他左翼作家立场与姿态无异，20 世纪 30 年代的唐弢对"旧文学"发表过激烈的抨击与菲薄，如呼吁："咱们中国人最相信书，而咱们中国书最不足信。"①，或是批判"醉心古雅的八股家"②，或是抨击封建礼教的"吃人的面目"③。但是，我们仔细看他早年的散文，背后的传统的余韵是明显存在的。这种"言"与"文"的悖论只能说明：他的一些貌似极端与蔑视传统的言辞，实为一种特殊语境下的特殊表达，其批评旧文化往往是有所特指，其深层审美心理却饱含着欣赏和眷恋的成分。他随后的一系列文章已经隐含了自己对于传统的独特领悟与判断。如 1939 年 12 月 6 日发表在《大美报 浅草》上的《从欧化到中国风格》一文，一开始即重点批判了当时的"本位论"者"捧着祖宗的牌位，一味向僵尸学习"④ 的风气。然而，我们比较他的立足点，他对传统的批判已经显出了与胡风完全不同的特质，更多体现了一种理性的色彩，他强调：

> 要从自己民族的风格上吸收外来的影响。即就文学作品而言，为了使文学服务于抗战，首先是要能够为大众所理解，能够教育大众，在艺术上保有民族的特有的气派与作风，反映真实的民族的生活。⑤

显然，同样站在启蒙大众和文学革命的立场，唐弢的立足点却始终是本土的。"我们的对创作的主张，却是继承优秀的传统，从民族生活

① 唐弢：《尽信书》，原载 1933 年 11 月 5 日《申报自由谈》，见张云初编：《中国大实话：申报·自由谈》（C 文化民权卷），陕西师范大学出版社 2001 年版，第 262 页。
② 唐弢：《关于小品文》，载《唐弢文集》（第一卷），社会科学文献出版社 1995 年版，第 72 页。
③ 唐弢：《谈礼教》，见唐弢著，张广生选编：《故乡的雨》，华夏出版社 1999 年版，第 58 页。
④ 唐弢：《从欧化到中国风格》，见《唐弢杂文选》，人民文学出版社 1955 年版，第 182 页。
⑤ 唐弢：《唐弢杂文选》，人民文学出版社 1955 年版，第 183 页。

里汲取特性，提炼精髓，在世界文学中建立起中国风格来"①，这样的主张，背后已经有他自身艺术的感觉与判断以及个人趣味的认同。我们看他在 1982 年 6 月写的《在民族化的道路上》以及同年 12 月发表在《文艺研究》上的《西方影响与民族风格》，实际上正是这种艺术观的延续与发展。

藏书显示，唐弢和鲁迅一样，对于中国传统民间文学一直饶有兴趣，对于中国传统文学的研究性著作也特别关注。那些充满气象的文辞，凸显了唐弢在中国现代文学史上的"多面手"的地位。在左翼文学家中，他是集诗人之感性与学者之理性于一身的独特存在。文字间隐含着古人的品格，同样的论战杂文，唐弢走笔就比其他左翼作家要显得老到深沉。唐弢早期的杂文思想的政治功利性色彩明显，但文章里的旧书斋气息是存在的。他早年的沉浸古典诗词和尝试旧体诗创作也使他的文字一出手便多了一丝雅致的味道，这在同时代的左翼作家那里是难得一见的。

今天看来，唐弢在对鲁迅遗产继承的同时，背后也发生了微妙的"位移"。打开唐弢的私人藏书，真正走进他的精神世界，我们发现：唐弢对周作人的关注非常高，甚至有超过对鲁迅的重视的可能。在唐弢藏书中，搜集了关于周作人各个时期的作品（含译著）约 100 种 160 余册。不仅如此，在唐弢文库中，关于林语堂的作品也不少，粗略统计约有 38 种 246 册，如 1935 年 1 月宇宙风社出版的林语堂等著的《宇宙风》《西洋文学》《有不为斋文集》等，其中光《宇宙风》就有一百多册。

考察这种文化现象，离不开对作家文化取向与审美趣味的溯源。如果说胡风的文化取向是源于"五四"新文学，那么唐弢则更多地源于"旧传统"。前者"西化"而"激进"，后者"保守""包容"。这一点，我们不妨以胡风与唐弢对周作人与林语堂的微妙态度为例试做分析。

唐弢在 1987 年 12 月 1 日写的《林语堂论》中，一开始即引用了胡风的评论：

---

① 唐弢：《唐弢杂文选》，人民文学出版社 1955 年版，第 183 页。

　　胡风先生的《林语堂论》有个副题：对于他的发展的一个眺望。说明在作者眼里，林语堂的思想是前后变化的。我以为这一点非常确凿而且重要，如何看待和分析其变化，是透视林语堂这个人物、对他的思想作出准确判断的关键。很多人有双重人格，周作人在《两个鬼》里说得更为有趣，他说："在我们的心头住着 Du Daimone，可以说是两个——鬼。……其一是绅士鬼，其二流氓鬼。"绅士鬼和流氓鬼萃于一身，用来概括林语堂先生的为人，也许再没有比这个更恰当的了。①

　　今天我们再来看这段评说，唐弢引用胡风之言批评林语堂，背后实际暗示了晚年唐弢对胡风某些艺术观的认同，至于他所说的"很多人有双重人格"，不知道是否包含了他自己或者有些许检省的意味呢？

　　事实上，胡风和唐弢都曾对京派文人的追求性灵和趣味做出过批判，胡风站在启蒙和阶级分析的立场，对"论语派"缺乏现实关注的超脱态度予以批评。今天看来，他的观点似乎有些偏执和简单，对"论语派"文学审美性的忽略和社会性的全盘否定未免机械主义了。他曾经以鲁迅等人的饭局上林语堂讲的一个"黄色"笑话为例，认为"这表现了林语堂的艺术趣味"②。至于周作人的"吟风弄月""玩物丧志""精雅""谈狐说鬼"③ 在他也是无法认同的。这些都多少暗示了他的人生态度的严肃性和审美追求上的道德性，他思想上的成就正在于此，但由此也造成了对鲁迅遗产的遗漏，而后者恰恰为深谙鲁迅知识构成和文化渊源的唐弢所重视和追踪，并使得他真正成了鲁迅的言派传人。

　　对传统的选择与浸润，不仅形成了唐弢"精致"的审美趣味和晚年的"游戏笔墨"，对他的精神人格包括"处世哲学"的形成也有着潜在的影响。与他所批判的"周作人"和"林语堂"一样，人格的现代性与传统性的纠缠于他一生是客观的存在：一方面是"心仪斗士，时涉

---

　　① 唐弢：《林语堂论》，见《唐弢文集》（第九卷），社会科学文献出版社 1995 年版，第602 页。

　　② 胡风：《鲁迅先生》，见梅志、晓风：《胡风：死人复活的时候》，中国青年出版社1999 年版，第 325 页。

　　③ 胡风：《过去的幽灵》，原载《棘源草》，上海希望社 1947 年版，后载《胡风代表作：吹芦笛的诗人》，华夏出版社 1999 年版，第 356 页。

遗著"①；另一方面是在新的政治空间里积极绘制"新脸谱"。尽管后者恰恰是他早年曾经嘲讽的对象（详见唐弢 1933 年 11 月 19 日发表于《申报·自由谈》的《新脸谱》一文）。他人格的双重性与多面性与其说是个性气质，不如说是一种文化影响，而这其中，对中国传统政治历史的洞悉，以及由此获得的"清醒"与"穿透"显然是不可忽略的存在。

我们看唐弢藏书，一个显著的特点就是历史书尤其是中国的历史书数量相当可观。其中既有正史，也有更多的野史，如《清秘史》《清宫二年记》《清稗类钞》《二十五史》《南明野史》《清季野史》《清代文字狱档》，等等。对鲁迅知识结构的了解和对历史迷雾的穿透，对中国政治文化和知识者命运的领悟，使他比那个时代的其他文人显得更透彻与清醒。我们看他的文章，他在特殊的政治环境下的处世之道，背后都隐含着他对社会和人性的深刻洞悉。这在同样作为鲁迅弟子的胡风那里，恰恰是另一种面貌与命运。在胡风的藏书中最大地体现了他对外国文艺和理论的"狂热"与"迷恋"，而关于中国历史的著作不多见（除部分中外文艺史和法国革命史、世界革命史著作外）。胡风一生专注于文艺，献身于革命，却少了几分对历史的洞察与对现实的清醒。这或许也是他在已经变化的时代里依然没能察觉自己实际所处之地的原因之一，他的悲剧很大程度上在于对中国历史的了解不够，在于对时代、对自身的了解不够。鲁迅对中国数千年历史的深刻把握，使其能够在险象丛生、风云变幻的现实政治斗争中始终不至于被吞没，他对于自己在将来的天下大变后或得去扫马路的结局也是有着清醒的预知的。这种建立在对时代演变规律和数千年"人治"历史基础上的透彻，是胡风所不具备的。对于他的"天真和幼稚"，"贾植芳回忆，他不止一次对胡风说：'我说老胡，我们和鲁迅不同，鲁迅懂得中国的历史，我们却不懂'"②。这显然是一种知心之论，今天我们从他晚年的"牢狱写作"来看，他对于自己的不幸显然缺乏思想准备。我们看他的《狱中诗草》，其中相当部分是对中国数千年"刀笔吏"历史的控诉与痛思，如："一部刀兵史，求真志敢捐？说经前墨翟，释器后船山。鲁迅翻尼采，胡风

①　唐弢：《唐弢杂文集》，生活·读书·新知三联书店 1984 年版，第 613 页。
②　李辉：《胡风集团冤案始末》，人民日报出版社 2010 年版，第 95 页。

读厨川。心诚怜眼近，摸索几千年!"可以说直到此刻他才开始将自己
与"历史"并置，这方面与他的"对手"唐弢相比，无疑是"后知后
觉"了。

在1935年7月14日的《论逃世》一文中，唐弢曾写道：

> 因为逃世并不只有自杀这一条路。寄沉痛于幽闲，托余生
> 于梵宇，也都是的。这些非但不至于断送一命，而且还可以邀
> 得令誉：风雅，淡泊，清高。看哪，全都是好名词。
>
> 但可惜的是：好名词仍旧不是奋斗，到底也无益于人
> 类的。①

今天，我们结合"唐弢现象"和同样作为鲁迅弟子的胡风所呈现
的文学风景与知识分子精神面向来看，背后的遗憾都是存在的：唐弢在
"斗士"与"隐士"之间的游离，在"言"与"行"之间的矛盾，以
及选择"将鲁迅窄化到文章学的层面，将创作聚焦于辞章、气韵的世
界，其间遮蔽掉重要的思想资源，对于他自己的写作与研究，不能不说
存在着致命的缺陷"②。而与此同时，"鲁迅思想和创作中那些不符合时
代要求的东西都被判给了胡风。那个真实而完整的鲁迅在遭到粗暴的阉
割之后不再进入传播。这一后果非常严重。它使鲁迅的许多遗产在此后
相当长的一段时间里与胡风一起被监禁"③。鲁迅的两个弟子所呈现出
的风景与命题，无疑是耐人寻味的。这也无怪乎早在1988年，樊骏就
断言，胡风研究是"一个尚未结束的话题"④，其实，何止胡风，鲁迅
的整个外围所折射的关于知识者现代性人格的问题，留待我们的思考依
然很多。今天，面对复杂的文学人物与历史谜团，有时候，我们从作家
的藏书与知识构成中，或能觅得一些逻辑的起点，然而要全面把握，所
需发掘的资料和关涉的面还很多，还需更加努力。

---

① 唐弢：《论逃世》，见《唐弢杂文集》，生活·读书·新知三联书店1984年版，第186页。
② 孙郁：《作为文章家的唐弢》，《当代文坛》2016年第3期，第15页。
③ 李新宇：《1955：胡风案中的鲁迅》，见王彬彬、王晴飞主编：《十年论鲁迅——鲁迅
研究论文选（2000—2010）》（下），南京大学出版社2015年版，第407页。
④ 樊骏：《胡风——尚未结束的话题》，《文学评论》1988年第5期。

第四节　黄裳与周氏兄弟

一、黄裳：其人其书

黄裳是著名的散文家，也是当代藏书界的"明星"。黄裳尝云"以买书为事，几无日不得书"。与唐弢的专注现代文学藏书不同，黄裳藏书以古书为主，而尤以明清刻本和名人钞本居多，如天一阁、澹生堂、嘉业堂等名人旧藏其收集颇丰。黄裳既藏书，亦译书、品书，其读书小札《来燕榭读书记》《来燕榭书跋》和《梦雨斋读书记》可谓他毕生访书、购书、藏书、抄书的见证。

黄裳是有着独到藏书理念的藏书家，他尤其注重残本的价值，其古书收藏就是从残本开始的，这使他有别于正统藏书家。黄裳自云："书癖日深，凡有所见，只要力所能及，总想弄到手才舒服。"① 在他看来"过去藏书家往往有一种完缺之见，致使不少仅存的册籍遭到毁失，一个真正爱书的人是懂得残本的重要的"②。当然，其择书理念背后与鲁迅的治学之道以及他个人独特的历史观和考证癖是有着深层关系的。与其他藏书家不同，黄裳买书起初并不特别讲究章法，其买书方针是"人弃我取"，甚至以书易书。他曾以《古今》第一、二期交换一册北新书局出版的周作人撰的《药堂语录》③，甚至一整包书交换一册古书。"这样做的理由是不言而喻的。不是众矢之的，就可以摆脱竞争的麻烦，也免去了力不能及的高价的威胁，更重要的是，不为人们注意的东西，数量往往较大，新鲜的、之前未见的书本可能出现的机会也较多。而这正是十分重要的，读者最不能忍受的是那种一片荒漠、没有生机的可怕景象。"④

他的藏书理念是很开明的。在他看来，"书籍是传播知识的工具"。

---

① 李辉主编：《黄裳自述》，大象出版社 2002 年版，第 204 页。

② 黄裳：《黄裳文集（5）——杂说卷》，上海书店出版社 1998 年版，第 68 页。

③ 黄裳：《掌上烟云》，江苏文艺出版社 2018 年版，第 116 页。

④ 黄裳：《榆下说书》，生活·读书·新知三联书店 1982 年版，第 41 页。

他赞赏古藏书家"爱书，但私有观念并不怎样浓重，是很难得的"。他对于将藏书视为有闲阶级或风雅人物的行径颇不以为然，认为"其实这是不公平的"。在他看来，正是因为民间藏书家的存在，才使得思想没有被完全禁止和毁灭。"仅此一端，就可以看出藏书在文化史上的重要地位。"①

青年黄裳的买书方法是按图索骥，由书目书入手。从"叶德辉的《书林清话》、钱遵王的《读书敏求记》、黄丕烈的《荛圃藏书题识》，一直到《鲁迅日记》每月后面的书账，每见必收"，藏有"百十来种书目书"②。黄裳的古书藏书是有书目可查的，他的藏书书目在《庚申以后所得书目序》和《来燕榭书目不全本》中偶有提及，其云：

> 余平日手写书目，前后不下十余本。有专记善本者，有词曲专目，有清人集部目，今皆不存。此目写于十二年前，不分钞刻，不别年代，盖欲写一全目，后亦未竟厥业。群书既去，书目无存。欲写《云烟过眼新录》，苦忆得五六百种，尚有未能记忆者，书名卷数、撰人姓氏，遗误不少。昨日偶理衣橱，乃于敝衣丛侧，见此残叶，存九十一番。得书近千五百种。盖历劫偶遗之物，约存三之一。善本几全未录及，盖只一二橱中之物而已。因手为装池，都为一册，取对《过眼新录》所记，大致无差。③

他的题跋文章很有周作人的神韵，这自然与他早年的阅读趣味有关，在《书缘》中他自述：

> ……读题跋就更觉得有意思，更能体会到得到或失去一本好书后的高兴和颓丧，也就是说进一步领会了书趣。于书本内容之外，对纸墨刻工……也逐渐有了欣赏的眼力。买书而讲究这些，似乎太奢侈了些。然而不然，古刻本自有其工艺美术价

---

① 黄裳：《书海沧桑》，江苏文艺出版社2018年版，第213页。
② 黄裳：《黄裳文集（6）——春夜卷》，上海书店出版社1998年版，第159页。
③ 黄裳：《来燕榭读书记》，辽宁教育出版社2001年版，第97页。

值，是不容忽视的。同是一本李杜诗，把铅印本与旧刻本放在一起，自然会显出差异来，读时的心境感受会是完全两样的。有时得到一册禁书，不免要想到它历劫仅存的不平常命运，从而更平添几分珍惜之情。这样，每一本书好像都有一个自己的故事，无论新知旧雨，在藏书者看来，其间都有一段书缘。把这书缘记下来的就是书跋或书话，而这正是我所爱读的文字。①

黄裳之买书亦随性而为。按他自己的话说是"有啥买啥"，他认为这样无意中偶得的书"才更有趣味，更觉得可爱"。当然，这样一来所购书籍自然就很"杂"，然而随着藏书的增多，也自然呈现出一定的系统和个性特点了。他曾自述："关于晚明和明清易代之际的事情，我在四十多年前曾一度发生过浓厚的兴趣，想多知道一些，于是就尽力收求这方面的史料、文集，不久就得到了一大堆。不过别致的、少见的书还是很少。同时因为得到了谁的一种著作，就又希望能得到他的别种著作，以及他的朋友的著作，……这样拉扯下去，就会形成一个'网'，把一个时代一个方面的许多孤立现象联系、组织起来了，也进一步刺激了收藏的兴趣。"② 他后来集中研究明清易代之际的知识分子，所赖皆是这些历史书。

与一般藏书家不同的是，黄裳的藏书与读书最大的特色是"杂"，尽管不成系统，但还是形成了自己的藏书趋向，"那就是有关明清易代及南明史事的书，明清之际特别是清代前期的集部书比较多些"。黄裳之收藏和阅读包括禁书在内的明清之季的旧书，与革命时代的政治环境和读书界的风尚有关，但周氏兄弟的治学影响也是存在的。在《读书生活杂忆》中，他也特别提及早年在南开中学受英文老师李林先生"直接法"教学思想影响而形成的一种阅读习惯。在他看来，"这种习惯的养成，对此后读书生活的影响是大的。没有系统的、扎实的基础训练，只是碰到什么就读什么，随宜吸取营养（当然其中也不免有毒素），这

---

① 黄裳：《黄裳文集（6）——春夜卷》，上海书店出版社1998年版，第160页。
② 黄裳：《黄裳文集（5）——杂说卷》，上海书店出版社1998年版，第14页。

是走向杂家而不是培养专家的道路"①。在黄裳看来，这种不成系统、随意汲取营养的阅读法，正是他走上"杂家"之路的重要原因。当然，黄裳之成为"杂家"与他的新闻记者的身份也有关系。在1984年所作的《读书生活杂忆》一文中，他回顾并总结自己一生的读书经历，其中对于"杂家"的见解可谓独特：

> 杂家和专家之间并不隔着一条不可逾越的鸿沟。杂家不仅可能化为专家，有时还会有所创新有所发展，在学术领域中开辟出一种新的流派，在文字上创立一种新的风格，这是更为困难、更不易达到的境界。不过"江山代有才人出，各领风骚数十年"，杰出的人物总是会出现的。鲁迅先生就是一个光辉的例子，而他的影响也不只数十年而已。他不只读的书多，知识广阔，尤其重要的他有一双晶明澄澈的眼睛，能透过社会上、书本中纷纭复杂的事物，看出那底细来。他不是"书簏"，更不是"世故老人"，他的本领是从勤奋的学习和勇敢不懈的探索中逐步获得的。
>
> 只强调博与杂而忽略了深入的思索，那就只能走向反面，变成浅尝辄止的"半瓶醋"和思想上的庸人。像《一捧雪》中的汤裱褙，贾府上的单聘仁、山子野，琴棋书画，吹拉弹唱，样样都来得一手，到头来只能是作"清客"的好材料，也即鲁迅所说的"帮闲"，对人民大众没有丝毫好处。这是一条危险的路。年纪一天天大起来，也日益感到这危险的严重。我近来常常想，自己到底懂得些什么呢？真能有把握地自信头脑一直是保持着清醒的么？恐怕两种答案都是否定的或可疑的。②

这是一个"杂家"的读书心得，也是一个散文家的成长之路。黄裳曾表示其古文本领的获得源自早期阅读《聊斋志异》的经历，对于新文学，他和同时代的文艺青年一样，不仅大量购读鲁迅、冰心、周作

---

① 李辉主编：《黄裳自述》，大象出版社2002年版，第66页。
② 李辉主编：《黄裳自述》，大象出版社2002年版，第70页。

人、朱自清、郁达夫等人的文集，新文学杂志也都收有全份。当然，对于所购一般图书，他的阅读习惯是"流览"。对于喜爱的读物，则不止通读，而是反复诵读。他表示"从小就喜欢书，也从很小起就开始买书。对于书的兴趣多少年来一直不曾衰退过"。他在《书的故事》中谈到了早年买书的经历和创作的原则：

> 如果只是搬出一些掌故、趣闻，虽然也多少会有些资料价值，但到底过于无聊了。今天书店里已经很难看到线装书，如果按照这些经验企图加以实践，那也不免是笑话。因此，我不打算写什么《书林清话》之类的东西。此外，我开始买书时，本来是以搜求"五四"以来新文学书为目标的，不过后来不知怎样一来，兴趣转向线装旧书方面去了，旧有的一些新文学书的"善本"也陆续送给了与我有同好的朋友。①

虽说是"有啥吃啥"，但黄裳买书的背后亦有研究的动机，他对于阮大铖等历史争议人物的著作的搜购和研究就体现了这点，他甚至由此提出了"贰臣文学"等概念，并引起了一时的争鸣。在《〈别时容易〉续篇》中，他曾强调自己独特的买书原则：

> 我一向主张买书不必有过分严格的"洁癖"。当然，我不想开图书馆，有些看不懂或太贵的书也不想买。但我想，尺度总是宽一些的好，其实信奉的也不过是"兼听则明"的老道理。好人的书固然应该买，坏蛋或有大小各种毛病的人的著作也不能弃而不顾，否则我们就不能看见事物的全局，只能从一个狭小的角度进行窥察，费力不必说，想获得接近完整的认识几乎是不可能的。秦会之（桧）的文集不传了，可惜得很。否则我们也许会更早也更容易了解风波亭一案的真相。②

20 世纪 60 年代初，黄裳阅读趣味转向历史，"开始时只不过是读

---

① 黄裳：《榆下说书》，生活·读书·新知三联书店 1982 年版，第 1 – 2 页。
② 黄裳：《黄裳文集（3）——珠还卷》，上海书店出版社 1998 年版，第 170 – 171 页。

些书、作点笔记，写一点简单的札记"①。遗憾的是，他的这些研究材料在"文化大革命"中遭到清理。所剩的"零章断简"便是后来结集出版的《银鱼集》，这部文集所谈清初遗民的轶事，文人与统治者的微妙关系，以及清代文化政策……纵横古今，闪烁着其真知灼见，毛晋、许自昌、钱牧斋、陈眉公、"扬州八怪"、"西泠八家"以及厉鹗为首的文士群体的历史面影皆得以再现，其文在辨伪与析真中常予人以深思。

在谈到早期阅读兴趣时，黄裳回顾道："我的最早跑跑书坊，原也不是完全没有目的，那就是想找点晚明野史看看。"在《关于吴梅村》中也提到这点：

> 自从开始接触晚明史以来，遇见了大量的野史笔记，真是浩如烟海，读了使人头脑发胀。不过读野史又是有趣，它往往能在漆黑一团中闪出几道微光，引导人们走向并靠近历史真实。这样的启示在正史官书中是很难找到的。②

黄裳对于野史与禁书的关注尤深，这些文章一方面展示了其思想中尖锐的一面，另一方面也让我们看到了他对鲁迅精神与周氏兄弟遗风的一种传承。《谈禁书》中对于禁书的见解可谓深刻：

> 禁书是一种历史现象，非常丑恶的历史现象。人类社会本来是没有这种事物的，但后来出现了，在某些时候还颇行时。我相信，它终究是要消灭的。前些时曾经就此进行过一些讨论。我自己是赞成读书无禁区的主张的。当然，一时实行起来并不那么容易。只要具有健康正常的头脑的人，我想都应该赞成并努力创造条件把禁区彻底打破，并最终消灭这一丑恶历史痕迹的吧。那种一听见要取消禁区就不舒服，惟恐这种宝贝事物断种、失传的精神状态是奇怪的，不正常的。③

---

① 黄裳：《黄裳文集（4）——榆下卷》，上海书店出版社1998年版，第551-552页。
② 黄裳：《黄裳文集（4）——榆下卷》，上海书店出版社1998年版，第335页。
③ 黄裳：《榆下说书》，生活·读书·新知三联书店1982年版，第61-62页。

《再谈禁书》更详细地陈述了一个现代藏书家的独特历史观和独到眼光：

> 我的知识浅薄得很，见闻也不广。此外曾经见过的这类古书，除了影印的《金瓶梅词话》以外，就只有叶德辉所刻的《双梅景阘丛书》、排印的《宋人话本两种》等。丛书里所收几乎全是道士的胡说八道。我还买到过一厚本棉纸黑格抄的药方是明代正嘉之际"卧云山房"抄本。从中居然发现了许多西门庆之流曾经使用过的配方，可见小说里所写也并非全是子虚乌有。还有就是从阿英同志的《小说闲谈》之类著作中，得到过一点零碎的知识。外国文献，同样也知道得极少。在印度，我曾买到过一本 Nefzaoni 所作的《香园》（Perfumed Garden），是 16 世纪阿拉伯著名的古典作品。印度这类书还多得很，买不胜买，只得了这一册。此外，就是 Havelock Ellis 的七卷两大本《性心理学》。这也是名著，在外国也曾是禁书，后来作为医学院学生的读本，公开发售了。无论是古典文学还是学术研究，都是很有价值的读物，给了我很多知识。我知道外国的道学家也并不比中国少。有一位著名的研究这种学问的学者死后，他的妻子就将他的全部手稿都烧掉了，认为只有这样做才算是尽了一个合格妻子的天然职责。像莎士比亚，也曾被斥责为"猥亵作家"。更不必提左拉和劳仑斯了。还曾有人作过规定，以尾巴骨为中心，画一个尺半左右的圆圈，禁止谈论圈内的一切东西，只赦免了胃。这样的事，我们也应该知道一点。于是对许多奇怪的议论也就不必大惊小怪了，"外国也有的！"①

乱世中，书的命运有时与人的命运是类似的。与很多现代作家一样，黄裳的文字里也有不少描绘失书之憾和失而复得的情形：

---

① 黄裳：《再读禁书》，见《榆下说书》，生活·读书·新知三联书店 1982 年版，第 85－86 页。

最近，这些失了踪的书开始一本本又陆续回到我的手中，同时还发给我一本厚厚的材料，是当年抄去的书的部分草目，要我写出几份清单来，然后才能一本本的找出、发还。这可是个艰巨的任务，面对厚厚一本残乱、错讹的草目，灯下独坐，慢慢翻阅，真是感慨万千。每一本书的名目，都会引起我一些回忆，述说一个故事。它们是在什么时候、什么地方、经历了怎样的周折才到了我的手中，自己曾经从中得到过怎样的知识、据以写过什么文字、获得过怎样的悦乐……这样的故事，如果一一回忆、写下，那将是另外一本厚厚的有趣的书。①

丰富的藏书生活为作家的散文和书话写作提供了生动的素材。黄裳曾云："我有一种习惯，在翻读旧书时，遇到有关的评论、记录……就一一移写于书前扉页，以备遗忘。时日既久，所集渐多，有暇就加以整理，写成书跋。这就是一些较成片段的跋尾的由来。更多的则是近于随笔的题记，是散文而不是读书记了。"② 藏书构成的变化与作家的阅读趣味和文学创作构成了良性的互动，他曾自述了这其中的内在关联：

> 因为买旧书，有机会接触像四明天一阁范氏、山阴淡生堂祁氏、甫里梅花墅许氏这些藏书旧家的藏书。这就引起了对他们的兴趣，因而写下了有关的一组文字。这些都不是正宗的藏书史论文，与《藏书纪事诗》、《书林清话》这样的著作着眼不同，多的是"题外"的话，在版本目录学家看来恐怕是不合规范的。③

在《书痴》一文中，生动勾勒了古代藏书家的千姿百态，他赞赏叶昌炽《藏书纪事诗》对于"非功利性"读书人故事的选材，认为宋代著名诗人尤袤的"饥读之以当肉，寒读之以当裘。孤寂而读之以当友朋，幽忧而读之以当金石琴瑟也"的藏书理念"很有点浪漫主义的味

---

① 黄裳：《书的故事》，见《书海沧桑》，江苏文艺出版社 2018 年版，第 8 页。
② 黄裳：《黄裳文集（5）——杂说卷》，上海书店出版社 1998 年版，第 217 页。
③ 黄裳：《黄裳文集（4）——榆下卷》，上海书店出版社 1998 年版，第 552 页。

道"。其"四当论""是道出了'为读书而读书'的真意的"。对于明末姚叔祥所论"盖知以秘惜为藏，不知以传布同好为藏耳"，他是特别赞同的。当然，文末也表达了同为"书痴"的黄裳在特殊时代的"失书"之憾。这样的遗憾与痛惜在他的《祭书》中也可以看到：

> 我的几本破书够不上"国宝"的资格自然用不着多说，但对我却是珍贵的。因为它们被辛苦地买来，读过，记下札记，写成文字，形成了研究构思的脉络。总之，是今后工作的重要依据。没有了它，就只能束手叹气，什么事都干不成。①

和20世纪的著名作家一样，黄裳的藏书经历与藏书的命运亦受到20世纪社会变迁的重要影响。他的新文学藏书主要在上海读书期间获得，他曾回忆：

> 那是抗战初期，在我家附近的一爿旧纸店，天天要从徐家汇的土山湾收进大量的旧书报杂志，转手运到造纸厂去。每天我几乎都要花小半天在这店里翻检。这时的视野扩大了，不只是书，又收集起期刊来。记得在不到一年的时间，就收齐了全部的《小说月报》（从十二卷开始）和《新青年》、《语丝》……抗战胜利后再回到上海，兴趣逐渐转变，不过遇到新文学书刊的精本，也还是不肯放手。这时得到的记得有东京印的《域外小说集》初二集，《会稽郡故书杂集》等。在南京当记者时还特别跑到金陵刻经处买来了《百喻经》。②

在《先知》一文中，他还披露了早年与唐弢的一段求书与藏书经历：

> 当时我还是个中学生，唐弢就住在我家附近的一个弄堂里。我用母亲给的日用钱从旧书摊上搜得的鲁迅、周作人、郁

---

① 黄裳：《书海沧桑》，江苏文艺出版社2018年版，第57页。
② 黄裳：《黄裳文集（5）——杂说卷》，上海书店出版社1998年版，第242页。

> 达夫……著作的初版本、毛边本、签名本……就曾引起唐弢的
> 浓厚兴趣。几十年来，唐弢一直锲而不舍，不但辛勤收集，而
> 且专心研究，有了很好的成绩，新文学版本书的重要性也为学
> 术界所公认。我自己则早已洗手不干。不过"零珠碎锦"也
> 还是剩下了一些的。①

从他晚年的文字看，他对于作为同好的阿英、西谛以及唐弢的藏书
工作亦是极为赞赏的。他的书话中多次提及阿英和西谛，他赞扬"阿英
是藏书家，但却不同于藏书家中的'庸流'。他也是对清人集部有浓厚
兴趣的一人"。其实，他自己不也是如此吗？他收藏了数量可观的明清
人的集部，这背后是他对于晚明野史的特别关注。黄裳喜藏史著，而其
中正史并不多，倒是禁书和野史不少。在《张缙彦集三种》跋中，其
自谓"藏明清易代时书甚富，多有异本。其间颇有秘而不传者"。这些
中国历朝的文网史成为他创作《榆下说书》的重要素材。

二、在鲁迅精神与知堂遗风之间

对于黄裳的文字，钱锺书曾在信函中有赞语云："隽永如谏果苦茗，
而穿穴载籍，俯拾即是，著手成春。东坡称退之所谓云锦裳也，黄裳云
乎哉。"② 唐弢对于黄裳文字也有类似的评价，在跋语中他写道："常举
史事，不离现实，笔锋带着情感，虽然落墨不多，而鞭策奇重，看文章
也就等于看戏，等于看世态，看人情，看我们眼前所处的世界，有心人
当此，百感交集，我觉得作者实在是一个文体家……"③ 那么，黄裳的
这种文风是如何形成的呢？

钱锺书认为这背后有周作人的影子，在 1981 年 3 月的另一封信中，
他写道：

> 裳兄文几：音问久疏，忽奉惠颁尊集新选，展卷则既有新

---

① 黄裳：《榆下说书》，生活·读书·新知三联书店 1998 年版，第 177 页。
② 黄裳：《黄裳文集（6）——春夜卷》，上海书店出版社 1998 年版，第 688 页。
③ 唐弢：《唐跋》，见黄裳：《来燕榭少作五种》，生活·读书·新知三联书店 2009 年版，第 494 页。

相知之乐，复有重遇故人之喜。深得苦茶庵法脉，而无其骨董葛藤酸馅诸病，可谓智过其师矣。①

然而，对于钱锺书的所谓"深得苦茶庵法脉"，黄裳的反应颇耐人寻味，他辩解道：

> 他指出我受了周作人散文的影响，也自是一种看法。知堂的文字我是爱读的，但不一定亦步亦趋。他所指出的那些缺点，也正说中了周作人文章的缺失。相比之下，鲁迅晚年杂文中如《病后杂谈》、《题未定草》却正是我衷心向往而无从追蹑的典范。②

显然，黄裳并不否认其文章之道受周氏兄弟的影响，在对待"二周"的情感态度上他是鲜明的——他显然更愿意将自己归为鲁迅传人一派。在《黄裳文集》自序中，他有云："我是在'五四'以来散文的影响下学习写作的。会稽周氏兄弟的作品，尤所爱读。鲁迅《朝花夕拾》一卷，至今常置案头，每一翻读，有历久常新之感。"③

他晚年接受刘绪源先生的访谈中，在谈到《银鱼集》《榆下说书》中书话风格和"知堂散文真正的继承者"时，他的反应也是值得玩味的：他强调"新文学中开创书话文体的当然是知堂，他用散文的形式谈老书，常能谈得十分精辟而又举重若轻"。但同时，他又辩驳道："至于我自己，受到鲁迅的影响要更大些。他的有关读书的散文，都一直是我爱读和学习的范本。"④

孙犁曾表示自己是有购读书目书的习惯的，他还专门作《我的书目书》谈书目书对于增加学识与兴趣的作用，其中特别提到鲁迅，并表示自己是按照鲁迅开给许世瑛的书目，按图索骥进行购书的。⑤ 无独有

---

① 黄裳：《黄裳文集（6）——春夜卷》，上海书店出版社1998年版，第687页。
② 黄裳：《故人书简》，见《黄裳文集（6）——春夜卷》，上海书店出版社1998年版，第688页。
③ 黄裳：《寻找自我》，青岛出版社2009年版，第69页。
④ 黄裳：《黄裳文集（6）——春夜卷》，上海书店出版社1998年版，第85页。
⑤ 孙犁：《耕堂读书记》（上），百花文艺出版社2012年版，第79页。

偶，黄裳亦尝云"有读书目的爱好"，他对于像《自庄严堪善本书目》一类书是"深感趣味"。书目书之优点，黄裳曾如是描述："有如讲究饮馔的人爱翻食谱，爱听戏的人喜欢看旧戏单一样，看书目也一样，在每一条目下面，看见简单的版本记录，就仿佛可以想见原书的风貌，如有自己曾经见过的书，就又有旧友重逢之乐了。"① 他虽未表明这种购书和治学路径与鲁迅的关系，但鲁迅的影响当是确定存在的。

黄裳的投稿活动是从上海开始的，其创作动机和唐弢等文艺青年类似，即采用模仿新文学名家的办法。他特别提及何其芳、朱自清、夏目漱石等，当然鲁迅亦在其列，黄裳自云模仿"鲁迅先生的《马上日记》，结果当然是画虎不成。学识、眼光如此浅薄而幼稚，是学不成那样的风格与写法的"。但在他提及的诸多文学创作上的"老师"中，却未见周作人的身影。他在战乱中购读的《中国内乱外祸历史丛书》等晚明野史，成为他杂记创作的重要材料，这些文章类似历史笔记，风格上则"有意识地模仿着鲁迅先生在《病后杂谈》、《题未定草》中用过的方法，这样就逐渐疏远了一向遵循的那条'梦中道路'，逐步接近了现实，虽然在形式上却表现为抄古书"②。"在外国作家中，则最佩服夏目漱石，特别是他的杰作《哥儿》，反复读了以后真是爱不释手，忍不住要来模仿一下。"③ 在《陈圆圆》一文的开篇，他写道：

> 我最爱读的鲁迅杂文中间，有一篇是《阿金》。回忆在那"史无前例"的日子里，手里什么书都没有了，却意外地还"藏"着一本《且介亭杂文》，破破烂烂的，倒是初版本。记得这是先生逝世后一年左右，我跑到上海四马路的开明书店买来的。这本书前后读了不知道有多少遍了，可是每次一上手总还是兴味盎然，而且每次总要读一遍《阿金》。后来又忍不住向"硕果仅存"的一两位朋友去推荐。他们不置可否，只是给我一个鬼脸。我想，他们大概都是读过的，不但读过，也许同样读了不只一两遍了。

---

① 黄裳：《黄裳文集（5）——杂说卷》，上海书店出版社1998年版，第66页。
② 李辉主编：《黄裳自述》，大象出版社2002年版，第69页。
③ 李辉主编：《黄裳自述》，大象出版社2002年版，第68页。

《阿金》里有一段文字，我一直极佩服，而且这佩服的历史也有了三十年以上了。鲁迅先生说：

我一向不相信昭君出塞会安汉，木兰从军就可以保隋；也不信妲己亡殷，西施沼吴，杨妃乱唐的那些古老话。我以为在男权社会里，女人是决不会有这种大力量的，兴亡的责任，都应该男的负。但向来的男性的作者，大抵将败亡的大罪，推在女性身上，这真是一钱不值的没有出息的男人。①

显然，黄裳不仅阅读趣味受鲁迅的影响，鲁迅的"杂学"思想与历史观也深深地影响了他。他在陈圆圆考证问题上与小说家姚雪垠的论争，其中不仅引用了鲁迅杂文中关于《阿金》的论述，鲁迅关于野史态度及其运用的一些看法也成为他的理论指导。在对钱牧斋、柳如是等历史人物的评判上，体现了他作为一个"杂家"的眼光与洞见。他盛赞陈寅恪《柳如是别传》"真是空谷足音，跫然以喜"，认为陈寅恪"虽然是一位专业的历史学者，但在著述中却随时随地流露出对文学的偏爱"。但对于陈寅恪由于同情柳如是而为她"辩诬"，黄裳是有所保留的，在他看来"历史的真实，不能曲为之辩的"②。在黄裳的考证中，相关史料藏书无疑提供了有力的支撑，他"泛读明清人集部，注意收集有关材料，更集得资料一小册。凡此种种，前些年都被劫掠以去"③。在《关于柳如是》中，他表示：

为了"研究"（姑且这么说说吧），我搜集过一些资料。托朋友从图书馆里抄来了她的诗集，从清人文集、笔记中搜集了一大堆有关文献，几乎有编成一册"蘼芜集"的本钱了。又搜集了她的一些逸诗，还买到过一张朱野云所抚的小像，正是如是初访半野堂的小影。画幅四周题满了吴山尊、费屺怀、

① 黄裳：《陈圆圆》，见《黄裳文集（4）——榆下卷》，上海书店出版社1998年版，第82–83页。
② 黄裳：《榆下说书》，生活·读书·新知三联书店1998年版，第166页。
③ 黄裳：《榆下说书》，生活·读书·新知三联书店1998年版，第165页。

严几道等数十位作者的题诗。可惜的是，还没有来得及研究，这一切就都"迷失"了。大概是"有一弊必有一利"吧，摊书满前，未必能写得出文章；面前只剩一张白纸时，倒也会胡乱写下些意见。自然，距离"研究"的要求，那可是越来越远了。①

在《禁书〈金瓶梅词话〉的故事》中，他回顾了自己的藏书经历，其中鲁迅的作用是一直存在的：

> 自从北平图书馆从山西发现了原刻《词话》之后，曾在当时的北平引起了轰动。有一个"古佚小说刊行会"借来影印了，郑西谛还将一册初印崇祯刻金瓶梅图附在前面。这就是我所藏的本子的祖本。记得《鲁迅书简》里就收有代友人购买此书的一信，对这种影印古本小说的工作，鲁迅先生也是赞成的。②

黄裳坦言购买此书，"目的只不过是为开手了的一部晚明历史小说搜集一些资料，希望从《词话》里得到一些晚明的风俗习惯、服饰、饮馔、宴乐仪节等知识而已"。然而，在非常年代，收藏禁书也"像一个惊险的故事"，他收藏的一部《金瓶梅词话》就曾引起"轩然大波"。和鲁迅一样，黄裳对于书目书也是饶有兴趣，他自云：

> 像我们这些买不起禁书而又看不到禁书的人们，最大的悦乐，也不过是弄一本禁书目录来翻翻。我有一册《丛书集成》本的"全毁抽毁书目"、"禁书总目"、"违碍书目"，小小一册，正是旧书店主人的枕中鸿秘。一看那内容，明人集部，几

---

① 黄裳：《榆下说书》，生活·读书·新知三联书店1998年版，第147页。
② 黄裳：《榆下说书》，生活·读书·新知三联书店1998年版，第171－172页。

乎无所不包，有多少名称，在我们几乎是没有听到过的样子。①

1988 年问世的《笔祸史谈丛》是一部关于历代文字狱的笔记文，甫一出版，即引起轰动。在此书"后记"中，黄裳再次谈及鲁迅对于文网史的关注和自己对于实现鲁迅遗愿所作的努力：

> 清代的文字狱，论其规模之大与持续之久都是空前的，手段之毒辣、诛杀之凶残更是远远超出了前代。鲁迅先生曾经推荐过《清代文字狱档》，还提出了几种清代的政书，如《东华录》、《御批通鉴辑览》、《上谕八旗》、《雍正朱批谕旨》，认为"倘有有心人加以收集，一一钩稽，将其中的关于驾御汉人，批评文化，利用文艺之处，分别排比，辑成一书，我想，我们不但可以看见那策略的博大和恶辣，并且还能够明白我们怎样受异族主子的驯扰，以及遗留至今的奴性的由来的罢"。
> 得读先生的这些教诲已经五十多年，对先生所提出的任务却从来没有想到过去实施，因为这实在太艰巨了，不是个人的力量所能及。但在平日读书时也时常记起，遇见有关文字狱的文献，也较为留心，随时记下一些零感，就是这里的一束笔记。虽然杂乱无章、缺乏系统，但从中也能多少看出一些严重的事实。即如先生提到的"奴性的由来"一节，就是值得深刻省察的宿病根。②

鲁迅弟子对于鲁迅遗产的理解与接受是存在重要分歧的，但在对古时"文字狱"的关注上则展示了一定的共识与默契。从黄裳和唐弢晚年在对文网史资料的收藏、整理与研究上，我们看到了鲁迅精神的当代传承。

黄裳在昆明、贵阳所写的杂记中叙述道："就有点近于历史笔记。

---

① 黄裳：《掌上烟云》，江苏文艺出版社 2018 年版，第 101 页。
② 黄裳：《黄裳文集（3）——珠还卷》，上海书店出版社 1998 年版，第 705 页。

尽力收罗可以到手的资料（当然收获是很可怜的），并有意识地模仿着鲁迅先生在《病后杂谈》《题未定草》中用过的方法，这样就逐渐疏远了一向遵循的那条'梦中道路'，逐步接近了现实，虽然在形式上却表现为抄古书。"①

黄裳不止一次引用鲁迅晚年杂文集《且介亭杂文》中的《阿金》，认为鲁迅关于历史上五个著名女性的分析"是非常鲜明、非常深刻的指示"。在《鲁迅先生对戏曲的一些意见》中，他对《鲁迅全集》中有关戏曲及其角色的内容进行了一次认真的"巡阅"，从《社戏》到《女吊》再到《论"雷峰塔"的倒掉》和《二丑艺术》。在黄裳看来，鲁迅的历史观和对于历史的艺术表现手法是重要的艺术资源，他指出：

> 最重要的，我以为，是他对历史人物的看法。在这方面，他给我们留下了不少辉煌的篇章。《魏晋风度及文章与药及酒之关系》是一篇了不起的历史学的方法论。他替我们指示出了一条明朗的路，怎样洗去那几千年来的浮尘积垢，露出历史人物的真实的面目来。
>
> 他写成了最好的历史小说，《故事新编》。他处理了八个著名的传说与历史故事。从神话到人间，从知识分子的思想感情到阶级的搏斗。古书上的记事到了他的手里就成为最合用的表现题材。他对这些故事传说的取舍，有意的夸张与忽略，处处都给了我们启发。
>
> 我以为从这八个短篇中间是可以学到很多东西的。②

黄裳表示，"鲁迅的《朝花夕拾》和《且介亭杂文》，就读过不知道多少遍，不知怎的总是读不厌"③。我们看他晚年的文字里，鲁迅确实是一个明显的存在。他虽以散文尤其是书话创作为主，然偶尔也拿起杂文的武器，但那文章读来更多书卷气，与同时代的一些杂文家是有着明显差异的。他欣赏鲁迅思想的深刻和批判的犀利，但从落入笔下的文

---

① 李辉主编：《黄裳自述》，大象出版社2002年版，第69页。
② 黄裳：《黄裳文集（2）——剧论卷》，上海书店出版社1998年版，第381页。
③ 李辉主编：《黄裳自述》，大象出版社2002年版，第67页。

字来看，鲁迅的历史观和治学路径才是他更为关注的。以鲁迅书账作为"教材"进行购书和阅读的书话名家中，除了唐弢与孙犁，黄裳也是其中一位。黄裳有收藏书目书的习惯，不仅购藏了叶德辉的《书林清话》和书目题跋，诸如钱遵王之《读书敏求记》和黄丕烈之《荛圃藏书题识》，而且收藏了《鲁迅日记》每月后面的书账，"每见必收，迄今也有了百十来种"①。这说明，他不仅有意承袭鲁迅的治学之道，对鲁迅的知识结构也是比较了解的。

黄裳的书话文章中常穿插摘引鲁迅作品，这表明他"一直佩服并奉行先生的意见"，同时也应该是一种趣味的吸引。在《读书的回忆》中，他追溯了一生的读书生涯，开篇即引用鲁迅《朝花夕拾》的小引。他早年的阅读兴趣在南明历史书，这些"抄得的零碎材料"成为他写作《昆明杂记》和《贵阳杂记》的材料。抗战胜利后回到上海的这段时间，是他藏书的一个重要阶段，对南明历史的兴趣促使他有意识地购读诸如谢刚主的《晚明史籍考》、郑振铎刊印的《玄览堂丛书》、吴晗的《社会贤达钱牧斋》等，对于后者的借古喻今的手法尤其佩服。这一时期，他所著《金陵杂记》和《旧戏新谈》等文都有模仿的痕迹。黄裳写吴梅村的材料来自西谛的慨然相假，研究晚明党争的材料则是来自北平的吴晗的相助。

黄裳赞扬邓之诚《清诗纪事初编》（1965 年版）为"最晚出的一部出色著作"。对于邓之诚在序言中的"诗有异于史，或为史所无者，斯足以证史，最为可贵"的高论深以为然，认为"邓先生这书，与其说是一部文学史的著作，还不如说是一部历史学的著作"②。他认为史料的整理和研究不应局限于"史"，还应深入各文集、方志和笔记中。这样的史观，显然与鲁迅颇为一致。我们看黄裳的晚明文人研究，背后是有鲁迅的历史观与治学方法的影子的。在《看书琐记》中，他盛赞"鲁迅先生《魏晋风度及文章与药及酒之关系》的演讲，是迄今为止最精彩的中国文学史的独立章节"。"《魏晋风度……》一文的产生是鲁迅先生用自己的眼睛去读这一活的历史时代大书的结果。史籍具在，文章具在，可是从来没有谁能看得这么透辟、说得这么亲切，仿佛曹氏父

---

① 黄裳：《黄裳文集（6）——春夜卷》，上海书店出版社 1998 年版，第 159 页。
② 黄裳：《榆下说书》，生活·读书·新知三联书店 1982 年版，第 42 页。

子、竹林七贤……都是他的老朋友，能摸得到他们每一个人的心。他论世多，论文少；俏皮话多，正经话少。这一切都与峨冠博带的正宗文学史写法不同，也为正宗学者所看不惯、看不起，因此先生又曾称自己的文字为'学匪派'考古。这里显示的正是极可贵的解放思想的创新精神。"①

当然，鲁迅的"旧习"也为他所追崇，譬如，"七七"事变后，黄裳逃回上海，这一时期的购书转向了对"古本"的收藏，"如鲁迅的著作就——访求初版的毛边本"②。此外，他的美术爱好与鉴赏也表现出了对鲁迅艺术趣味的追随。在他看来，"文学作品中间的插图，是很重要的一种美术形式"。他回顾并赞扬鲁迅先生的美术功绩：

鲁迅先生是非常重视书籍插图的，他的有关议论，搜集起来，恐怕数量不少，并具有颇完整的系统性。他一生中在这方面付出的精力也是惊人的。鲁迅先生重视外来的经验，也不忘记、可能还更看重民族的、传统的经验。他指出过在我们的出版史上，在插图的制作上，曾经有过辉煌的时期，他不懈地进行着保存、介绍、继承、创造的工作。今天，我们实在应该郑重接过先生未竟的遗愿努力工作下去。③

此外，《晚明的版画》等文中对于郑振铎收藏的《程氏墨苑》和鲁迅翻刻的《十竹斋笺谱》皆有提及，在他看来：

鲁迅、西谛主持重刻的《十竹斋笺谱》是非常成功的。但荣宝斋曾经翻刻过一种古版画集（书名记不真切了）却是一种完全失败的作品。它告诫我们，只凭工细的线条是不能使某些并不只是依赖线条的纤细而成功的原作复活的。有时得到

① 黄裳：《黄裳文集（5）——杂说卷》，上海书店出版社1998年版，第275页。
② 李辉主编：《黄裳自述》，大象出版社2002年版，第67页。
③ 黄裳：《插图》，见《黄裳文集（4）——榆下卷》，上海书店出版社1998年版，第112页。

的却是完全相反的效果。①

　　他的丰富的藏书中究竟有多少周氏兄弟的书尚未统计，但从他已经问世的文字里是不难发现其中周氏兄弟的书是占有特别地位的。譬如，他在新买的《鲁迅图片集》的书前书后写的一些题跋，这些文字既是一种传统文人的"积习"与雅趣，也不无现实色彩。

　　他在20世纪80年代末写的《继续走鲁迅的路》，回顾了鲁迅开创的杂文这一战斗文体所经历的起伏跌宕。特别是50年代他在《文汇报》发表的《杂文复兴》引起的文坛风波。在对这篇短文进行批判的队伍中，冯雪峰的《谈谈杂文》宣称鲁迅杂文的武器应该入库，并对鲁迅杂文进行了定调，指出"在今天，人民需要的是新的革命的杂文"②。自然，这桩公案以及冯雪峰对鲁迅杂文的"规训"是黄裳难以释怀的。黄裳批评了80年代末有人提出"新基调杂文"并试图将冯雪峰相关论点系统化的做法。对于所谓鲁迅杂文"取消论"和"发展论"，他认为"这'发展'只不过是阉割，目的是使之成为'太监文学'。从围绕着皇帝老倌转到围着'九千岁'转、满口'喳喳'的'贾桂文学'而已"③。在《关于〈随想录〉的随想》中，他再次提及鲁迅及其杂文的价值，文字中可谓绵里藏针：

　　　　不能不想起鲁迅先生。在先生的杂文中间，很有一些是论及三十年代旧中国的那个文坛和作家的。我还曾经有过这样的疑问，为什么先生要把许多精力花在这些地方呢？后来逐渐悟出了一点道理。作家不是遗世独立，文坛也并非与世隔绝的处所，"剧场小天地，天地大剧场"的原则还是可以适用的。记得鲁迅先生曾指出过去许多人挤进文坛的方法，有靠太太的奁资的，有先作官的，也有"捐班"的，这样，坐着金子或其他材料制成的坦克车的X品文官或"诗人"就凯旋而归了。也有的人变了一通戏法也取得或保持了"作家"的桂冠。先

①　黄裳：《榆下说书》，生活·读书·新知三联书店1982年版，第151页。
②　冯雪峰：《鲁迅的文学道路　论文集》，湖南人民出版社1980年版，第69页。
③　黄裳：《黄裳文集（3）——珠还卷》，上海书店出版社1998年版，第14页。

生指出的这些"文坛登龙术"，虽然已经是五十年前的往事，好像到今天也并未完全失传。①

鲁迅及其文章成为黄裳"战斗"的武器。他在 1978 年写的《怕鬼的故事》中这样写道：

> 这样，在那几年几乎无书可读的时候，我就经常翻翻《无常》和《女吊》，少说也各看了十多遍了，而至今不厌。记得我每次读到"大概是明末的王思任说的吧，'会稽乃报仇雪耻之乡，……'"就会感到热血沸腾，精神振奋，坚定了和一切魑魅魍魉血战到底的决心。②

鲁迅深刻的思想及其杂文的批判性成为黄裳晚年杂文创作的重要资源，譬如，鲁迅《且介亭杂文二集》中对于古今隐士及其实质的尖锐批判成为其创作《梅花墅》的思想资源。《再说〈咏怀堂诗〉》是借助野史对阮大铖诗作的点评，其中引用了鲁迅观点论证不能忽视反面教材的作用：

> 鲁迅先生晚年手订文集，总要写一篇后记，有时这后记还是颇长的。好像当年就曾有人讥笑过，鲁迅的编印文集其实不过是为了一条尾巴。可见这办法一实行就立即为论敌所注意并引起了痛恨。鲁迅的后记就是着重介绍评论所及的事件、人物的言行和社会背景，"立此存照"，并进一步阐明了自己的作意的。今天看来，这办法的好处是显然的，它免去了后来的研究者许多考订与争论，也堵死了恶意曲解、诬蔑的途径。试想，如果看不到这些反面材料，那么"两间余一卒"的鲁迅，

---

① 黄裳：《关于〈随想录〉的随想》，见《黄裳文集（4）——榆下卷》，上海书店出版社 1998 年版，第 234 – 235 页。

② 黄裳：《怕鬼的故事》，见《黄裳文集（4）——榆下卷》，上海书店出版社 1998 年版，第 248 页。

不就和唐·吉诃德有些相像了么？①

在讨论清代文字狱的文章中，他引用最多的就是鲁迅的一些论断。如《宽严之间》中写道：

> 鲁迅先生在一篇题为《隔膜》的杂文中说过，"清朝初年的文字狱，……大家向来的意见，总以为文字之祸，是起于笑骂了清朝。然而，其实是不尽然的。""这些惨案的来由，都只为了'隔膜'。"这些话说得非常深刻，翻翻《清代文字狱档》，是可以找出不少这种"隔膜"的例子来的。所有的案例，除了少数是由皇帝偶然发现，或得力鹰犬卖力诛求者外，绝大多数都是自投罗网的。这些人怀着各自不同的卑微的个人目的，希望一旦投献的诗文得到皇帝的赏识，就能立即改变困苦的处境，但不料一个个都碰到刀口上了。这是一种真正的悲剧。②

收入《笔祸史谈丛》的文字亦有绵里藏针的一面，这文字的风格显然是有着鲁迅精神面向的。他批评道：

> 翻看《清代文字狱档》，其中有些案子论性质都是可以归入《笑林广记》一类的，然而读了以后却笑不出来。那结果往往是很悲惨的。人的价值已经贱如泥沙，而掌握着人的命运者也已堕落在禽兽之下。老虎吃人之前，并不发表一通什么宣言申明罪状的，相比之下，不是还是更有道德的么？③

然而，在笔者看来，鲁迅式的辛辣与犀利毕竟并非黄裳文章的主色调。纵观其创作，散淡却不失思想性，这应该是黄裳散文的一大特征，而这种风格背后固然有周氏兄弟的影子，是一直有选择地接受与摩习：

① 黄裳：《黄裳文集（4）——榆下卷》，上海书店出版社1998年版，第388页。
② 黄裳：《黄裳文集（3）——珠还卷》，上海书店出版社1998年版，第631页。
③ 黄裳：《黄裳文集（3）——珠还卷》，上海书店出版社1998年版，第672页。

对于鲁迅传统的继承主要在治学路径与文人趣味上，对于周作人则更多是对其文章之道的暗自欣赏。

黄裳曾自谓："随意挥洒，并不着意为文，而佳处自见。"在《榆下说书》的后记中，他自谓：

> "说书"，意思是说，这些文字大抵说的是与书有些关联的事情；同时也是说，这只不过是一些漫谈。取书本中一点因由，随意说些感想，和说书艺人的借一点传说敷演成为故事的有些相像，既无系统，又少深度，就连材料也是零碎的。
>
> 我的只能写点这样的文字，主要的原因是缺乏必要的知识和素养。在学校里学习的和走进社会以后经历的，都是全不相干的另外的事物，这就使我不可能得到必要的、系统的训练。一点零碎的常识，也大抵是多年随便买书、胡乱翻书中得来的。①

黄裳否认其与周作人文章的关联，然而作家的自我阐释只能构成其中一翼，探究现象背后的文化心理，不仅要看作家写了什么，说了什么，还要看他有意隐藏的部分。确实，在黄裳的众多著作里，周作人的出现频率远不如鲁迅，即使偶有几篇，也多是讥语。譬如，《老虎桥边看"知堂"》中写道：

> 居然"风貌不寻常"，这在我一些也看不出来，只觉得这个"老人"的愈益丑恶而已，很奇怪，这时没有衰飒之音，而反倒颇有"火气"，岂真是愈老愈要"向世味上浓一番"乎？②

晚年的黄裳甚至围绕周作人的"贰臣文学"等问题与止庵发生了一场"笔战"，而且他对于所谓"周作人传统"也是不太接受的，这不

① 黄裳：《黄裳文集（4）——榆下卷》，上海书店出版社1998年版，第273页。
② 黄裳：《老虎桥边看"知堂"》，见《来燕榭少作五种》，生活·读书·新知三联书店2009年版，第209页。

难理解——毕竟周作人是有重大人生污点的作家，而黄裳自身又是极看重民族气节的文人。《老人的胡闹》中对"二周"的精神人格与思想境界进行了对比，情感上的差别十分鲜明。

1987 年，唐弢先后发表了《关于周作人》和《林语堂论》对周作人灵魂中的"两个鬼"的问题进行了批判。1988 年，黄裳也在《求是》发表了《关于〈知堂集外文〉》，他指出：

> 这种双重人格的直白的表露，确实使人吃惊。白天粉墨登场来"演戏"，晚上回到苦雨斋里又"秉烛南窗赶写书"，这都是为了什么？这真是一个巨大而复杂的矛盾。至今研究者还没有提出过一种合理的解释。这种"自我感觉良好"的心态，我想正是他赖以维持心理上的平衡的"穷余的一策"，用来保护内心与外界的"和谐"，不管这种"和谐"是如何虚幻。①

次年黄裳又于《读书》上发表了《关于周作人》的同名文章，对于周作人人格进行了不留情面的批判，那语气与唐弢是一致的，他写道：

> 正是在这种双重人格的心态之下，他才能关起门来致力于"国家治乱之源，生民根本之计"的思索。周作人多次提到他心里有两个鬼，也就是说绅士与流氓，或叛徒与隐士，并多次声明他的闲适的小品文只是次要的，而道德的文章才是值得注意的。这都不能说与他的双重人格没有关系。他是把正经工作与"游戏人间"看作水米无干的。在他看来，做敌伪的贵官，登台检阅，晋京朝拜……一律都只是一种"游戏人间"的姿态，并不妨碍他自己的胜业。这实在是一种奇怪而可耻的逻辑，也正是一种文化史上的特殊的扭曲现象。正因为他是在沐猴而冠的情形下发表了一系列正经的议论，人们就将这看作是为日本侵略者出谋献策，也就是无足怪的了。②

---

① 黄裳：《黄裳文集（5）——杂说卷》，上海书店出版社 1998 年版，第 518 页。
② 黄裳：《黄裳文集（5）——杂说卷》，上海书店出版社 1998 年版，第 512 页。

黄裳在20世纪90年代所作的《翻案文》中，表面上是批评胡适晚年为《水经注》中的戴震翻案，实则是有所指向的。他引用鲁迅的话说道：

> 鲁迅在《会稽郡故书杂集》序中说："中经游涉，又闻明哲之论，以为夸饰乡土，非大雅所尚。谢承虞预且以是为讥于世。"他是看出了这种缺点的。但有缺点必然也有优点，爱重乡邦，搜辑艺文，考证史实，则是不能一笔抹煞的有意义的工作。我们有那么多的地方志、地方艺文志……，都是极为宝贵的文献。应该反对的是乡土观念支配下的宗族意识、伦理观念和虚妄不实的作风。鲁迅提到的"明哲之论"是唐刘知几的批评《会稽典录》和清沈钦韩的批评谢承《后汉书》。沈氏的话是指谢书记王充事多诬的，他说："盖谢承书本多虑诬，而充其乡里先辈，务欲矜夸，不知其乖谬也。"这是说，即使是王充这样的大思想家，"矜夸"也是要不得的，何况本来是缺点或恶行呢?[1] ……

面对周作人遗产接受中的复杂问题，巴金生前有过"人归人，文章还是好文章"的见解，钟叔河也有"文归文，人归人"[2]的看法。孙郁在谈到孙犁对于周作人的复杂态度时，认为"道德上是一回事，审美上呢，是另一回事"[3]。赵普光在谈及黄裳对于周作人的态度时，认为可看作是"文"与"人"的两分法。[4] 事实上，这种二分法确实存在于包括黄裳和唐弢等人在内的一代作家对于周作人的态度上。唐弢晚年写过关于周作人与京派文人的文章，其中多讥语，然而隐藏其间的复杂情感也是可以捕捉一二的。周作人之于黄裳，其情形也类似。在公开的语境里，尤其是晚年，黄裳对于周作人多有贬语。然而，对于周作人人格上的怀疑，并未妨碍黄裳对于其文字的暗自欣赏，只不过这种欣赏早已由

---

① 黄裳：《黄裳文集（5）——杂说卷》，上海书店出版社1998年版，第58-59页。
② 钟叔河：《与之言集》，世界图书北京出版公司2012年版，第212页。
③ 孙郁：《苦雨斋余影》，见《周作人左右》，贵州人民出版社2009年版，第232页。
④ 赵普光：《从知堂到黄裳：周作人书话及其影响》，《福建论坛》2009年第1期。

前期的"神交"与"私淑"关系变为了一种隐藏的私人情感。

不过在笔者看来，黄裳对于周氏兄弟遗产的接受，也许还不限于文字层面，从文人趣味、艺术品位和审美鉴赏能力上，都能捕捉到他身上的周氏兄弟影子的存在。其实不光是黄裳，我们从与他同时代的唐弢、孙犁等人来看，这种双重的影响都是存在的，而这背后不仅是一种人格与趣味的牵引，也是其对周氏兄弟驳杂的知识结构的欣赏、洞悉与有意承袭的结果。

1948 年 4 月，巴金主编的《文学丛刊》第九集《锦帆集外》由文化生活出版社出版，收入了黄裳散文十余篇，其中就有黄裳的《关于鲁迅先生的遗书》《老虎桥边看"知堂"》《更谈周作人》等论述周氏兄弟的文章。黄裳对于周作人的矛盾而微妙的感情在他晚年的文字中有所披露。中华人民共和国成立初期，周作人迫于生计出售书物，对此，黄裳以为可惜，在《漫谈周作人的事》一文中有云：

> 建国之初，多次到北京，曾无一访八道湾之意。自"民国丙戌秋分节后一日在南京"（以上为知堂在我的《药味集》上题字）老虎桥一面之后，我就不想再看见他。当时他生活窘迫，赖出售书物为活。并不如他所说，被捕以后，书物荡然，其实保存尚属完整。听书店人说起，到八道湾买书的事，讨价还价，少胜论斤的情形，更是难以为怀。在东安市场的书店里，曾见知堂手稿《关于鲁迅》等数通，大张自制稿笺，毛笔书写，精妙非常。这是他写的最好文字之一，也拿出来卖了。讨价并不高，也不想买。一次到傅惜华家看书，见书房角落，地上堆着一堆旧书，上面的一本正是乾隆刻一卷本《陶庵梦忆》，有苦雨斋藏印，不禁黯然。当时市场书摊上，崭新的知堂著书，有知堂闲章名印者，不少概见，都是从八道湾流散出来的。如往访话旧，向他买几本苦雨斋藏书，甚至讨一二鲁迅遗墨都有可能。想想这种乘人之危巧取豪夺的行径，不是我们应该做的。因而苦雨斋之行只好断念了。[1]

---

① 黄裳：《来燕榭文存二编》，生活·读书·新知三联书店 2011 年版，第 73 页。

在特殊的年代，买书和藏书都是艰难和危险的，特别是对于周作人的书更是如此，在晚年的《〈别时容易〉续篇》中黄裳回顾了对周作人藏书失而复得的过程："我过去收集得有周作人的几乎全部译作，像《红星佚史》和《玉虫缘》这样的罕见书都找到过，但后来逐渐散失了。抗战开始后周作人落水当了'教育督办'，几年中间还印过好几本文集。1946 年我从内地回到上海，不费力地就在地摊上全部找到。读过以后觉得这是一些很独特的'文献'，是研究周作人不可缺少的原始资料。"① 然而 1969 年黄裳收藏的《药味集》却成了收藏坏人邪书的罪证，这自然让他"诚惶诚恐"。

晚年的黄裳在与止庵的笔战中，曾透露 20 世纪 50 年代在亦报社偶然接触到周作人手稿，并收藏了一批原件，不过遗憾的是这批资料在"文革"中被与其他藏书一并抄走②。

众所周知，抛开政治倾向和主体人格的差异来看，周氏兄弟的知识构成、文化倾向、审美趣味，乃至文章风格上皆存在诸多的共性，这种共性的特征，使得接受者和传承者自然将周氏兄弟视为一个整体的存在。周作人的"附逆"成为他人生的一大转折，也成为其追随者和欣赏者不得不面对的尴尬。于是，在公开的语境里，周氏兄弟成了一种对立的存在。过去人们较多谈论"二周"的差异，但实际上周氏兄弟在历史观、文学观、文化品位与艺术趣味上皆存在内在的相通。他们都具有卓越的审美鉴赏能力和深刻的批判意识。

翻阅 2006 年问世的《来燕榭集外文钞》，从其中几篇以"默庵""南冠"等化名发表的文章便能捕捉到黄裳与周作人文章上的微妙关系。譬如《读知堂文偶记》首段即是记叙自己购读周作人著作的情况：

> 几年来陆续买读知堂所著书，也常在旧书摊上搜到初版各本。除在东京所印的《域外小说集》始终不曾得到外，其余的如新潮社出版的《雨天的书》《陀螺》，晨报社本《自己的园地》，说部丛书本《红星佚史》等都曾买得。总算起来，大大小小，已经有三十册左右了。每常翻读，觉得有一种乐趣。

① 黄裳：《黄裳文集（3）——珠还卷》，上海书店出版社 1998 年版，第 169 页。
② 黄裳：《来燕榭文存二编》，生活·读书·新知三联书店 2011 年版，第 75 页。

早年著译以绍介外国文艺作品论文为多，这些劳作在文艺界所得的影响显然可见，不过这里却不想说及。我所喜欢的还是散文。自《看云集》《夜读抄》《苦茶随笔》《苦竹杂记》以次，直到《瓜豆集》《秉烛谈》，都为我所爱读。早年所写《雨天的书》，韵味较清新，似不若后来所作的醇厚，好比陈年的绍兴老酒，年代愈久味道自愈永也。①

对于《周作人书信》中的小札他认为"即甚中意"，文中抄录了多段周作人与俞平伯、废名和沈启无的信札，赞誉道：

> 不过有一个共同的特色，即全是很自然的。也或者存有作者的特有风趣的说笑语。即作者所自谦为最缺乏的"闲适"和"流连光景"的处所，这里也有不少留存。是颇值得欣赏的。②

《读〈药堂语录〉》中，他记叙了阅读北新版的《药堂语录》，"觉得是亦人生一乐"。其中有感叹："吾辈年纪尚轻，然似已自极浓之世味中度过，无复少年幼稚的情趣，也因此可以欣赏知堂翁。"显然，他对于周作人文章之美与文人趣味是极为心仪的。我们看他自己晚年的书话中，这种真性情的流露亦是其有别于同时代散文的一大特色：

> 余购书喜作跋语，多记得书始末，亦偶作小小考订，皆爱读之书也。未尝理董，近始写为一卷，佚失孔多，有待续补。三十年来，耗心力于此者何限，甘苦自知。此册颇似日记，旧游踪迹，略俱于是。湖上吴下访书，多与小燕同游，跋尾书头，历历可见。去夏小燕卧病，侍疾之余，以写此书跋自遣。每于病榻前回忆往事，重温昔梦，相与唏嘘。今小燕长逝，念

---

① 默庵：《读知堂文偶记》，《古今》1942 年第 6 期。或参阅黄裳：《来燕榭集外文钞》，作家出版社 2006 年版。
② 默庵：《读知堂文偶记》，见黄裳：《来燕榭集外文钞》，作家出版社 2006 年版，第 171 页。

更无人同读故书，只此书跋在尔。回首前尘，怆痛何已。即以
此卷，留为永念，以代椒浆之奠云尔。①

此外，周作人的读书小记，旧书闲看的"非正统"的读书态度以
及作为"杂家"的知识素养都是黄裳欣赏的，连周作人以买旧书闲看
作为消遣，"以代博弈"的读书态度也成为他书话文章中的素材。黄裳
曾分享自己的阅读心得，对于其中趣味他是感触很深的：

> 知堂的文字，在苦郁之中每有滑稽的机锋在，这里也就不
> 能免，而说得又是那么有风致，此所以难得欤？
>
> 这些读书小文，所谈无非常理琐事，而作者特拈出一点曰
> "真实"，加以特别的注意，这精神在写《知堂说》时即如此，
> 似乎是自认为最值得珍视的一点。因为当时他反对一般口是心
> 非的高调者。现在时异事迁，而他还特地要提出这一点来，我
> 看那意思大概是够悲哀的，在知堂的文字中，直至而今还一直
> 保持住没有改变者，也只有这"真实"一点吧，这可以解释
> 他近年写文章的范围为什么总不离古书，因为除此以外，实亦
> 无甚可谈，即可谈而仍能保持其"真实"者也。……这里一
> 共有五十篇小文，皆是读书札记。其中有不少篇为我所喜
> 欢……②
>
> 曾与朋友谈起，旧京旧友某君，近来的遗少气极重，如买
> 鲁迅翁所著书必求北新、未名社初版本，并须毛边之类。我以
> 为这种作风也未可厚非，实在我自己也是颇讲求这种小趣味的
> 一个人。在古今著作中，最爱读藏书记、记述版本、纸印的话
> 头。知堂文中独多此种记载，且所记非宋元善本，不过清刊或
> 近来印本耳，却亦觉得中有至趣。③

黄裳曾云："（写读书记）最重要的是作者的识解，可以说这是读

---

① 黄裳：《黄裳序跋》，古吴轩出版社 2004 年版，第 139 页。
② 黄裳：《读〈药知堂录〉》，见《来燕榭集外文钞》，作家出版社 2006 年版，第 173 页。
③ 黄裳：《读〈药知堂录〉》，见《来燕榭集外文钞》，作家出版社 2006 年版，第 175 页。

书记的灵魂。"对于"旧时的文士好像总是嚼不厌似地不忍舍弃那已经
毫无滋味的甘蔗渣，吟咏着已经滥俗了的风月"，他是不屑的。这也是
他早年盛赞周作人读书小札的一个重要原因。他整段摘录《洞灵小志》
《耳食录》《洪幼怀》等周作人关于购读旧书与闲书的小记，特别是周
作人认为"至可爱的题跋文"。他对于旧时藏书题识的独特风味，以及
蕴藉其中的孤寂之情与怀旧之思是很偏爱的。他表示："我在这里介绍
读书札记，而又偏重于这些地方，似乎大有买椟还珠之势，而更有称赞
'此茶热得好'之嫌，然而我所欣赏的，却是这些地方，那也没有
法子。"①

《关于李卓吾——兼论知堂》一文中②，他由李卓吾一生行事的特
点及种种为世人所不了解的事联想起周作人在国内文坛的地位。对于周
作人颇多知人之论，背后则是一种文化趣味的认同。在他看来，对于周
作人的"谈狐说鬼吃苦茶玩古董这些事都为人捉牢算作没落的证据，大
加奚落，其实这正是一幕喜剧"。而造成这种喜剧的原因在于围攻者资
格上的浅薄，"关于知堂的为人和作品略无所知，仅就行为表面作攻击
的根据"。他批评道：

> 胡风作《周作人论》，认为他消沉得很，已经为时代所遗
> 弃，这如果不是昧了心在说的，那么就是不了解，只要看知堂
> 在《苦茶随笔》中有那么些剑拔弩张的文字即可知道他实在
> 并不消极。③

黄裳的这些文章迟至去世前几年才公开，也由此解开了一个"谜
团"。止庵曾批评他"思想上往往很左"，但那应该发生在后期吧？其
中不无时代背景和文化氛围的影响。就个性气质和文章笔法而言，他与
胡风等人显然是有很大差异的，左翼作家普遍存在的峻急在他是很少见

---

① 黄裳：《读〈药知堂录〉》，见《来燕榭集外文钞》，作家出版社2006年版，第177页。
② 南冠：《关于李卓吾——兼论知堂》，见《古今》1943年第18期，或参阅黄裳：《来
燕榭集外文钞》，作家出版社2006年版，第182页。
③ 黄裳：《关于李卓吾——兼论知堂》，《来燕榭集外文钞》，作家出版社2006年版，第
183页。

的。可以看出，其早期即受到周作人影响，至于后期，这种文章学上的师承关系因为周作人的"落水"等敏感问题而转入地下，这也是无论从他晚期的公开文字里还是一些访谈中均可见其对于周作人的忌讳的缘故吧。

在公开的语境里，他更愿意表明自己对鲁迅的热爱，然而从精神气质来说，黄裳是更接近于周作人的。尽管黄裳一再表示鲁迅对自己的影响更大。"他的有关读书的散文，都一直是我爱读和学习的范本。"① 但我们看他早期《锦帆集》《锦帆集外》中那些悠远冲淡的散文，特别是《榆下说书》《银鱼集》那些充满书趣的随笔，周作人散文的笔法和神韵是不难捕捉的。他自己也表示："新文学中开创书话文体的当然是知堂，他用散文的形式谈老书，常能谈得十分精辟而又举重若轻。"②

和周氏兄弟一样，黄裳也有着很雅致的读书趣味，他曾说：

> 对美好事物的爱好，源于人类爱美的天性。有谁会努力收集丑恶的事物呢？不只是宋元刻本，就是明清也都各有其精美的出版物，都是值得珍惜的。如果我们读杜甫的诗集，面对一册铅字排印本与一册精美的古刻旧本，那感受是会截然不同的。如果说读书还要讲究这些，未免是奢侈，自然也言之成理，但读书人保留一点读书的趣味，也不是不可理解的。譬如穿衣，可以蔽体足矣，又何必苦心设计并进行时装展览呢？③

他的阅读习惯与审美趣味背后都留下了个性的印记：

> 我自己是个非常"浪漫"的人，对于天下古今一切经典全都望望然去之，不想触手。史呢，也不曾读过多少。兴趣倒是有一些儿的。说起来不敬得很，我读史是抱了读小说的态度的。对于那来龙去脉，人物衣冠很有兴趣，并无想在这中间发现什么大道理的野心。不过有一点很令我肃然，就是前面那鞏

---

① 黄裳：《黄裳文集（6）——春夜卷》，上海书店出版社1998年版，第85页。
② 黄裳：《黄裳文集（6）——春夜卷》，上海书店出版社1998年版，第84页。
③ 黄裳：《书海沧桑》，江苏文艺出版社2018年版，第214页。

镜台之说。往往有多少事，看来看去总像真事，再也保持不住读小说的闲情逸致，实在是大悲哀的事。①

对于周作人的笔记文，他是特别欣赏和佩服的，他的书话文章从笔法到内容皆有周作人书话的影子。他坦陈："这种记述儿时故乡琐事，加以微淡的情感，最为我所爱读。"我们在他的游记散文集中不难看到周作人的影子。

黄裳是有很浓厚的传统文人趣味的，这不仅表现在对古书的收藏上，对于书画、戏剧和藏书印，他都有研究的兴趣。"多年来的习惯，一书入手，总是要在书前卷尾写点题跋之类的话。"对于碑帖石刻，他也是有兴趣的，他的藏书中有季本刻的《岳麓书院石壁禹碑集》等。②他对于晚明版画饶有兴趣，也收藏了不少相关"宝贝"，这些成为他20世纪60年代创作有关古木刻插图的重要素材。他自云："余于藏书家画人曲家遗集，每见必收，如澹生堂祁氏，天一阁范氏，古香楼汪氏，皆收藏颇富。"③他曾说："古书流传，多有钤记。好事者往往钤朱累累，或为长印累数十百字，絮絮道其心曲。从中每能窥藏书家心事，甚有趣也。"④在《谈藏书印》中，在批评文化的粗糙时，也体验了他精致的艺术修养和审美品位：

> 五十年前入京，道过天津，访自庄严堪主人，道藏书掌故，偶及藏书印，曾设一警，以为绝妙，至今不忘。主人云："佳书而有名家收藏印记，正如绝代名姝，口脂面药，顾盼增妍。其劣印则似美人黥面，无可浣拭。"此语极确。数十年来，所见不少。于图记之精粗美恶，风格变化，少有所知，但不敢妄论。宋元朱押，存世甚鲜；朱明一代，浸渐大行；有清三百年，遂臻极盛。藏书印贵元人朱文，以其精整端丽，笔划纤劲，最宜卷尾书头，即钤于书叶中，亦不致侵字。白文印用者

---

① 黄裳：《来燕榭集外文钞》，作家出版社2006年版，第96页。
② 黄裳：《翠墨集》，生活·读书·新知三联书店1985年版，第345页。
③ 黄裳：《来燕榭书跋》，上海古籍出版社1999年版，第252页。
④ 黄裳：《书海沧桑》，江苏文艺出版社2018年版，第220–221页。

较少，似吴缶老白石翁粗犷一路，更不多用。然其间高下，亦正难言也。①

谈旧史、藏旧书、评旧戏，这些传统文人的趣味，一方面让他迷恋，同时他对于周作人式的沉入古代的趣味主义也并不认同，譬如，他多次自云："时日虽迁，而旧谱无恙，往往在古人身上得见今人的影子。这就使读书记多少脱离了骸骨的迷恋，得见时代的光影，免于无病呻吟无聊之讥。"② 或曰："我时时警惕自己，不可过深陷入骸骨迷恋的迷宫，要时时与现实比照从而发现其间的关系，因而书话又成为写作新的方向，其实这与三十年前看旧戏的办法并不两样。从《榆下说书》起，有六七本集子都是偏重读书的笔记。关于吴梅村，五十年前曾自不量力地写过一篇《鸳湖曲笺证》，十年前重读吴梅村，视角就两样了。鲁迅晚年杂文名篇的影响是显然的，《题未定草》、《病后杂谈》都是我爱读和学习的范本。苦不能似，亦无可如何。"③

在黄裳藏书中，关于鲁迅的全集本收集最为完备。他还有一册许广平赠送的《鲁迅书简》。他早年购买鲁迅印的《北平笺谱》、《十竹斋笺谱》、珂勒惠支的版画等，认为这些并非仅仅是文人的"风雅"，而是鲁迅"留赠后人"的事业。他对于鲁迅早年介绍新木刻和收集碑帖、画像拓片的动机是深以为然的④，这或许也是晚年的黄裳对于自己的趣味主义的迷恋保持着警惕的原因吧。

他晚年从景宋处欣赏了鲁迅遗书后，对于鲁迅的人格精神有了更真切的感悟：

> 我极感欣幸的是得以亲见这一代巨人的早年的生活的片影，使我有如走入北平的绍兴会馆中，仿佛看见先生寂寞地坐在那儿抄古碑，间或也摩抄一下这些小小的画稿。我极欣喜能见先生的人格之全，他在战斗之余也喜欢寄情于这些小小的艺

---

① 黄裳：《寻找自我》，青岛出版社 2009 年版，第 72 页。
② 黄裳：《黄裳文集（6）——春夜卷》，上海书店出版社 1998 年版，第 775 页。
③ 黄裳：《寻找自我》，青岛出版社 2009 年版，第 72 页。
④ 黄裳：《黄裳文集（5）——杂说卷》，上海书店出版社 1998 年版，第 551 页。

术制作，并不像有些人所想象，他严肃得连笑话也不说的样子。①

　　周作人式的文人趣味与鲁迅的介入现实对于黄裳构成了双重的吸引和影响。其实，这种"黄体"的形成是一种笔墨趣味的综合，是文体上对周氏兄弟的"兼采"。正如周立民所言，黄裳"融合了'二周'文字的精髓，既有鲁迅的激愤、犀利，又有知堂的雍容、闲致；既有情趣、情调在，又有观点和见解"②，从这个意义上，黄裳是对鲁迅传统与知堂遗风的双重继承。他不仅继承了周氏兄弟的文学传统，对其写作题材包括素材也有所承袭。周作人曾称鲁迅的《祭书神文》为读书人的宣言，晚年黄裳也作了一篇《祭书》。鲁迅对传统典籍的独特见解也影响了黄裳。《〈四库全书〉的老账》谈到鲁迅在《病后杂谈之余》中对于《四库全书》的删节、篡改问题的揭露，鲁迅的《朝花夕拾》《华盖集续编》等皆成为黄裳散文和杂文创作中的重要资源，他在20世纪80年代所作的一些有关文化批判的杂文如《翠墨集》等，都以鲁迅的论断为依据。

　　被称为"书店巡查使"的黄裳，晚年常表示无书可看，"只能求救于《鲁迅全集》，其中的日记和书简部分，就都是短短的随笔写下的篇什。但这不是小品文，读了不止不会悠然意远，反而感到与生活贴得更近了。在简短的文字中，时时可见含着浓烈感情分子的处所。也正因为短，那余味因之就显得格外悠长。这种感觉是过去翻阅时没有领略到的"③。他称赞《鲁迅书简》"笔墨中饱含着作者特有的风致，当做小品文来读是极有趣的。但这又与通常所说的小品文绝不相同，其中始终贯串着斗争的精神，真是虎虎有生气。读了总会激起人们奋斗向上的志气，而不像旧小品文的悠闲淡远只能产生意气消沉的效果"④。作于1990年的《夜读偶记》再次描绘了晚年黄裳的精神图景：

　　① 黄裳：《来燕榭少作五种》，生活·读书·新知三联书店2009年版，第190页。
　　② 黄裳：《俯拾即是，著手成春——黄裳和他的"来燕榭体"》，参见周立民：《文人》，上海辞书出版社2014年版，第168页。
　　③ 黄裳：《黄裳文集（5）——杂说卷》，上海书店出版社1998年版，第548页。
　　④ 黄裳：《黄裳文集（5）——杂说卷》，上海书店出版社1998年版，第549页。

近来无书可看，只好找旧书来炒冷饭，又将鲁迅先生的著作取出一看，话虽如此，《朝花夕拾》（还是原版初印）却一直是放在案头的。我觉得这实在是一册奇书，足可当"百看不厌"四字。在新文学书中，像这样可以反复阅读而兴趣常新的实在没有几种。像"东京也无非是这样"开头的《藤野先生》和《无常》、《琐记》、《范爱农》诸篇，都已读了不知若干遍。但每次重读，仍有浓郁的趣味。这和先生晚年所作《女吊》、《阿金》诸篇，都是常读常新的绝妙散文。这情形和听京戏颇有相似之处，那故事、那词句、那排场都是熟极而流的了，但碰上好演员还是想再看一看，一些都不感到厌倦。这是什么缘故呢？我想文字好应是一大原因，再有就是情调好，这大约就是构成"风格"的要素吧。①

在文章笔法上，黄裳是双重吸收，其杂文笔法受之鲁迅，散文尤其是《锦帆集外》中收入的游记与《榆下杂说》《清代版刻一隅》《来燕榭题跋》等题跋书话则受之于知堂。他的戏剧与书画的文章兼具了周氏兄弟的艺术趣味与审美品位。尽管也有金刚怒目的一面，但他的气质性格更像周作人，这也是其文章成就主要在书话而非杂文的重要原因吧。

黄裳早年对于周作人的"以能给自己的儿女们看为理想，努力说诚实话"的写作态度是很感佩的。后来对于周作人的自我辩护的鄙夷，与他秉持的"讲真话"的信念是有关的。他评价巴金的《随想录》为"一本真实的书"，并强调："讲真话，无论什么时候，都是不容易的。需要勇气，有时还需要非凡的勇气。这就是为什么会使我感到这是一本悲壮的书的原因。"② 我们从他的这些文字里，是能够获得一些启迪的。

对于20世纪80年代末流行起来的"美文"热，黄裳有着独特的看法。在《散文的路》中，他深刻地指出了文体演变背后的时代因素，从中可以体会到他在"知堂文"与"鲁迅风"之间的矛盾与抉择：

---

① 黄裳：《夜读偶记》，见《黄裳文集（5）——杂说卷》，上海书店出版社1998年版，第645页。

② 黄裳：《关于〈随想录〉的随想》，见黄裳：《榆下说书》，生活·读书·新知三联书店1982年版，第323页。

写纯净文学性的美文是困难的。这首先就需要有一个时世承平、生活安定的环境，也只有在这时才能有余闲发抒个人的情感，玩弄纤小的个人哀乐。可是我们一直就生活在一个社会急遽变化的大时代里，即使可以短暂而平安地进行感情文字的游戏，但总是保不牢，时时要被社会上袭来的激流所冲毁。这就是写身边琐事、小花小草的"美文"日益走进绝境的原因。即使立意想写闲适的题材，也不由得露出不谐调的气氛。我曾用"感情粗起来了"这样的话来说明这种创作心理的变化，也相信这就是几十年来散文所走过的路。要说这同时也是散文逼近议论性杂文的路也没有什么不可以。①

他写于解放初的一篇《杂文复兴》险些给他带来一场灾祸，直到80年代初，他才重拾《杂文复兴》里的"老调"。在1988年12月12日发表的《继续走鲁迅的路》中，他强调了自己的文体观："鲁迅的杂文与散文是难于截然分开的，《朝花夕拾》、《故事新编》中有许多篇就很难说不是杂文。从这一角度对鲁迅的遗产进行新的理解，想来必然会对开辟杂文的新领域具有新的意义。"②

黄裳在20世纪90年代的一篇自序中也再次强调了自身写作风格的变化及其原因："我是主张散文与杂文之间并无一条不可逾越的鸿沟的，于是这种不安分的因子就还混在我的散文中间，隐隐地成为一股伏流。"③ 他以鲁迅文章为例，阐释了"黄体"之由来：

像《野草》和《朝花夕拾》那样的散文作品后期简直就不再出现，除了最后的《女吊》诸篇。从鲁迅的作品看，从散文到杂文的变换是明显的，不过他后期的杂文也都是优美的散文。

这样看来，散文与杂文的道路其实是相通的。正如我们不赞成把散文的路弄得那么窄一样，杂文的路也应该更为广阔。

---

① 黄裳：《黄裳文集（5）——杂说卷》，上海书店出版社1998年版，第578页。
② 黄裳：《黄裳文集（3）——珠还卷》，上海书店出版社1998年版，第15页。
③ 黄裳：《寻找自我》，青岛出版社2009年版，第72页。

《且介亭杂文》中有些篇章，例如《题未定草》、《病后杂谈》
应该算是散文还是杂文呢？恐怕也难说得清楚。①

总之，与其说是兼采了鲁迅杂文与散文的文章神韵，不如说黄裳主动继承了"二周"的文学传统。这其中，有遗漏、有取舍，亦有发展。但总的来说，黄裳的一生，确实走出了自己独特的一条文学之路。

孙郁曾批评中国学者的书话散文，认为其所不足者在于："一是逻辑推理少，难究形而上的秩序；二是易流于空泛，多感觉而少思辨。中国的书话体，难以出现康德、马克思式论辩气势。其所长在于知古人而自塑己身，其所弊在于鲜有思想家与哲人的穿透力。倘能不为书趣所囿，当会影响更大吧？"② 从这个意义上说，周氏兄弟之后的作家，在传承前辈作家的艺术精神与文章风格的同时，造成的遗漏自然亦是明显的。

---

① 黄裳：《黄裳文集（5）——杂说卷》，上海书店出版社 1998 年版，第 254 页。
② 孙郁：《黄裳》，见《真假闲适》，群言出版社 1996 年版，第 211－222 页。

第四章 "卖文买书"与郁达夫创作

在中国现代文学史上,郁达夫曾与鲁迅并称为"双峰对峙的两大家"①。20世纪20年代至今,讨论关于郁达夫的话题,一直是复杂而饶有兴味的文学现象。这不仅表现在郁达夫独特的写作风格与充满传奇的人生经历上,其知识结构与文化心理也吸引着研究者持续关注。考察郁达夫创作风格的形成与文学成就,其背后独特的文化选择与审美追求不容忽视。总的来看,与鲁迅类似,郁达夫的知识接受是驳杂多元的,更有着超凡的"化"的能力。从古典到现代,从东方到西方,从屠格涅夫、卢梭到黄仲则,从"归返自然"到"放浪形骸",从古典诗学到象征技巧,郁达夫的知识体系与审美心理的构成经历了一个复杂的转化过程。下文拟从郁达夫日记与藏书的角度作梳理与分析。

第一节 域里域外:郁达夫藏书特色

中国现代作家中,能够同时拥有作家与藏书家之称的不多,除阿英、郑振铎以外,郁达夫可谓颇有盛名的一位。他有着"出卖文章为买书"的名声,其日记中亦有大量关于他聚书、读书的记载以及他一生中与书籍"爱恨交织"的复杂情感。郁达夫藏书的具体数量,目前尚有争议。② 1947年8月1日,《文潮》月刊第三卷第4期刊载的了娜(张紫薇)的《郁达夫流亡外纪》,公布了一份郁达夫的"遗嘱"。文中称"国内财产,有杭州官场弄住宅一所,藏书五百万卷"。而1939年5月

---

① 陈西滢、黎锦明和司马长风等人在论及20世纪20年代小说成就时,都曾推崇鲁迅与郁达夫为"双峰对峙的两大家"。

② 参见徐重庆:《〈郁达夫遗嘱〉真伪谈》,载《文苑散叶》,东南大学出版社2002年版。

11 日，郁达夫在《星中日报》发表的《图书的惨劫》中，自称"所藏之中国书籍，当有八九千卷以上"，"除中国线装书外，英德法日文书更有两万余册。"

郁达夫一生嗜书如命，在其日记中，关于购书与阅读的记载俯拾皆是。1932 年，他在上海所作《自况》："绝交流俗因耽懒，出卖文章为买书。"① 可谓其藏书与文学生涯的真实写照。郁达夫的购书和藏书活动大致呈以下几个阶段：早年于杭州"风雨茅庐"藏书三万余册；福州任职期间，购买并存放于永安福建省府图书馆二千余册书；赴新加坡期间又购买一万余册书；此外，在苏门答腊也有部分藏书。

一、藏书理念

唐弢先生曾在《藏书家》一文中，将藏书家分为"读书的藏书家"和"藏书的藏书家"②，郁达夫无疑属于前者。与一般藏书家待价而沽的商业意图和束之高阁装点文化的收藏目的不同，郁达夫的藏书活动具有"藏为所用"的特点。

郁达夫藏书的首要依据是符合自身阅读个性，能够满足其阅读心理需求和审美趣味，譬如日记文学或浪漫主义文学。他曾在日记中写道："读了一天的书，又把杜格涅夫的短篇看了两三篇，这一位先生的用笔，真来得轻妙。"③ 此外，则是以写作参考资料为用。郁达夫是文学创造的大师，对各类地方志的搜购与研读为他 30 年代的游记散文创作提供了丰富的素材。如他在 1927 年 11 月 3 日的日记中写道："买《湖墅小志》一部，并前购之《湖墅诗钞》与《湖墅杂诗》两册，关于湖墅的文献，可算收全了，若做关于拱宸桥的小说，已够作参考矣。"④ 再如，在同年 11 月 9 日的日记中，他写道："晚饭后，到湖滨去漫步，在旧书铺内，见有《海山仙馆丛书》中之《酌中志》一部，即以高价买了回来。此书系明末宦官刘若愚所撰，对于我拟做的历史小说《明清之际》

---

① 郁达夫：《郁达夫全集》（第九卷），浙江文艺出版社 1992 年版，第 238 页。
② 唐弢：《晦庵书话》（第二版），生活·读书·新知三联书店 2007 年版，第 476 页。
③ 郁达夫：《郁达夫选集》（下册），人民文学出版社 2004 年版，第 547 页。
④ 郁达夫：《郁达夫选集》（下册），人民文学出版社 2004 年版，第 547 页。

很有足资参考之处。"① 郁达夫在 1935 年 6 月 25 日的日记中写道："午前出去，买了一部《诗法度针》，一部《皇朝古学类编》（实即姚梅伯选《皇朝骈文类编》），一部大版《经义述闻》，三部书，都是可以应用的书。"②

二、藏书构成

依据其日记、自述与相关文献，可判断郁达夫的藏书基本具有三个特点：一是数量可观；二是语言文种繁多；三是古今中外新旧荟萃。他收藏的书籍，有中文、日文、英文、德文，还有由英文、德文翻译的俄国书等；有线装古典书籍，也有现代文学图书。如此驳杂的藏书构成，在中国现代作家中，除了鲁迅，恐怕并不多见了。

郁达夫藏书中，宋代至清末的各类书有近万卷，明末清初的各类禁书 300 多部，清代的词抄、诗抄亦是其搜读重点。对于传统文化，他曾自述："真正指示我以作诗词的门径的，是《留青新集》里的《沧浪诗话》和《白香词谱》。《西湖佳话》中的每一篇短篇，起码我总读了两遍以上。以后是流行本的各种传奇杂剧了，我当时虽则还不能十分欣赏他们的好处，但不知怎么，读了之后的那一种朦胧的回味，仿佛是当三春天气，喝醉了几十年陈的醇酒。"③

事实上，除了注重对中国传统文化的吸收与整理以外，郁达夫对域外文学的关注也相当广泛。他的藏书中，外国文学所占的分量是特别重的，这在他的日记中都有所反映。而《图书的惨劫》中，郁达夫曾深情披露了他的数目惊人的西文藏书：

> 风雨茅庐所藏书籍，除中国线装书外，英德法日文书更有两万余册。英文自乔叟以前之典籍起，至最近尚在之詹母斯·乔斯、物其尼亚·伍尔芙、诗人爱利奥托止。凡关于文学之初版著作，十八世纪以前者不计，自十九世纪以后印行的各种，总收藏至了十之八九。德文全集本，则自歌德以前之情歌作者

---

① 吴秀明主编：《郁达夫全集·日记》（第五卷），浙江大学出版社 2007 年版，第 340 页。
② 吴秀明主编：《郁达夫全集·日记》（第五卷），浙江大学出版社 2007 年版，第 375 页。
③ 郁达夫：《孤独者》，文明国编：《郁达夫自述》，安徽文艺出版社 2014 年版，第 36 页。

群起，至马里亚利儿该止，全部都齐。法文著作，亦收集到了罗曼·罗兰、安特来、琪特、去亚美儿为止。最可惜的，是俄国文学之德译本，自十九世纪以下，至《静静的顿河》第二册止，俄文豪的新旧德译本，差不多是完全的。[①]

三、藏书聚散

郁达夫一生藏书丰硕，然身在乱世，书的命运也如同人的命运一般坎坷多舛。在《图书的惨劫》中，他描绘了自己损失图书后的深切痛心，这种失书之痛在其日记中也偶有流露。在广州中山大学任教时的郁达夫，在《劳生日记》里痛彻心扉地表达了自己的身世不幸："啊啊！儿子死了，女人病了，薪金被人家抢了，最后连我顶爱的这几箱书都不能保存，我真不晓得这世上真的有没有天理的，我真不知道做人的余味，还存在哪里？我想哭，我想咒诅，我想杀人。"[②] 他藏书最丰的"风雨茅庐"以及那些珍贵的图书后来也大多毁于战火。旅居新加坡期间，因为经济较宽裕，郁达夫也曾大量购书，甚至专门雇黄包车拉书。但日军轰炸新加坡时，这些藏书最终也化为灰烬。至于郁达夫在苏门答腊时的藏书，主要是自己买来和捡来的外文书籍。对此，郁达夫之子郁飞在《杂忆父亲在星洲的三年》中写道："父亲三年间聚集的近万册中外书刊更非我所能顾及。"[③] 1945 年，郁达夫遇害，这批藏书最终下落不明。他藏在富阳老家的一部分图书，也因"文革"而不知所踪。

---

① 郁达夫：《图书的惨劫》，见刘涛、沈小惠主编：《郁达夫新加坡文集》（上册），浙江文艺出版社 2014 年版，第 51 - 52 页。

② 吴秀明主编：《郁达夫全集·日记》（第五卷），浙江大学出版社 2007 年版，第 36 页。

③ 《新文学史料》丛刊编辑组编辑：《新文学史料》（第五辑），人民文学出版社 1979 年版，第 169 页。

第二节　郁达夫的阅读史

一、阅读阶段

粗略考察郁达夫的阅读史，大致呈现以下五个阶段：

（1）早期嘉兴府中和杭州府中阶段（1913 年以前）。

和多数过渡时代的知识者一样，早期郁达夫以阅读中国传统诗词、传奇杂剧和近世杂著为主，如《吴诗集览》《花月痕》《留香诗集》《西湖佳话》《普天忠愤集》《庚子拳匪始末记》等。特别是"《西湖佳话》中的每一短篇，起码我（郁达夫）总读了二遍以上"①。事实证明，这一阶段的阅读对于郁达夫艺术成长的作用特别重要，它奠定了郁达夫创作的文化底色。

（2）日本留学阶段（1913—1922 年）。

此时期是郁达夫从传统迈向异域文明的重要阶段。青年郁达夫身处异邦岛国，大量阅读西方小说，在俄苏文学与欧洲文学里尽情遨游驰骋，对马克思主义哲学和西方文艺理论也有所涉猎。郁达夫后来的文艺批评作品，都有直接借鉴和引用西方文论的部分。1923 年发表的《文学上的阶级斗争》，已显示了马克思主义唯物辩证法思想对他的影响。这一时期也是郁达夫阅读外文书籍最多的阶段，其阅读视野之广、读书之痴令其同学和同辈作家皆为之称奇。这一时期的阅读真正打开了其艺术视野，也是其作家艺术风格初步形成的关键阶段。

（3）北京、广州和上海期间（1923—1930 年）。

此时期郁达夫以购读外文书为主，其中主要是外文小说。受革命形势和文化浪潮的影响，对苏俄文艺理论和巴枯宁无政府主义的书籍给予了一定关注。现实的体验与理论的接受促进了其作家思想的变化发展。

（4）浙江、杭州和福州等地期间（1932—1939 年）。

此时的郁达夫已是闻名海内外的大作家，但读书的热情并未因此受

---

① 郁达夫：《水样的春愁：郁达夫散文》，浙江文艺出版社 2014 年版，第 278 页。

到影响，他所到之处必定购书、访书、读书。较之于过去对外国文学的热衷，这一时期的郁达夫复归对中国传统古籍的热衷与研读，对王夫子等人的书籍尤其喜爱。这一时期的创作风格也由此前的愤世嫉俗、赤裸暴露转向静默沉郁、清淡自然。

（5）漂泊南洋期间（1940—1945 年）。

郁达夫在星洲依然购置了大量中外图书，还努力搜集了数千册日、英、荷等外文书籍进行研读。当然这一阶段的求书除了满足自身阅读外，更有发展当地文化的目的。直至遇难前夕，他还在计划翻译丘吉尔的演说集和林语堂的小说。

总之，作家的阅读史与时代变幻和个人命运互动、共生，而每一次的跨越与转折背后的文化选择与文化心理也是耐人寻味的。

二、阅读心理与审美个性

像郁达夫这样的天才型作家，往往有着独特的阅读心理与审美趣味。正如在《文艺赏鉴上之偏爱价值》一文中，郁达夫坦陈："文艺赏鉴上的偏爱价值可分三种，一是病的心理的偏爱，二是趣味性格上的偏爱，三是一般的偏爱。"他重点分析了前两种偏爱，指出"第一种偏爱的发生，与神经衰弱症，世纪病，有同一个原因，大凡现代的青年总有些好异，反抗，易厌，情热，疯狂，及其他的种种特征。因这几种特征的结果，一般文艺爱好者，遂有一种反对一般趣味，走入偏僻无人的路里去的倾向，偏爱价值就于是乎出生了"，"第二种偏爱价值，是由于吾人的趣味性格而发生的。譬如放浪于形骸之外，视世界如浮云的人，他视法国高踏派诗人，和我国的竹林七贤，必远出于《神曲》的作者及屈原之上。性喜自然的人，他见了自然描写的作品，就不忍释手。喜欢旅行的人，他的书库里，必多游记地志。贫苦的人当然爱读描写贫苦的作品，贵族当然爱读幽雅的创作，这一种偏爱价值，是显而易见"①。

显然，郁达夫所说的"病的心理的偏爱"与"趣味性格上的偏爱"不仅是对一般读者的阅读心理的分析，而且是源于对他自身阅读经验的总结。从精神分析的角度来看，其所言"病的心理的偏爱"的阅读心

---

① 吴秀明主编：《郁达夫全集·文论（上）》（第十卷），浙江大学出版社 2007 年版，第 80 - 81 页。

理甚至是一种类似"窥视狂"的变态心理，即为了满足内心对他者隐私的刺探的阅读动机；而"趣味性格上的偏爱"的阅读心理则更多带有中国传统文人的读书习性与审美趣味。

在《日记文学》一文中，他写道：

> 日记有此种种便利的特点，所以小说家在初期习作的时候，用日记体裁来写的时候，其成功的可能性，比用旁的体裁来写更多一点。而我们读者，因为第一我们所要求的，是关于旁人的私事的探知 [这一种好奇（Curiosity）是读小说心理的一个最大的动机]，所以对于读他人的日记，比较读直叙式的记事文，兴味更觉浓厚。①

这里，他不仅是从一般读者的角度阐释日记文学的写作优势，更是从他自身心理角度来谈的。接着他解释了自己的阅读经验与审美取向：

> 由我个人的嗜好来讲，我在暇时翻阅旁人的著作的时候，最喜欢读的，是他的日记，其次是他的书简，最后才读他的散文或韵文的作品。以己度人，类推起来，我想无论哪一个文艺爱好者，大约是人同此心，心同此理的。②

他坦陈自己阅读的日记很多，如 "Henri Frederic Amiel 的日记""德国近代剧作家 Hebbel，英国的日记专家 Samuel Pepys，俄国的 Dostoyevsky、Tolstoy""中国吴谷人祭酒的《有正味斋日记》""李莼客以及许多宋遗民明遗民的随笔日录之类，真是数不胜数。"他对亚米爱儿的日记推崇有加："三十年如一日，中间日日在自己解剖自己，日日在批评文化，日日在穷究哲理，如亚米爱儿的日记，实在是少见。"③

---

① 郁达夫：《日记文学》，见黄健编著：《民国文论精选》，西泠印社出版社 2014 年版，第 94 页。

② 郁达夫：《日记文学》，见黄健编著：《民国文论精选》，西泠印社出版社 2014 年版，第 94 页。

③ 郁达夫：《日记文学》，见黄健编著：《民国文论精选》，西泠印社出版社 2014 年版，第 94 页。

郁达夫的创作（包括日记、自传），自我暴露的色彩很浓，这种"窥视书写"与他独特的审美心理、读者意识密不可分。他关于"文学作品，都是作家的自叙传"[①]的创作态度与这样的阅读心理不能说没有关联。

除了"窥视性"的阅读心理，郁达夫审美取向的"抒情性"与"唯美性"也是显见的。他认为"思想或诗想，根底必须建筑在感情上，才能生动"[②]。在《我承认是"失败了"》一文中，郁达夫写道：

> 我虽不是小说家，我虽不懂得"真正的文艺是什么？"但是历来我持以批评作品的好坏的标准，是"情调"两字。只教一篇作品，能够酿出一种"情调"来，使读者受了这"情调"的感染，能够很切实的感着这作品的氛围气的时候，那么不管它的文字美不美，前后的意思连续不连续，我就能承认这是一个好作品。[③]

正是带着这样的阅读接受心理和审美趣味，郁达夫在世界文学之林中寻觅到了自己心仪的师法和超越的对象，如对日本"私小说"的关注与偏爱，对英国浪漫主义诗人华兹华斯、唯美主义代表王尔德等作家的欣赏。而他呈现给读者的一个个精美的文学文本，完美诠释了他是如何天才般地实现了这种阅读与创作的转化。

第三节　纵横于传统和异域之间

作为新文学的开拓者，郁达夫这一代作家，注定是卓尔不凡的。他们的人生态度、文化选择、审美取向、知识构成与思维方式皆表现出世纪之交的文学家所特有的丰富性与驳杂性。这种复杂性，需要我们从作

[①] 吴秀明主编：《郁达夫全集·文论（上）》（第十卷），浙江大学出版社2007年版，第312页。

[②] 吴秀明主编：《郁达夫全集·文论（上）》（第十卷），浙江大学出版社2007年版，第190页。

[③] 吴秀明主编：《郁达夫全集·文论（上）》（第十卷），浙江大学出版社2007年版，第121页。

家的知识构成中去寻找线索，进而探寻他们如何在东西方文化汇流的历史背景中形成自身的艺术个性。

我们读郁达夫的作品，一般不易发现他的知识谱系，而了解其藏书，考察其日记中的"阅读史"，则会不由惊叹于他知识面的驳杂与兴趣的独特广泛。例如：

1926 年 11 月 3 日日记中写道："晚上读谷畸润一郎氏小说《痴人之爱》。"

1926 年 11 月 8 日日记中又感慨："午后在家看 A·Wilbrandt 的小说 Der Songer，看了三十余页，亦感不出他的好处来，不过无论如何，比中国现代的一般无识无知的自命为作家做的东西，当然要强百倍。"

1926 年 11 月 12 日日记中指出："午前读普须金的小说 Die Pique 一篇。虽则像一短篇，然而它的地位很重要。""晚上睡不着，看日本小说《望乡》"。

1927 年 1 月 4 日日记记载："早膳后读《莲子居词话》后两卷，总算读完了。感不出好处来，只觉得讨论韵律，时有可取的地方而已。有几首词，却很好，如海盐彭仲谋《茗斋诗余》内的《霜天晓角》（《卖花》用竹山《摘花》韵）。"①

从粗略的考察中不难看出，郁达夫的阅读视野几乎涵盖了传统与异域的一切文艺的资源。

而关于他的知识结构与创作的关系，郑伯奇曾回顾道：

> 达夫在文学上的成就，当然是他在生活上和艺术上不断地钻研磨炼的结果，但是他从早年积累起来的文学修养也对以后的创作发生了一定的作用。达夫的文学修养是相当渊博的。对于中国古典文学，他有较丰富的修养。唐宋的诗词和明清的小说，他读的很多。对于清代的乾嘉文学，他的知识更为丰富。②

① 前述日记分别参阅郁达夫著，郭文友注：《富春江上神仙侣：郁达夫日记九种》，四川人民出版社 1996 年版，第 2、4、9、35 页。

② 王延晞、王利编：《中国文学史资料全编·现代卷 9 郑伯奇研究资料》），知识产权出版社 2009 年版，第 91－92 页。

在郁达夫文化心理的深处，每每流露出对传统的欣赏与眷恋。关于新文学与国故，他曾经明确表示："讲到了诗，我又想起我的旧式的想头来了。目下在流行着的新诗，果然很好，但是像我这样懒惰无聊，又常想发牢骚的无能力者，性情最适宜的，还是旧诗，你弄到了五个字，或者七个字，就可以把牢骚发尽，多么简便啊！"对于文坛新潮，他表现出特别的冷静："喜新厌旧，原是人之常情；不过我们黄色同胞的喜新厌旧，未免是过激了；今日之新，一变即成为明日之旧，前日之旧，一变而又为后日之新。"① 这种文化倾向和文学态度不仅表现在他的书籍购藏与独特的个人阅读史中，也隐含在他的行文笔墨之中。

与当时一些出身大家庭的知识分子一样，郁达夫也是在中国古典诗文的浸润与熏陶下成长起来的。他早年对"殉情主义"文学感兴趣，屈原、杜甫、李煜、庾兰成、黄仲则等人的沉郁感伤，对个体身世与现实命运的感怀也令他感触尤深。他也正是以一首模仿宋人的五古在文坛崭露头角的。中学时，郁达夫因几首五言、七言旧体诗得到国文老师的赏赞，更加激发了他创作的欲望，他尝试将自己的诗向浙江的《全浙公报》《之江日报》等报刊投稿。最终，他的《咏史》三首被《全浙公报》刊载，郁达夫的文学之梦由此插上了翅膀。

郁达夫后来留学东洋，所写下的那些苦闷而深切的文字里都饱含中国古典诗词和文化的汁液。他笔下的落魄文人与底层女子的故事不过是中国传统的倡优士子的现代翻版。其作品中，主人公放浪形骸的叛逆精神与自伤自悼、感时忧国，不过是他现实人生的一种延伸，背后都可以看到"竹林七贤"、李太白、黄仲则的影子。"五四"这一代作家中，中国传统的"名士风流"在郁达夫身上体现得最是淋漓尽致。但郁达夫毕竟是有着现代观念的现代知识分子，西方人道主义、现代人格观念与个性解放思想对他的影响也是巨大的，这也是为什么我们读他的作品，既能感受到欲望的赤裸书写、对感官的刺激甚至对女性的赏玩的态度，又能分明感受到他与笔下主人公灵与肉的搏斗与忏悔。例如，《沉沦》中郁达夫对男主人公妓院买春后内心的悔恨与谴责的描写。从这个意义上说，郁达夫显然实现了对传统的超越。

---

① 见《骸骨迷恋音的独语》，原载《奇零集》，上海开明书店 1928 年版，郁达夫：《郁达夫文集》（第三卷），花城出版社 1982 年版，第 123 – 124 页。

在悠久漫长的中国文化史中，山水文学与隐逸书写始终占有重要的席位。这一方面反映了传统文人对大自然的向往与拥抱，另一方面是他们厌倦和逃避现实人生的一种理想方式。这种传统从老庄与孔子时代一直到现代，已然成了中国文人的一种"集体无意识"。对于传统文化浸淫深厚的郁达夫，精神气质中也有很强烈的山水自然观。他坦陈："对于大自然的迷恋，似乎是我从小的一种天性。"[①] 他一生四海漂泊，居无定所，所到之处，必定邀约友朋同仁登山游水。从北方的帝都到南方的广州，从江浙到南洋，他将脚下的屐痕化为一个个精美的现代白话文本。"五四"及这一代以后的作家，像郁达夫这样有着如此浓厚古典情怀的作家着实不多。这种情怀与风度，是长期传统文化和古典文学的熏陶所致，其天然的个性气质以及对传统文人生活的向往与模仿也是可见的。

郁达夫在1935年10月写给刘大杰的酬答诗中写道："旧梦豪华已化烟，渐趋枯淡入中年。愁无饘粥堪娱老，那有情怀再放颠。"[②] 显然，早年愤世嫉俗的郁达夫在历经国事沧桑与个人命运的坎坷之后，隐逸人格和沉沉暮气开始在他身上显现。这种文化心理的微妙变化，在作品《迟桂花》《迟暮》《飘儿和桑》等小说和散文中已经有所流露，其风格从此由忧郁感伤转为恬淡自然。

总之，郁达夫的阅读接受、审美趣味、创作思想与现实人格中，与中国古典文化传统有着千丝万缕的联系。这种联系在当时的同道之中不多见，后世作家更是难以复制。他对传统遗产的继承、转化与"背叛"，以及由此构成的独特的文学风景线，都为今天同样面临文化转型课题的我们所敬仰、欣赏，同时为我们提供了诸多思考的余地。

处在新旧更迭时代的知识分子，除了身上难以摆脱的文化基因，很大程度上也在沐浴和拥抱五彩斑斓的涌动着的西潮。接受外来文化的同时，他们自身的文化记忆也在发生着潜移默化的作用。于是，我们看到了郁达夫身上的传统的影子，也看到了他在传统的影响下，向西方个性主义、人道主义、感伤主义和"世纪末"文化的亲近与接纳。他的文

---

① 吴秀明主编：《郁达夫全集·文论（上）》（第十卷），浙江大学出版社2007年版，第498页。

② 郁达夫著，詹亚园笺注：《郁达夫诗词笺注》，上海古籍出版社2013年版，第395页。

学风格的形成、杰出的文学成就实乃对东西方文明的创造性地汲取与转化。其中，郁达夫对异域文明的接受，包括他的翻译活动、对西方文本的独特理解，无疑应该成为我们了解其创作与思想活动的重要窗口。事实上，这一代作家所置身的历史文化环境，已经为他们拥有开放的文化视野与心态、具备多元的文化品格创造了相当的条件。于是，开拓新文学道路的历史重任自然非他们莫属。

关于异域文化，鲁迅曾表示："新文学是在外国文学潮流的推动下发生的，从中国古代文学方面，几乎一点遗产也没摄取。"[1] 作为鲁迅传人的胡风也曾断言："五四以来，大有成就以至稍有成就的作家，无一不是受到外国文学的影响。"[2] 而郁达夫亦有"五四文学实际上是西洋文学在中国的一个分支"的观点。

鲁迅和胡风的观点有其特殊的历史文化语境，郁达夫的观点也主要是一种个人经验之谈。实际上，无论是鲁迅、郁达夫，还是茅盾、郭沫若等人，古典文化的遗产在他们那里都得到了很好的摄取与继承，但倘若没有对异域文明的广泛涉猎与大胆借鉴，没有一种决绝的勇气去挣脱数千年的传统枷锁，新文学的诞生和五四文学的发展难以想象。

关于郁达夫对异域文学的搜读与摄取，钟敬文曾回忆道：

> 他（郁达夫）喜欢买书——特别是那些英德文本的小说。在杭州的住宅中，那些书籍满满地遮住了几个房间的墙壁。有朋友来的时候，他就带上去参观。他认真地指示着某些书籍，并讲说它的内容、技巧和版本，或追述着他在什么地方、怎样情形下购来的。[3]

据叶灵凤的回忆，郁达夫曾自负地宣布自己读过的外文小说达一万本之巨，他的外文素养高，所购书籍也基本为外文原版本，其读书效率之高也令人称奇。郁达夫日记中也记述了自己一目十行的能力，有时买一叠书回家很快就全部看完。藏书构成和日记中的购读记载显示，郁达

---

① 鲁迅：《鲁迅全集：编年版》（第10卷），人民文学出版社2013年版，第75页。
② 胡风：《胡风晚年作品选》，漓江出版社1987年版，第249页。
③ 钟敬文：《天风海涛室随笔》，上海人民出版社2000年版，第92页。

夫的阅读视野涵盖了欧美、俄苏乃至日本文学,并从中汲取了异域文明的"乳汁"和文学艺术的营养。开放而多元的文化选择带给他的不仅是文学趣味、人格精神的涵养,而且对其后来文学理念、审美倾向和创作风格产生了潜移默化的影响。外国文学之林中,他尤为偏爱那些身世坎坷、气质忧郁浪漫、作品有着强烈个性和自传色彩的作家,譬如卢梭、屠格涅夫、史笃姆以及英国的《黄面志》作家群①。

丰富全面的外国文学滋养,构成了郁达夫广阔的世界文学观,他的知识结构也因此逐步形成。郁达夫的翻译、创作乃至个人生活态度都与他的阅读史密不可分。郁达夫称得上是语言天才,精通德语、法语、日语、英语。其一生有 28 部译作,包含 3 首诗歌,10 部小说,15 篇散文,数量可观。所翻译的 10 部小说,涵盖了德国、爱尔兰、美国、日本和芬兰的作家的作品。所译诗歌作品主要来自德国作家,分别是:婆塞《春天的离别》、李泻特·代迈儿《我们俩的黄昏时候》、法尔盖《祈祷》。散文译作主要有英、美、俄、日作品各 3 篇,德国 2 篇,法国 1 篇。此外,郁达夫本人的小说和日记中也夹杂了一部分翻译作品。

作品的译介难免受到时代语境、意识形态、商业等因素的影响和制约,即便如此,郁达夫作为译者的主体性特色仍然鲜明而强烈。感伤、颓废、唯美的情调与"零余者"形象构成了郁达夫翻译语言的主色调。1932 年在西湖疗养期间,郁达夫翻译了法国作家卢梭的散文《一个孤独漫步者的沉思》,完全是借他人酒杯浇自己块垒。从作品内容看,《一个孤独漫步者的沉思》基本反映了郁达夫留学归国后面临诸多不顺的迷惘与孤独的心境。而侧重于自我宣泄与暴露的卢梭的作品正好在郁达夫的内心激起了强烈的共鸣。如"现在的我么,简直是,在地球上只孤伶仃的一个"。②"我是已经在一个长时期内猛烈地,可也终于无益地抵抗力争过来的。不施狡计,不用术数,不事虚伪,不运深思,正直地,公开地,气急地,顺了我自己的一时的意气,我的奋斗的结果,却

---

① 《黄面志》作家群是 19 世纪末英国的一群在思想、气质和生活表现出世纪末情绪与颓废色彩的文艺青年,其代表作为文艺季刊《黄面志》The Yellow book(1894—1897),这群作家及其艺术上的天才、身体上的羸弱、生活上的不羁、性格上的忧郁对郁达夫等新文学作家都产生过较大影响。参阅黄曼君:《中国近百年文学理论批评史(1895—1990)》,湖北教育出版社 1997 年版,第 332 页。

② 郁达夫:《郁达夫文集》(第十二卷),花城出版社 1984 年版,第 111 页。

终于成了更加紧了我自己的束缚羁囚……"① 强烈的内倾式剖析与寂寞感、漂泊感，是郁达夫翻译的心理与情感动机，与他的现实人生与创作主题风格也构成了某种互文的存在。从感情基调来看，无论是翻译德国作家史笃姆的小说《马尔戴和她的钟》还是翻译爱尔兰作家摩尔的短篇小说《一女侍》，无不带有一种孤独感伤与颓废的情调。从人物形象来看，无论是奥弗拉赫德的《浮浪者》还是芬兰约翰尼·阿河的《一个败残的废人》，美国玛丽·衣·味尔根斯的《一位纽英格兰的尼姑》抑或是《一个孤独漫步者的沉思》，无不是生活的"失败者"、社会的"零余者"形象。从叙述方式来看，《一女侍》《马尔戴和她的钟》多以第一人称自叙为主，相较于故事的情节与人物设置，更加关注心理动向的流转。

我们阅读郁达夫的译作，再对比他自己的文学创作，不难发现二者的"互文"关系。郁达夫创作与翻译的选择基本是在同一条轨道，二者互为滋养和补充。他的读、译、写之间构成一种亲密对话与潜在影响的关系。考察其作品、日记可知，其中所涉及外国作家与作品很多，外国文学对郁达夫的滋养润物无声，对他知识结构的完善、写作经验的积累影响巨大。

然而，细心考察也会发现，郁达夫创作与译作的众多一致性之间，并非没有"矛盾"之处：那就是对待日本和日本文化的态度。作为一名在日本留学近10年之久的中国作家，郁达夫"私小说"的创作倾向已经显示了日本文学对其之影响。但他在对日本小说的翻译上是极有保留的，其间的微妙心理耐人寻味。对于日本和日本文化，郁达夫有多于常人的理解与感悟，他本可以将日本文学作为关注的重心。然而留学期间，弱国子民自尊心所承受的伤害，常人无法想象的凌辱与歧视，导致郁达夫对日本及日本文化产生了复杂的情感。个体的爱恨情仇、时代语境与文学审美趣味的驱动，使他选择了日本无产阶级作家林房雄的小说作为翻译的原语文本，但是即便如此，他对日本作家作品的翻译也极其有限。

对于翻译，郁达夫有着强烈的主体性。钟敬文在《回忆郁达夫先

---

① 郁达夫：《郁达夫文集》（第十二卷），花城出版社1984年版，第111页。

生》一文中引述了郁达夫的翻译观，他认为"翻译并没比创作更容易些。想翻译的作品不但是要自己理解的，而且是要自己欢喜的。自己没有感动过的东西是译不好的"①。

透过郁达夫对翻译的选材，实际上也可以了解作为文学家的郁达夫在面对世界文化、不同艺术作品时的视角、态度与文化心理。而从他的作为接受与翻译主体的内部因素，诸如个人身世、个性风格、教育背景、文化心理、审美趣味、翻译动机也能觅得一些踪迹与互证。在郁达夫的优秀译作中，其思想情感与个性风格的变化发展，也得到了印证。

郁达夫藏书对外国文艺作品的全面搜集，显示了其对外国文艺关注之深广。他笔下的现代白话文的精品之作，正是从林林总总的域外文学作品中摄取文化因子，进而嫁接到中国文学的母体中开出的璀璨而娇艳的花朵。

郁达夫一生颠沛流离，坎坷不幸，然而读书、买书、藏书、译书、著书伴随其一生。其读书之广博、淘书之痴迷、藏书之丰富、写书之勤奋，为后人留下了丰硕的精神财富。通过其藏书，我们可以看到郁达夫复杂的知识构成与文化追求，融合传统诗学与异域文明的美学素养以及高超的艺术转化和创造能力。

---

① 钟敬文：《天风海涛室随笔》，上海人民出版社 2000 年版，第 91 页。

第五章　朱自清藏书及其文学活动

在中国现代文学史上，朱自清是同时在创作与学术两个领域取得卓越成就的大师级人物。其在短暂的一生中，创造了历经世纪洗礼依旧光彩熠熠的文学经典并成为一份珍贵的现代文化遗产。作为现代著名学者，朱自清既是古典文学研究专家，也是五四文学的开创者。其研究视野尤其开阔，一生涉足文学创作、文学史、文学批评、教育思想、歌谣学诸方面，其研究与探索为中国现代文学的发展作出了独特的贡献。而在其多方面的学术探索中，关于中国文学批评史方面的研究分量颇重，他对中国文学批评史上的关键术语有着深入分析，他努力探索术语背后的历史起源、发展和演变，为中国文学批评史学科的发展贡献了重要的力量。他何以在匆匆的一生中绽放如此夺目的光芒？在他的创作与研究的背后，潜藏着怎样的思想与知识结构？他早期的阅读史，如何成为他文学生涯与学术研究的基点？

第一节　藏与读的互动共生

民国文人圈中，朱自清在生活上的清贫早有声名在外，然而其爱书痴书亦同样声名远播。朱自清常任高校教授，后经好友俞平伯引荐赴清华大学任教直至任清华大学中文系主任。其薪俸较为优渥，然因子女较多，仍不堪重负。即便如此，执着于学术研究和热爱教学的朱自清，依然节衣缩食，频频流连书肆，即便是在贫病交加的晚年，仍坚持拄着拐杖、拖着病躯访书求书。为求一部新版《韦氏大辞典》，甚至不惜将自己结婚时父亲做的紫毛大衣送进了当铺。

他写过不少关于买书的文章，如写于 1935 年的《买书》。其云：

"买书也是我的嗜好，和抽烟一样。"[1] 据后人回忆，朱自清在北平时常光顾书店，购买古典文献，是隆福寺、玻璃厂、东安市场这几家旧书铺的常客。他不仅爱书，也鼓励后进，玻璃厂通学斋的雷梦水后来成为自学成才的古籍版本目录学著述家，与朱自清的指导、鼓励密不可分。

朱自清藏书讲求实用，很少有珍本。其藏书的具体数量，因图书的散佚目前已经很难作具体统计，但从现存资料来看，他的藏书十分丰富，尽管不像鲁迅那样驳杂，但独具个人藏书风格。与郁达夫等现代作家类似，朱自清在藏书上不讲究版本，但求藏为所用。其藏书构成以学术著作为主，偏重研究与教学的实用性。与同时代的很多作家不同的是，朱自清收藏的外国尤其是俄苏和欧美文学著作非常有限，而数量最多的是中国新文学作品和研究书籍，其次是中国古典文学作品，也有相当部分的日文书籍。

下面结合现存于中国现代文学馆与北京图书馆的"朱自清文库"以及他生前的日记与书信等文献，对他的藏书做一个"管中窥豹"：

（1）外国学术著作。

瑞恰慈《孟子论心》、耶斯佩森《文法》、赖兰《言词与诗歌》、普雷斯科特《诗的精神》、斯匹尔曼《理解力的性质》、森茨伯里《批评初史》、理查斯《文学批评的原则》、约翰·斯皮罗《感觉与诗》，等等。

（2）古典诗词及研究著作。

（唐）杜甫著、（清）仇兆鳌注《杜少陵集详注》，（清）龚自珍著、王文濡编校《龚定盒全集：评校足本》，（清）李伯元著、阿英编校《庚子国变弹词》，（清）黄遵宪撰《人境庐诗草》，（清）袁枚撰《随园诗话研究》，郭沫若著《卜辞通纂》，《诗类辨异抄本》，等等。

（3）先秦两汉散文。

《老子》《庄子》《论语》《孟子》《列子》《淮南子·本经训》，等等。

（4）古代类书。

（清）圣祖敕撰《佩文韵府（第 1－7 册）》，（唐）欧阳询编《艺

---

[1]　朱自清：《背影》，现代出版社 2015 年版，第 207 页。

文类聚》，（宋）沈括撰《梦溪笔谈》，等等。

（5）中国通俗小说。

（清）东亚病夫著《孽海花》，（清）刘鹗著、汪原放句读《老残游记》，（清）吴趼人著、周云标点《二十年目睹之怪现状》，（清）花也怜侬著、汪原放句读《海上花》（该书收藏有多册），（清）吴趼人著《恨海：写情小说》，等等。

（6）晚清翻译小说。

［德］苏德蒙著、吴梼译《卖国奴：军事小说》；［日］樱井彦一郎著，金石、褚嘉猷译述《澳洲历险记：冒险小说》；［英］歇复克著、商务印书馆编译所译述《白巾人：侦探小说》；［英］勃拉锡克著、吴梼译述《车中毒针：侦探小说》；［英］狂生斯威佛特著，林纾、魏易译《海外轩渠录：寓言小说》；［英］福尔奇斯休姆原著、商务印书馆编译所译述《剧场奇案：侦探小说》；［英］哈葛德著，林纾、曾宗巩译《蛮荒志异：神怪小说》；［美］增米自记，［英］亚丁编辑，林纾、曾宗巩译《美洲童子万里寻亲记》；［英］司各德著，林纾、魏易译《撒克逊劫后英雄略》；赫穆著、商务印书馆编译所译述《三字狱：言情小说》；斯旦来威门著、商务印书馆编译所译述《香囊记：侦探小说》；等等。

（7）近代经史著作。

（清）焦循著《孟子正义》、（清）林则徐著《林文忠公政书》、（清）毕沅编《续资治通鉴》、（清）永瑢等编《四库全书总目提要》（该书藏有多册）、（清）浦起龙著《史通通释》、（清）钱大昕撰《十驾斋养新录》、郑鹤声①著《史汉研究》、（宋）王明清著《挥麈录·闲燕常谈》（该书藏有多册）、（清）张德坚编《太平天国别史》，等等。

宋版、清版的《说文解字》、《说文·文部》、《说文序》，等等。

（8）现代文学。

《鲁迅日记（第一函）》《中国新文学大系·诗集》、冯友兰的《中国哲学史》和《中国哲学史补》，以及顾颉刚、胡适、陈寅恪、叶公超、钱锺书、郑振铎等同代学人的著作。

---

① 郑鹤声治史以史料扎实而著称，朱自清的《经典常谈》等书对他的著作皆有借鉴。

据目录学家雷梦水回忆，朱自清喜爱收藏珂罗版画册，"也收藏戏曲小说以及有关宋诗方面的书籍。我感觉先生最满意的书有明代洪武本明单复所写的《读杜诗愚得》、清代道光五年刊本清史炳所写的《杜诗琐证》以及明末清初刊本明遗民余光所写的《昌谷诗注》等。这些都是比较稀见的书。"① 1948 年，已经贫病交加的朱自清依然给雷梦水写了一封求书信，"请代找《古文关键》一书，谢枋得著，费神为感。"数日后，即与世长辞了。朱自清对书籍之重视与治学之虔诚由此可见一斑。

纵观朱自清的创作和研究，不难发现其思想受到当时学术思潮的影响，呈现出融古贯今、中西交汇的特点。从他藏书的构成、文化取向和个性气质来看，与一般作家的感性奔放相比，朱自清显然是偏理性的，这与他审慎、平和的人格特质也是一致的。他既具备深厚的传统文论根底，又积极顺应和践行时代文艺思潮之影响。和那个时代的学者一样，他试图将中国古典文学批评与西方现代文论相结合，探索一条适合中国现代文学批评的发展道路。事实上，传统与现代的双因素促进了朱自清对中国文学批评史的探索与研究：如果说早期的传统教育养成了他的深厚的古文学根底，为其国学研究提供了厚实的文化支撑，那么，当时胡适等人传播和倡导的人本主义和实证主义等西方学术思潮，则为朱自清的研究提供了崭新的思路与路径，从而使其关于中国文学批评史之研究具备了独特的现代学术特质。

作为跨时代的知识分子，朱自清早年所接受的中国传统文化的熏陶为其后来的学术研究与文学创作奠定了基础。事实上，中国古典文籍一直是其阅读和求购的重点。虽后期受到了一些西方的文艺思潮影响，但朱自清钟爱中国传统文化的初衷未改。对传统文化的阅读积淀和深刻理解，使得他的文章避免了那个时代的很多作家作文的欧化和生硬，为其后来的中国文学批评史研究奠定了厚实的根基。幼时的家学影响与古典文化精神亦成为朱自清人格气质的重要部分。中学阶段他常去广益书局搜购杂志与新书，喜读《佛学易解》《文心雕龙》等。大学读哲学专业，依然喜读佛经，常去鹫峰寺买佛学书籍，如《百法明门论疏》《因

---

① 雷梦水：《书林琐记》，人民日报出版社 1988 年版，第 34 页。

明入正理论疏》《翻译名义集》，玻璃厂、东安市场等地的旧书庄也是他常去之地，从那里他淘到很多古籍与旧洋书。伦敦访学期间，他也大量购书。他写于1935年的游记散文《三家书店》，即是介绍伦敦切林克拉斯路的三家卖旧书的铺子。文中穿插风土人情与文化景观点评，娓娓道来，如话家常。

1916年求学于北京大学，对朱自清而言意味着一个新的阶段。在朱自清的许多文章中，都提到过胡适的特别影响。受胡适"整理国故"口号之号召，国学研究当时成为学界新的研究热潮。"我们对于旧有的学术思想，积极的只有一个主张，——就是'整理国故'。整理就是从乱七八糟里面寻出一个条理脉络来；从无头无脑里面寻出一个前因后果来；从胡说谬解里面寻出一个真意义来；从武断迷信里面寻出一个真价值来。"① 朱自清进行中国文学批评研究即是对此的响应。朱自清的《诗言志辨》，文字细腻，结构分明，笔调客观而有逻辑，这正是胡适学术精神的体现。西方学术思想的影响，让朱自清能更加全面理性地分析中国文学的实际，运用新的科学研究手段，对中国文学批评史这一新兴学科进行深入研究。

朱自清治学严谨，读书极多，且很有心得。朱自清读书特别重视做笔记，分门别类地摘抄卡片。他用这种方法积累了大量研究资料。他一生不仅写了大量脍炙人口的散文，而且有丰富的文学理论著述，这与他坚持做笔记、勤奋读书是分不开的。他的《诗言志辨》等著作，不仅见解精辟透彻，而且其论据之丰富令人吃惊。他这种手脑并用的读书方法，连同严谨踏实的治学态度，受到师友的普遍认可与赞扬。

第二节　藏书与学术著述

朱自清是从文学创作走向学术研究的。关于二者的关系，他在《哪里走》一文中曾表示："国学是我的职业，文学是我的娱乐。"② 我们看他的一生，在国学上真正投入的时间并不是太多，教学和创作占用了他

① 胡适：《新思潮的意义》，见《容忍与自由》，群言出版社2015年版，第78－79页。
② 朱自清：《朱自清散文经典》，晨光出版社2014年版，第273页。

的很多精力。然而，即便如此，他在古典文学研究方面的成就依然了不起。

作为一名教授与学者，朱自清在诗歌理论、古典文学、新文学史和语文教育诸方面研究都有着突出的实绩与贡献，尤以古典文学和语文教育最为突出。他在古典文学方面所做的源流性的考察，对文体学研究的开拓，对通俗小说的点评……这些研究成果的背后，与其对中国传统文学古籍的重视与收藏密不可分。正如前文所归纳的，在朱自清的藏书中古典文学尤其是诗词的比重相当突出，他思想敏锐，治学严谨，取材翔实。他的著述为后人留下了一笔宝贵的学术遗产。我们读其著述，不禁为其思想之深广、知识之渊博而叹服。我们翻阅他的日记，对比他的研究、写作与阅读接受和阅读视野，不难发现他的知识建构的过程以及在阅读与创作之间的互动。

比如，在1939年1月5日的日记中写道：

读《中国哲学史补》。①

1939年1月8日的日记中写道：

选冯友兰的《中国哲学史》。

1939年1月10日的日记中写道：

阅卷，写《古代哲学家》数节。

冯友兰所著《中国哲学史补》为其1936年手定的哲学论文集，该著对冯友兰撰写的《中国哲学史》进行了补充完善，是对中国哲学史的进一步探索与思考。而朱自清撰写的《古代哲学家》正是以冯著为参考，只是相比较而言，《古代哲学家》偏重于知识的普及性。

再如，1939年5月3日的日记中写道：

---

① 本章所选日记部分，皆出自朱乔森编：《朱自清全集·日记编》（第九卷），江苏教育出版社1998年版。为叙述方便，后文不再赘述。

读《史汉研究》。

1939 年 5 月 7 日的日记中写道：

开始写《史记与汉书》一文。

1939 年 5 月 8 日的日记中写道：

继续写《史记与汉书》。

1939 年 5 月 11 日的日记中写道：

再次读《史汉研究》。

在这里，我们不难发现，朱自清特别善于借鉴前人研究成果。《史汉研究》一书为郑鹤声所编撰，内分三部分，作品对《史记》与《汉书》的传略、组织、源流、条例、制作等方面作了研究，并对这两部著作的总述、体例、增删、叙事进行了对比研究。而朱自清的《史记与汉书》一文，正是在借鉴郑氏成果的基础上，结合郑著对《司马迁年谱》与《班固年谱》的介绍，对这两部史书进行进一步生动形象的解读。其中不乏个人的精彩点评，知人论世，娓娓而谈，语言直白，通俗易懂。如对于司马迁的创作动机，他写道：

《史记》虽然窃比《春秋》，却并不用那咬文嚼字的书法。只据事实录，使善恶自见。书里也有议论，那不过是著者牢骚之辞，与大体是无关的。原来司马迁自遭李陵之祸，更加努力著书。他觉得自己已经身废名裂，要发抒意中的郁结，只有这一条通路。他在《报任安书》和《史记·自序》里引了文王以下到韩非诸贤圣，都是发愤才著书的。他自己也是个发愤著书的人。天道的无常，世变的无常，引起了他的慨叹；他悲天悯人，发为牢骚抑扬之辞，这增加了他的书的情韵。后世论文的人推尊《史记》，一个原因便在这里。①

再如，1939 年 9 月 20 和 21 日的日记中写道：

> 读有关《尚书》的材料。
> 读《尚书》的参考资料。

1939 年 9 月 27 日的日记中写道：

> 开始写有关《尚书》一文。
> …………

朱自清这里所指的《尚书》的参考资料，主要为王先谦的《尚书孔传参正》及卷三十六《伪孔安国序》以及顾颉刚的《论今文尚书著作时代书》（《古史辨》第一册）。他的《说文解字》参考了《说文解字叙》、容庚的《中国文字学》、陈梦家的《中国文字学》；而《诸子》一文则是借鉴了冯友兰的《中国哲学史》的首篇中关于上古哲学的部分；《诗经》一文也借鉴了顾颉刚的《诗经在春秋战国间的地位》和《论诗经所录全为乐歌》。

朱自清的藏为所用即在于此。他于 1934 年发表在天津《民国日报》副刊的《论逼真与如画》一文，也是在参考《佩文韵府》的基础上所撰。他应郑振铎之邀连夜赶写该文，因时间仓促，最后不及检阅原文，但为表明材料的依据，他竟在文末注明"抄《佩文韵府》"，其治学之严谨由此可见一斑。

这样的借鉴还很多，看得出朱自清后期的学术研究与其阅读构成了良好的互动关系。他的论文集《经典常谈》正是对藏书中以往研究文献的创造性转化，在撰写该书的过程中，朱自清积极借鉴了顾颉刚的关于"古史辨"的研究成果，吸收了胡适的"科学方法"，此外，还将冯友兰、陈梦家、游国恩诸人之经史与文辞研究的新进展融合转化，最终

---

① 朱自清：《经典常谈》，复旦大学出版社 2004 年版，第 79－80 页。

形成颇具个性色彩"新古典"文艺思想。

经朱自清系统述评的《诗经》《春秋》《楚辞》《史记》《汉书》，成为后学者研究古典文学的必备向导，而《诗言志辨》是其最见功力的学术著作。书中他采用纵向考察，理清了几种典型诗论的来龙去脉与演变轨迹。其中，《诗言志》《诗比兴》《诗教》《诗正变》四文，正是他在爬梳大量藏书资料的基础上历经多年研究之结晶。他考辨之认真，直至"咬文嚼字"的程度。他努力寻找文学批评的发生与衍变，探寻文艺发展的历史轨迹。从朱自清的藏书来看，他对历朝有关诗文评的书籍与评点本的收藏是最丰最全的，在此基础上，他对各种材料进行了细致而严谨的排比、归纳，《李贺年谱》《宋五家诗钞》《十四家诗钞》《陶渊明年谱中之问题》等文章，正是在对古诗十九首、乐府诗、唐宋诗词进行深入探究与周密详尽的考证的基础上的创造。可以想象，没有足够全面的藏书的支撑，他很难完成如此富有挑战性的工作。

以《诗言志辨》为例，该书显示了作为学者的朱自清对古典文献类藏书的充分运用，对文献资料的几近穷尽式的考证。在《诗言志辨·序》中，他写道："诗文评的专书里包含着作品和作家的批评，文体的史的发展，以及一般的理论，也包含着一些轶事异闻。这固然得费一番爬梳剔抉的工夫。"① 显然，这里"爬梳剔抉"的首要条件是对历史文献材料的占有与利用，而专业性很强且收集全面的藏书对于其撰写《诗言志辨》和增强该著的学术权威性自是如虎添翼。

在藏书资料的学术使用上，朱自清有自己独特的治学之法，他一方面力求广泛占有，另一方面采用精深而严密的考索。他不是"史料派"，而是在细细考据中，力争"辨章学术，考镜源流"。其依托于文献材料完成的《诗言志辨》，于寻常细微处重新检审学术历史，考据充足，最后又以散文般流畅通达的语言形式呈现，这是尤为难得的。

他对参考文献的把握与运用堪称卓越。以《诗言志辨》为例，四篇文章基本以文献为据展开论证，广取博采，然后在已有文献的基础上进行细致的统计、对比、勘误与分析，层层递进，娓娓道来，结论亦水到渠成。其中偶尔夹杂特别注释与说明，对历史材料信手拈来，论述时

---

① 朱自清：《诗言志辨》，岳麓书社2011年版，第3页。

间往往跨度很大却又不离其宗。这一方面与他对自己藏书文献的熟悉有关，另一方面则在于他开阔的学术视野。

朱自清的聚书、藏书与研究为其语文教育教学与研究的开展提供了很好的支撑。他在清华大学任教期间，常常专门为学生开列书目，他专门搜购了大量教育教学与文学批评的文献与材料。对于文学教育中的语言与修辞，他都加以详细考察分析，探寻其语言用词的演变规律与文化意味。他与叶圣陶合作写成的《略读指导发隅》《精读指导举隅》《国文教学》等书成为应用广泛的教材。他一生编撰过多部课本与教材，病逝前还与叶圣陶等人编撰《开明高级国文课本》。正如叶圣陶在《朱自清先生》一文中评价的："他是个尽职的胜任的国文教师和文学教师。"①

朱自清的藏书显示，他努力在文史哲的跨学科领域内做出新的拓展。在清华大学任教期间，他曾致力于开展"中国文学批评"的研究，也是"中国文学史""文辞研究"和"文学批评"课程的主讲。他讲课的特点之一就是注重资料的援引，注重历史的考证，对于每一门课程所需要的材料，他都从古至今搜集完备，绝不敷衍了事。他认为"这些年来我们的史学很快的进步，文学也有了新的成长。文学史确是改变了面目。但是改变面目是不够的，我们要求新的血和肉"②。他表明了自己的计划与治学的态度："现在我们固然愿意有些人去试写中国文学批评史，但更愿意有许多人分头来搜集材料，寻出各个批评的意念如何发生，如何演变——寻出它们的史迹。这个得认真的仔细的考辨，一个字不放松，像汉学家考辨经史子书。这是从小处下手。希望努力的结果可以阐明批评的价值，化除一般人的成见，并坚强它那新获得的地位。"③

据朱自清的弟子回忆，病逝前的朱自清书房里满是他的手稿与知识卡片。他曾经计划以新的视角完成一部中国文学史和考证文章——《宋朝说话人的四家》，病逝前努力搜购中国小说戏曲方面的参考文献，可惜因为早逝最终未能如愿。

王瑶先生曾在《念朱自清先生》一文中指出"朱先生是诗人，中国诗，从《诗经》到现代，他都有深湛的研究。'诗选'是他多少年来

① 叶圣陶：《踏花归去马蹄香：叶圣陶散文》，北京联合出版公司 2015 年版，第 124 页。
② 朱自清：《朱自清说诗》，东方出版社 2007 年版，第 2 页。
③ 朱自清：《朱自清说诗》，东方出版社 2007 年版，第 3 页。

所担任的课程；对于陶、谢、李贺，他都做过详审的行年考证"①。因为他论证的周密与论据的扎实，他的著作常常成为同辈学人引用的对象。对此，著名诗人、古典文学研究专家钱仲联曾说："朱自清所撰《李贺年谱》用力亦劬，取材不少。……《朱谱》佳处，今多采入。"②他后期搜集了大量韩愈等人的文献，这与他的研究兴趣转向唐宋有关。他整理闻一多生前的研究资料，计划与同人一道编写《全唐诗人事迹汇编》，然终未如愿。

朱自清是一位有着很好的外文功底的现代学者，也有过国外访学的经历，这对于他后来的学术视野的开放有很大影响。从他的藏书资料和日记来看，除了在中国古典文学方面深耕细耘之外，他还把目光投向了地球另一端的学术动态，显然，他在试图探寻一座沟通中西文学理论的桥梁。

在1934年10月9日的日记里，朱自清写道：

> 冯友兰给我看他在国际哲学会议上的演讲稿，题目是《现代中国哲学》。他把现代中国哲学史的发展分为三个时期，第一个时期是知识界热衷于以旧说旧，即以老的思想方法阐述过去的哲理；第二个时期是说明东西方哲理的差别；第三个时期是用类比的方法使东西方的哲理更为人所了解。最后一个时期的学者乐于对东西方哲理相互解释，并不像外国刊物那样热衷于相互批评。冯认为，我们不久将会看到，中国的哲学思想将用欧洲的逻辑和明确的思维加以阐明。不过，在我看来，中西文化如何结合仍然是一个没有解决的大问题。

在朱自清的藏书中有不少关于瑞恰慈的著作，他的日记显示他对瑞恰慈的《孟子论心》等著作进行了深入研究。瑞恰慈为20世纪英国重要的诗人和理论家。20世纪30年代，瑞恰慈对寻找中西方文化理解沟通的方法作了许多卓有成效的尝试与努力。他首次采用语义理论对《孟子》

---

① 王瑶：《念朱自清先生》，见《王瑶文集》（第5卷），北岳文艺出版社1995年版，第582页。
② 张忠纲主编：《全唐诗大辞典》，语文出版社2000年版，第1084页。

进行了新的解读，取得了很好的反响。在《语文影及其他》的序言中，朱自清坦陈："大概因为做了多年国文教师，后来又读了瑞恰慈先生的一些书，自己对于语言文字的意义发生了浓厚的兴味。十几二十年前曾经写过一篇《说话》，又写过一篇《沉默》，都可以说是关于意义的。"①

朱自清的日记显示他对瑞恰慈的著作很关注。尤其在文本细读的批评方法方面，他在瑞氏的基础上，对现代诗歌的语言分析提出了重要的见解。"我读过瑞恰慈教授几部书，很合脾胃，增加了对于语文意义的趣味。从前曾写过几篇论说的短文，朋友们似乎都不大许可。这大概是经验和知识还不够的缘故。但是自己总不甘心，还想尝试一下。于是动手写《语文影》。"② 朱自清的《论意义》《诗多义举例》《语文学常谈》等重要论文、论断都与瑞恰慈的语义学理论有着很大的联系。在瑞氏的理论的影响下，他逐步建立起了中国化的解诗学。然而，与瑞恰慈不同的是，朱自清所倡导的文本细读主要是为了帮助应对其面临的解释新诗的挑战。

其实我们考察朱自清与瑞恰慈之联系，还有一个很重要的因素是朱自清的个性气质与个人的特长。他曾坦陈：

> 我是个偏于理智的人，在大学里学的原是哲学。我的写作大部分是理智的活动，情感和想象的成分都不多……可是我做到一件事，就是不放松文字。我的情感和想象虽然贫弱，却总尽力教文字将它们尽量表达，不留遗憾……控制文字是一种愉快，也是一种本领。③

正是源于这种高度理性的气质，我们看到他从进入文学道路之前并非像有的作家一样侧重于文学作品的欣赏、模仿，而是直接借鉴一些写作的指导用书。这其中的目的性和理性色彩是很强的。他的藏书中占主要部分的不是文学作品，而是古今中外的哲学与理论著作，似乎也能说明这一点。我们从他的自我分析中，不难发现他对于自身的长处与短板

---

① 朱自清：《朱自清大全集》，新世界出版社 2012 年版，第 304 页。
② 朱自清：《朱自清散文经典》，晨光出版社 2014 年版，第 230 页。
③ 朱自清：《朱自清散文经典》，晨光出版社 2014 年版，第 229 – 230 页。

是清楚的，他的长处在于对语言的敏感与深厚的文字功底，这使得他走向了文本细读与现代解诗学的研究之中，也因此能够与瑞恰慈的理论获得某种"契合"。

朱自清的藏书不仅为己所用，而且主动满足同道学人的研究需要。在他的日记中，有很多关于他慷慨地出借或赠送自己图书的记载，如1939 年 9 月 8 日的日记中写道：

> 张荫麟先生借走《卜辞通纂》。
> 余冠英先生借走《文论讲疏》。

再如，1939 年 7 月 24 日的日记记载：

> 将我唯一的一本诗类辨异抄本借给今甫。
> 冠英借去《文论讲疏》，归还《语言与文学》。
> …………

这种藏书交流成为朱自清学术生涯的特别部分，他的这种读书治学风范，不仅团结了一批同声共气的学人，而且对推动学术进展、繁荣学术氛围都有着积极的作用，也为后世学人树立了很好的榜样。

第三节　藏书与散文创作

关于朱自清的创作与传统阅读的关系，在《文心》一文的序言中，他自己写道：

> 记得在中学校的时候，偶然买到一部《姜园课蒙草》，一部彪蒙书室的《论说入门》，非常高兴。因为这两部书都指示写作的方法。①

---

① 张定远：《作文教学论集》，新蕾出版社 1982 年版，第 115 页。

　　朱自清后来受"五四"新文学的影响，开始尝试白话诗歌和现代散文的创作，成了继冰心之后最杰出的散文家，他的"美文"打破了复古派所持的"白话无法作'美文'"的说法，他脱胎于旧传统，却又以创造的实力彰显了对旧文学示威的一面。

　　朱自清的散文既彰显了民族艺术风格，有着深厚的古典文化意蕴，又饱含着现代的气息。朱自清的散文播撒了新文化运动的思想，倡导一种"意在表现自己"的现代文章新观念；既展示了他的主观精神世界，又描绘了客观社会现实；既显示了他曲折的创作道路，又体现了现实主义的创作方法。更重要的是，他的散文是民族文化心理的真实写照：儒家思想是其散文的美学思想，"中和主义"是其散文的美学原则，温柔敦厚是其散文的个性特征。可以这样说，没有儒家思想，朱自清的散文就显示不出鲜明的民族特征。"中和主义"不仅是朱自清不过不及的行为准则，而且是他散文的美感特征。他的散文含蓄、悠远、缠绵，感情适度，体现着一种"哀而不伤""含而不露"的审美效果。同时，朱自清熟悉艺术辩证法，善于把"中和主义"运用于散文写作之中，从对立中求统一，从不协调中求一致，因而"中和主义"在他的作品中显示了对立统一的美感法则。朱自清散文的民族艺术风格是鲜明的，首先，合理移植古典诗歌的"意境"的技法，创造物与我、景与情浑然一体的艺术境界；其次，在创作方法、叙述方式上，借鉴融合了古典散文的技法；最后，注重了民族语言的继承和创新。

　　朱自清散文反映了时代与人生。尽管受外国随笔的影响，但是继承的是中国传统文化、传统思想，使用的是民族艺术方法，从而创造出"浓而不烈、清而不淡"的个性散文。朱自清坚实地踏在祖国文化传统的土地上，他散文的艺术风格深深地打上了民族的烙印。朱自清散文具有鲜明民族文化特色，他用白话文写了很多脍炙人口的游记散文，他笔下的描写对象，一方面是他曾经亲身游历体验过的，另一方面是他在相关文献资料基础上的一种借鉴发挥与艺术性创造。例如，关于潭柘寺和戒台寺，可谓历史悠久，景色秀美，其因人文底蕴之深厚素为文人骚客所推崇，所谓"先有潭柘寺，后有幽州城"以及"潭柘以泉胜，戒台以松名"即由此而来。古往今来的文人雅士，如清代散文家方苞、文人张永铨、文学家袁宗道、文学家吴锡麒和收藏家顾文彬等都曾相继亲赴潭柘寺与戒台寺一睹风采，且留下了许多优美动人和具有史料价值的游记。朱自清也曾游览此两处，并写下了优美的游记散文——《潭柘寺戒台寺》。只是与其他作家的创作不同的是，朱自清在创作前，每每会购买相关书籍，事先阅读并参考前人所写的作品。这显然已经成为他文学创作与学术研究的一个重要而共同的特征。在他的日记中，有许多关于他利用藏书和资料进行创作和研究的记载，如 1934 年 3 月 29 日的日记中写道：

> 上午校《陶诗本义》，下午读《潭柘戒台游记》。

1934 年 3 月 31 日的日记中写道：

> 与中国文学系同学游潭柘寺，竹亦同往。门头沟至山麓皆运煤路，路多干河底，石子甚多，极难行，上山后雇一驴，风大极，驴几欲吹倒，后因路险，下驴步行，山虽不易走，却有山意，谓丘壑也。至潭柘，在竹林中野餐，竹甚高而密，与大悲庵不同，亦有竹意。餐后随喜文殿，觉高下参差，甚为曲折，寺大而静，延清阁寓客最佳之处，惜尚尘封耳（可望寺外远景）。山门外二松盘虬，颇佳。晚餐前至姚少师堂，餐时饮酒猜拳。餐毕步月至龙王庙，山高月小，四望森然。夜中冷极。

这篇日记从文采和内容来看，显然已经是数日后成文的《潭柘寺戒台寺》的"草稿"了。我们看到 1934 年 8 月 2 日的日记中写道：

> 开始写游潭柘寺和戒台寺印象。

1934 年 8 月 3 日的日记写道：

> 写完潭柘寺、戒台寺游记。

他在写作前的文献准备，他的写作效率之高，显然与他深厚的艺术功力和丰富的藏书文献资料密不可分。今天我们考察其藏书、聚书与用书，其在创作和研究方面的杰出成就，与其自幼接受的中国传统文化的熏陶以及后期对西方学术思想的接受吸纳存在深刻而紧密的关系。而他为文与治学的经验以及他的精美作品，都是一笔珍贵的精神财富。

第六章　巴金的藏书世界与文化视野

在 20 世纪中国文学史上，巴金是一位有着多重身份和卓越贡献的大师级人物。与鲁迅、郁达夫一样，巴金也是著名的藏书家。他丰厚的著作和藏书为其跨越两个世纪的漫长的写作生活和艺术思想的形成与发展轨迹提供了重要的线索与互证。作为一种独特的文化和精神资源，巴金藏书为我们了解一个著名作家的思想原点和精神成长史提供了多方面的启示。譬如：在他的创作、翻译、编辑、出版等文化活动和身份转换中，是否存在某种一以贯之和统摄性的理念意识？这种思想是如何形成并渗透、融入他的整个文学活动之中的？这种融入为他的文学生产带来了什么？在当代中国文化传播与发展进程中又具有怎样的价值与意义？

第一节　巴金藏书概览

一、藏书理念

对于藏书，巴金显然有别于一般藏书家，他藏书并非持孤本秘籍为惊人之具，更非所谓附庸风雅，而是主张藏以致用，将藏书作为自己学习和创作的"宝库"，同时主张藏书为社会所用，而后者恰恰是其晚年大量捐书的重要缘故。巴金的收藏早已默默地为文化界作出贡献，也曾为众多文化人提供帮助。著名作家李健吾、卞之琳、萧乾做翻译和研究时，都曾向巴金借书。在藏书的私藏与公用上，巴金的风范令人敬仰。

二、藏书构成

据统计，巴金藏书逾 70 000 册，其中包括：国家图书馆有巴金捐赠的书刊 7 000 余册，中国现代文学馆有 9 000 余册，上海图书馆有 6 395 册，泉州黎明大学有 7 073 册，南京师范大学附属中学有 600 余册，香港中文大学有 71 种 1 202 册，还有其他一些机构巴金也捐赠过图书。

巴金的藏书，除了数量多、质量高以外，还有一个鲜明的特点就是西文藏书种类丰富、语种多、版本齐、珍本不少。就文学作品而言，巴金特别喜欢的作家如托尔斯泰、屠格涅夫、雨果、但丁等不同时期、不同版本所见俱收。另外，插图本、限定本等豪华版本为数不少。除中外文学作品之外，巴金也注重各种理论著作的收藏：无政府主义理论、名人传记、报刊和文化史料。这些书刊因条件所限，发行量小，所以作为研究资料尤为珍稀。

巴金的中文藏书，以中国现当代文学创作和翻译书刊为主，作为一位在文坛中奋笔七十多年的作家和卓有建树的出版家，他的中文藏书里，现代文学书刊珍本很多，其中大量的作者签名本，为研究现代作家的交往提供了帮助。还有部分特装本的书，并不在市面上流通，为出版史研究提供了实证资料。

此外，上海巴金故居馆藏工具书数量多达 373 册，涉及多种学科门类，25 个语种以及世界语。巴金故居馆藏工具书丰富广博且文献价值高，这使巴金故居馆藏在众多名人故居博物馆中独树一帜。巴金向来喜爱和重视藏书，他善于利用藏书，藏书是他学习、翻译与创作的重要"宝库"。

第二节 巴金藏书及其世界视野

巴金对异域文化的关注度是特别高的，这一点无论是从他的作品、文学活动，还是从其自述中都不难发现：在"所有中国作家中，我可以说是最受西方文学影响的一个"[①]。他不仅是小说家，也是知名的翻译家，他的翻译与写作得益于他的语言天赋。巴金对语言有种天然的钟爱，在中国现代作家中，他是为数不多的精通法文、俄文、德文、英

---

① 巴金：《答法国〈世界报〉记者问》，见曾小逸：《走向世界文学——中国现代作家与外国文学》，湖南人民出版社 1985 年版，第 232 页。

文、日文与世界语的翻译家。当然，这与他一生丰富的外文藏书与阅读是分不开的。

事实上，巴金在文学翻译上卓有成就，只是长期以来其文名掩盖了其译名。巴金的译作大部分收集在《巴金译文选集》中，《巴金文集》有二十多卷，而译文就占了十卷，无论从数量上还是质量上都不逊于一般翻译家。这上千万字的著作和数百万字的译文，是巴金对中国文学的独特贡献。在这林林总总的译作里面，其思想的起伏发展，也是可以得到某种互证的。我们考察巴金的创作与思想轨迹，特别重要的一点就是要真正了解他的翻译史。有时候，我们从作家的藏书与文学活动中才能更好地寻觅到其创作的逻辑起点。仅就现存于中国现代文学馆巴金文库的藏书来看，光译著就有 1 307 种，其中巴金本人的有 39 种 61 本，其余多为同时代翻译者的作品。

从各类语种丰富的西文藏书中，我们可以真切地感受到作为作家的巴金视野之宽广、思想之丰富。举凡西方政治著作、文学名著，甚至艺术理论、心理学著作等，他皆精心收藏，面对一份如此庞大的藏书和阅读目录，后人不得不对巴金独到的眼光和识见深表敬佩。

十八岁时，巴金翻译了他的第一部作品——迦尔洵的小说《信号》，这一尝试使得文学创作与文学翻译最终成为其一生的事业。我们考察巴金的译著，其重点在于俄罗斯小说、传记与回忆录，他自称"边译边学"，翻译的过程确实是学习的过程，早年他翻译的作品后来都成了他思想与创作的"导师"。他只选自己感兴趣的作品翻译。他在"试译"的过程中将自我的感情倾注其中，他希望以译文来诉说自己，借以引起读者的共鸣，所以他的翻译与后来的写作在情感的倾泻与强烈的自传色彩方面存在紧密的关联。这也再次证明了在中国现代文学史上，作家的创作与其翻译事实上是一种相辅相成、互相促进的关系。在 20 世纪初的中西文化碰撞与交流日益紧密的历史环境下，一身二任，翻译与推介外国文学的工作贯穿作家的文学道路，成为巴金文学活动最为重要的部分。忽略这点，就很难完整把握其作为作家的思想人格的形成。

今天，透过对其藏书的爬梳，我们可以更加清晰完整地把握巴金对外国文学的接受程度和他有选择地翻译的背后的原因与其创作的逻辑起点。而巴金的藏书，仅就捐献给中国现代文学馆的图书中，译著就有

30 余种，我们从他的外文藏书和翻译中可以看到他如何摄取域外文化因子，又如何将其嫁接于自己的思想体系和汉语母体中，从而成就一个个现代文学史上的精品。

巴金对外国思想和文学的摄取，无疑是一个复杂的大课题。在数量庞大的藏书背后，构成了巴金复杂的知识结构。通过其作品和藏书，不难发现巴金接受外国文化的范围相当广泛，几乎涉及所有欧洲地区、美国与日本的文学与文化，他都了解过、翻译过、借鉴过。他早年喜欢法国无政府主义思想，形成最初的世界观，后来关注俄罗斯民粹主义与法国大革命，其间又注意日本文学动向。这其中，除俄苏文学外，西欧文学对他的影响是最大的。留学法国时，法国大革命的著作成为其关注的对象，后来便反映到了其对小说的翻译活动中。巴金早期译介的理论和自传，都是曾使他深受感动的作品。他后来热衷于小说翻译，这个过程，对其创作的潜在影响是不容小觑的。他所译介的作品有数十种，数量上十分可观，可以说，他首先是一个翻译家，其次才是一个作家。我们今天只有充分了解其翻译史，才能更好地把握其创作和思想发展。

从现在的资料来看，巴金提到的外国作家有数十名，如果我们读他所译介的各种小说，再反观他自己的作品，就不难发现这背后的潜文本的存在，他的作品是深深受到了外国文化影响的。而这其中，对其影响最大的，当然也是他所翻译的那些作家的思想与创作。然而，无论从翻译文本的选择抑或创作的借鉴，巴金素来以思想信仰的文学认同作为第一取舍标准，这一点在其对法国文化思想和文学的接受上体现得尤为突出。

巴金最早接触的是法国大革命时期的思想与著作。至今在巴金藏书中依然存有 1930 年由上海开明书店出版的巴金翻译的《丹东之死》等作品，对这些作品的关注与翻译，表达了青年巴金对民主斗争中的勇敢、牺牲、无我等高尚精神的敬仰。

此外，卢梭之于巴金的意义也是不言而喻的。对巴金而言，卢梭的意义不止在于一般的文学家，更在于其思想与人格的魅力。留学时代的巴金曾无数次站立在这位"十八世纪的良心"脚下倾吐内心的苦闷。巴金一再声称卢梭是自己的第一位启蒙老师，巴金曾说"我写小说，第一位老师就是卢梭，从《忏悔录》作者那里我学到了诚实"①。据统计，仅《随想录》中，巴金提到卢梭就不少于 5 次。当然，卢梭对巴金的影响有显在的亦有无形的，不完全在文学的形式上，而更集中体现在思想与精神气质方面，在巴金的身上，体现了民主思想、率真敏感的文学气质、真诚的创作态度以及饱含激情的叙述风格。卢梭的"讲真话"的人权思想与民主观念对巴金的文学和思想起着纲举目张之作用。这一点，我们只需比照巴金晚年的力作《随想录》与卢梭《忏悔录》就不难发现了。然而，对于一个影响如此巨大的作家，我们在现今的巴金藏书中却很难找到其作品，是作家没有收藏，还是收藏后遗失了，还是有其他原因？这中间颇耐人寻味。似乎也再次说明卢梭之于巴金的真正意义或许并不在具体的文学创作，而在于精神上的联系与感召力量。作为老师的卢梭给予后来者如巴金更多的应该是一种精神上的相通、依赖与慰藉，以及人格上的招引与感染。

至于著名作家左拉和罗曼·罗兰的作品，在巴金的众多藏书中也值得关注。在巴金文库中，看到左拉的小说如《左拉小说选集　给妮侬的新故事》《崩溃》《劳动》等，以及罗曼·罗兰的《约翰·克利斯朵夫》（第 1 - 4 册）、《爱与死的搏斗》等。其中，左拉给予巴金的影响主要是多卷巨制的小说体式的实践性构制，在巴黎留学期间，巴金读了左拉的作品之后，也萌发了写连续小说的写作动机，于是有了后来的《家》《春》《秋》等。而罗曼·罗兰之于巴金主要是一种信念与道德的感召力量。这种信念与力量和其他法国作家给予的滋养一样，共同塑造了巴金的灵魂，丰富了青年巴金的思想，成为其世界观的重要一翼。此外，巴金藏书中关于法国短篇小说的也不少，如 1936 年黎烈文翻译、商务印书馆出版的《法国短篇小说集》等，我们从巴金创作的短篇小说来看，其风格与写作手法上对法国短篇小说的借鉴也是存在的。

如果说法国文学给予巴金的主要是民主的理想，那么俄国文学给予巴金的则更多是革命的信念。和鲁迅一样，作为俄国文学的阅读者，巴金最先也是以一名翻译家的身份进入的。

纵观巴金创作，人道主义思想对其影响是明显的。这一点我们从他

---

① 巴金：《探索集》，见《随想录》，生活·读书·新知三联书店 1987 年版，第 321 页。

早期翻译的文本中也可了解一二。巴金翻译的第一篇作品《信号》的作者是俄国作家迦尔洵，作品中饱含的"爱"与"善"的人道主义，深深地感染了巴金。他不仅翻译了这部著作，把它介绍给中国的读者，而且在他的处女作《灭亡》中还引用了其中的人物对话，我们在巴金后期的作品中依然可以寻觅到这种思想的影响的轨迹。

在青年巴金早期的思想形成中，影响重大的还有无政府主义的思想。在这一方面巴金最先接触到的作家是克鲁泡特金。近一个世纪之后，今天的我们翻阅克鲁泡特金的这批作品，作家思想形成的逻辑起点似乎浮现在眼前。巴金回顾他初读克氏的《告少年》时，激动难抑。他一面拜读，一面努力地翻译克鲁泡特金的《我的自传》和《伦理学的起源和发展》，克氏的民主主义给予巴金思想的影响是深远的。这一方面加强了巴金反抗现实的勇气与信念，另一方面使得巴金远离了当时主流的革命斗争，最能体现这种思想上的矛盾的是他早期小说《灭亡》中的杜大心的个人英雄主义的献身行为。小说结尾杜大心的死无疑显示了作家思想上的疑虑。而纵观巴金的一生，无不在一种矛盾与彷徨的交织中反思自我与社会。

今天，在巴金藏书中，依然存有巴金早期翻译的克鲁泡特金的《面包与自由》《人生哲学：其起源及发展》《我底自传》《伦理学的起源和发展》以及毕修勺译的《一个反抗者的话》，等等。这足以说明这位在20世纪初曾与托尔斯泰、尼采、马克思等人一样闻名于世的思想家对巴金的影响。与其他翻译家不同，巴金的翻译侧重于思想性，早期接触的克鲁泡特金的平等思想，成为其反抗旧制度的思想武器，使他坚信平等乃人之本能，他毕生都追求这种反对一切专制与强权的公平与正义，不仅表现在其藏书中，也表现在其翻译与创作之中。青年巴金正是借助这些文化资源，初步形成了自己的政治文化观，这种文化观即借助无政府主义的道路，实现人人互助友爱的平等自由的社会。巴金的这种理想与激情被带入其创作后，就表现为对礼教制度的批判与反思。这一点，在其作品《灭亡》《新生》以及《爱情三部曲》中皆有深刻反映。虽然20世纪40年代以后，克氏思想的影响减弱，但其舍弃爵位与贵族生活，选择受苦、牢狱、亡命而不屈斗争的人格精神对作为现代知识分子的巴金依然有着积极的影响。

在巴金写作中有着特别意义的作家还有赫尔岑，今天在中国现代文学馆的巴金文库，我们可以看到巴金当年收藏的赫尔岑的作品。如1940年8月1日由文化生活出版社出版的《一个家庭的戏剧》，1955年3月1日又由人民文学出版社出版并更名的《家庭的戏剧》，1990年9月1日由台湾东华书局股份有限公司出版的《家庭的戏剧》，以及1979年10月1日由上海译文出版社出版的《往事与随想》都是由巴金翻译的。还有两本不是巴金翻译的赫尔岑作品，巴金也有收藏。即由楼适夷译、1956年9月1日新文艺出版社出版和1979年6月1日译文出版社出版的《谁之罪》。对于巴金晚年的力作《随想录》，倘使我们以更广泛的视野去考察，不难发现其背后的俄国作家赫尔岑的影响。作为一名政治流亡者，赫尔岑以坚定的信念揭露极权统治下的腐朽和丑恶，创作了一批影响重大的现实主义小说，他以回忆录的形式创作了《往事与随想》这部巨作。这是一部包括书信、日记、散文、随笔、政论与杂感的文学著作，赫尔岑耗费15年才完成这部重要的作品。而早在1928年旅居法国期间，正在进行第一本小说《灭亡》的创作的青年巴金就深受《往事与随想》的影响，也便萌生了翻译此作的想法。1940年，忙碌的创作中巴金翻译了其中的部分章节，名之为"一个家庭的戏剧"。"文革"期间，巴金由自身的处境联想到了19世纪的俄罗斯，在这种感同身受的艰难中，完成了第一、二卷的翻译，同时开始了《随想录》的创作。在《随想录》的后记中，巴金坦言："《随想录》是翻译赫尔岑的《往事与随想》的副产品。"[1] 倘若将《随想录》与《往事与随想》对照起来，西方文化与东方文化的心灵碰撞，是可以看到一二的。

巴金翻译的作品中对其创作影响最大的作者，除了赫尔岑还有屠格涅夫。尽管在艺术思想上巴金较多地受到了前者的影响，但在艺术手法和审美创作上，追求主观情感的抒发使其向屠格涅夫靠近。除了选择内焦距的第一人称叙事外，在人物形象塑造上，屠格涅夫给予巴金的启示也是明显的：《家》这部表现中国新旧势力冲突的作品我们在屠格涅夫的《父与子》中可以找到相似的影子；《爱情三部曲》中的周如水可以看作是罗亭的传人，而《前夜》中的爱伦娜有着更多《海的梦》的里

---

① 巴金译：《随想录（第一集）》，人民文学出版社1980年版，第140页。

娜的投影。

如今，在中国现代文学馆的"巴金文库"中，有至少40本巴金收藏的关于屠格涅夫的作品，其中大部分为巴金翻译。如1990年由台湾东华书局股份有限公司出版的屠格涅夫等著的《门槛》《木木集》《散文诗》，1954年由上海平明出版社出版的巴甫罗夫斯基撰《回忆屠格涅夫》，1948年由文化生活出版社和1955年由人民文学出版社出版的《父与子》，1978年由人民文学出版社出版的《处女地》。也有巴金和萧珊翻译或合译的，如1959年由人民文学出版社出版和1981年由四川人民出版社出版的《屠格涅夫中短篇小说集》，1954年平明出版社出版的《奇怪的故事附书简》，1954年初平明出版社出版的由萧珊独译的《初恋》；还有部分其他人翻译的，如1936年耿济之译、文化生活出版社出版的《猎人日记》，1959普斯托沃依特著、韩凌译、人民文学出版社出版的《屠格涅夫评传》等。此外，还有屠格涅夫全集，包括1949年莫斯科版的12卷本，苏联科学院编辑的28卷本，各种单行本、法译本、英译本，等等。

这只是一些典型的例子。其实巴金作品中有很多是有影子的，如斯捷普尼亚克、车尔尼雪夫斯基等。如果说巴金早期主要是对俄国革命者自传的学习，借以表达自己对旧生活的感受，那么后期则注重从中国现实出发，汲取文学大师的创作经验，转化为新的白话文精品。这一过程中的作品如《爱情三部曲》《激流三部曲》等都具有屠格涅夫、托尔斯泰和契诃夫的影子。

巴金以自己特有的方式，很好地处理了个体经验与外来资源的关系。这些汲取含而不露，他都能融入血而深入骨。仔细阅读这些小说，有的是从外国文学里脱化过来，有的则成为某种无意中的对应。

今天我们翻阅巴金作品，发现他在汲取他人营养的同时，自身的独特性与创造性也是明显的。与赫尔岑相比，巴金显然突破了回忆录的年代叙述，以"真"为统摄，独立成篇，它的重心在思想上的反思。由此，《随想录》的文学性和思想性也获得了与赫尔岑的《往事与随想》同样重要的地位，两部作品熠熠生辉，与世长存。

还有一些没有译介的作品，巴金阅读后也深受其影响。今天在中国现代文学馆的巴金文库中，还可以看到托尔斯泰的作品约有20种30余本，其中光全集和选集就数种，有 1912 年出版的豪华插图本 10 卷、1956 年由苏联儿童文学出版社出版的插图本《战争与和平》，等等。还有草婴翻译的《安娜·卡列尼娜》，文颖译《活尸》《黑暗的势力》，方敬译《家庭幸福》，李健吾译《文明的果实》《头一个造酒的》《光在黑暗里头发亮》，郑绍文译《权力与自由》，高植译《复活》《战争与和平》《安娜·卡列尼娜》，朱雯译《苦难的历程》（1—3 部），海戈译《两个骠骑兵》《一个地主的早晨》，沈凤威译《克莱采朔拿大》，等等。巴金曾由衷地赞颂托尔斯泰为"19 世纪人类的良心"，在他青年时期，就极为认同托尔斯泰的艺术观，托尔斯泰在给罗曼·罗兰的回信中称"只有沟通人类的同感，去除人类的隔膜的作品，才是真有价值的作品"[1]。对此，巴金也表达了类似的艺术观，他曾经指出："凡是使人类联合的东西都是善的、美的，凡是使人类分离的东西都是恶的、丑的。"[2]

第三节　巴金藏书中的鲁迅

在中外文学发展史上，常常有一个这样的现象：伟大的文学家总是以自己的思想和艺术的光芒吸引和感召后来者，而那些杰出的后起之秀又往往善于从前辈的资源中汲取养料，从而发展和丰富自身的创作。鲁迅之于巴金的影响，正是如此。鲁迅是新文学的闯将和旗手，是中国新文学道路的开辟者，而巴金正是沿着鲁迅所开辟的道路成长起来的优秀作家。巴金曾说："几十年中间用自己燃烧的心给我照亮道路的还是鲁迅先生"[3]，"他的书是我的一个指路者"[4]。那么，鲁迅于巴金到底存在怎样的影响，在巴金的藏书中是否可以找到两位文学大师关系的互证呢？

---

① 贾植芳、唐金海、周春东等：《中国当代文学研究资料　巴金专集　评论文章选辑 2》，江苏人民出版社 1982 年版，第 34 页。

② 陈喜儒：《巴金与日本作家》，复旦大学出版社 2015 年版，第 198 页。

③ 巴金：《怀念鲁迅先生》，《巴金全集》（第 16 卷），人民文学出版社 1991 年版，第 341 页。

④ 巴金：《忆鲁迅先生》，载《人民文学》创刊号。

青年巴金曾经是鲁迅的忠实读者，鲁迅的《狂人日记》等加深了巴金对现实的理解，而二人直接的交往始于 20 世纪 30 年代，巴金曾赠送鲁迅《俄国社会革命运动史话》等书，鲁迅在编辑小说集《草鞋脚》中收录了巴金的小说《将军》，这些交往在鲁迅的日记中都有记载。1935 年，巴金担任文化生活出版社编辑，得到鲁迅的大力支持。巴金编辑了十集《文学丛书》，有 161 种单行本，成为中国现代作家的重要阵地。如今，这些书在巴金的藏书中保存得非常完整。

鲁迅对巴金的影响主要体现在知识分子人格修养方面。纵观作家思想经历和作品内涵，巴金所表现出的率真、勇敢、对真理的坚持和勇于反思自我的现代人格，一方面固然受惠于西方文化，另一方面鲁迅及其作品对巴金的人格熏陶亦功不可没。巴金坦言鲁迅的作品是他的"指路者"。这种指引，我们从巴金作为《文学丛刊》编辑和《生活》总编时的认真负责和爱护青年，从鲁迅逝世后巴金的多篇纪念文章中可见一斑，但最能体现巴金传承鲁迅精神的，还是巴金晚年的那部《随想录》，巴金和鲁迅一样，是勇于解剖自己的最真诚的知识者。诚如"我勉励自己讲真话，卢骚（梭）是我的第一个老师，但是几十年中间用自己的燃烧的心给我照亮道路的还是鲁迅先生。我看得很清楚：在他，写作和生活是一致的，作家和人是一致的，人品和文品是分不开的。他写的全是讲真话的书。他一生探索真理，追求进步。他勇于解剖社会，更勇于解剖自己；他不怕承认错误，更不怕改正错误。他的每篇文章都经得住时间的考验，他的确是把心交给读者的"[1]。《随想录》的诞生，可以说是巴金"借鲁迅先生的解剖刀在解剖自己的灵魂"。

鲁迅不仅从人格上感染了巴金，在具体的文学创作上也对巴金有潜移默化的影响。巴金坦言，"没有他的《呐喊》和《彷徨》，我也许不会写出小说"[2]。这一点，不仅体现在巴金散文如《龙虎狗》《梦与醉》对《野草》《朝花夕拾》的借鉴上，还体现在小说的艺术构思上。我们比照一下巴金的《春天里的秋天》和鲁迅的《伤逝》就可以看出，无论是题材，抑或人物、情节，二者的神似之处不少。当然巴金吸收的主要是创造性的熔铸，二者可谓同中有异，各有千秋。

---

[1]　王景科主编：《新中国散文典藏》（第一卷），山东友谊出版社 2015 年版，第 189 页。

[2]　巴金：《忆鲁迅先生》，载《人民文学》创刊号。

　　据统计，在巴金的所有中文藏书中，收藏最多的就是鲁迅的作品，其中包括鲁迅各个时期的单行本，选集、全集和译著共 219 种，各种研究资料共 171 种，几乎囊括了近一个世纪以来鲁迅的各种版本作品和研究资料。巴金担任《生活》总编期间出版了《死魂灵》《夜记》《俄罗斯的童话》《故事新编》等鲁迅作品。

　　今天，我们面对这批数量众多的珍贵资料，再反观巴金的学习精神，一方面深深感到文学传统和文学精神在两代作家之间的传承，感受到巴金受到的新文学哺育，另一方面也敬仰巴金研读鲁迅作品，为中国现代文学研究所作出的巨大贡献。

　　除了鲁迅，早期文学研究会的刊物及成员的作品对巴金也有一定的影响。文学研究会"为人生"的艺术观，茅盾翻译的"被压迫民族"的短篇小说，郑振铎主张的"血和泪文学"，以及冰心、曹禺、靳以等的相互熏染，对于文学准备期的巴金的影响是不可忽略的。在巴金文库中，关于文学研究会诸成员在内的现代作家作品就有 590 种 609 本，这些书大部分由文化生活出版社出版，它们见证了作为总编辑的巴金对中国文学与出版事业的重要贡献。其中，有一系列在中国文学史上占据重要地位的作品，如《骆驼祥子》《故事新编》《雷雨》《八骏图》等。

　　透过这批厚重的藏书，我们可以想象 20 世纪 30 年代，巴金是如何将南北各派文学汇集一堂的。他们中既有鲁迅、茅盾、沈从文、郑振铎等大家名家，又有曹禺、艾芜、丽尼等后起之秀。巴金所主持的文化生活出版社成为新文学的一支劲旅。这支汇聚各方的文学劲旅，实现了鲁迅生前的夙愿。文化生活出版社总共发行了 28 种专集、选集和丛刊，226 部文艺作品，其中包括大量世界文学名著，像果戈理、福楼拜、契诃夫、托尔斯泰、罗曼·罗兰等伟大作家的作品也正是通过 20 世纪三四十年代的文化生活出版社传播到中国的。它所产生的影响是不可估量的，而作为总编辑的巴金所起的作用，自是举足轻重、不可磨灭的。

　　巴金的一生，与书结缘。其读书、著书、编书、购书、藏书、赠书……但终究是爱书，藏书活动中的艰难跋涉是巴金半个多世纪的文学生涯不可分割的部分，书籍成就了巴金，而他也以文学的方式让人们变得善良纯洁。他的人生哲学、写作意图与藏书理念是如此吻合：人生是为了付出、给予，而不是得到。他的创作，他的藏书，是其人生的写照，是中国和世界人民的一笔重要的精神财富。

第四节　"人类意识"与作为出版家的巴金

考察巴金的编辑出版活动，与他的文学创作和翻译活动构成了一种同构互文的意义生产关系，背后有他早年在政治信仰基础上形成的"人类意识"的潜在影响。这使他与一般的文学编辑相比，拥有了更深切的人文情怀、更宏阔的文化视野和更深刻的反思精神。他独特的编辑精神在 21 世纪的今天，依然有重要的启示价值。巴金丰富的私人藏书，为探寻其思想与整个文学活动之间的沟通关系提供了必要的互证。

一、"人类意识"与巴金的编辑思想

沈庆利先生曾分析了"人类意识"观照和影响下的巴金小说的异域叙事，认为"它们不仅显示出作家那'以人类之悲为悲'的宏阔视野，也表现了巴金深邃冷峻的历史反思意识"[①]。事实上，与许多现代作家不同的是，早年巴金确实是抱着"苦人类之所苦""以人类之悲为悲"[②] 的深切悲悯与宏阔胸怀走上文坛的。尽管巴金本人一再否认自己的文学活动与信仰之间的关联，但事实上这种源自无政府主义的"人类意识"影响并贯穿他一生的创作、翻译及编辑出版等文化活动。在巴金丰富的私人藏书中，我们发现依然存有关于克鲁泡特金的著作，从 20世纪 20 年代的《互助论》《近世科学和安那其主义》《自传》直到1982 年版的《面包与自由》，巴金都有所收藏。与克鲁泡特金重视文学的启蒙与"内在力量"一样，作为出版家的巴金一再强调知识者的良心，呼吁精神与信仰给予文学的功用，重视文化生产对于塑造人的灵魂的重要性。他指出："做一个什么样的中国人？作品解答了这个问题。作者和读者一同探索，一起前进。一代一代的青年在现实生活中成长，

---

① 沈庆利：《巫女的眼光　中国现代文学：细读与史论》，河北人民出版社 2010 年版，第 187 页。

② 巴金：《复仇自序》，见《中国当代文学研究资料　巴金专集》，江苏人民出版社 1981年版，第 199 页。

也在文学作品中看到自己的同志和弟兄。"① 虽然不以导师自居，但"立人"一直是作为编辑、出版家的巴金的主导思想。在《怎样做人及其它》中，他曾表明自己喜欢背诵法国无政府主义先驱邵可侣的那段关于人类应该互爱的话，他平时也喜欢引用法国哲学家居有的关于生命开花的话来自勉②。"至于克鲁泡特金的道德三要素：'互助、正义、奉献'，更是巴金的人生座右铭，认为这样的'道德规范是做人的道理，是整个社会的支柱'。"③ 今天，透过巴金数量惊人、种类繁多的西文藏书，翻阅他所留下的投入生命与激情进行翻译、编辑的克鲁泡特金、赫尔岑、巴枯宁、邵可侣、凡宰地、司特普尼亚克等革命家的传记和理论著作，以及托尔斯泰、屠格涅夫、雨果、但丁等西方文艺大师的作品，他一生的思想起伏和他精神世界的源头或许可以由此获得某种互证，而他所信奉的"安那其主义"和"人类意识"显然也是来源于此。

早年形成的"人类意识"使作为出版家的巴金一开始便与众不同。与 20 世纪 30 年代上海出版界盛行的商业化相比，作为编辑的巴金首先是以一名文明的"播火者"与"布道者"自居的。"巴金的理想一直是做一个顶天立地改天换地的巨人，做一个以正义原则和自由精神重整地球秩序的英雄，而不是一个文字匠。"④ 这种革命者的气质与精神品位使得巴金在对外国革命理论家的著作的翻译和推介上投入了巨大的热情，这在"文生社"之前的巴金的编辑活动中不难发现。然而，随着现实语境的变化，作为编辑的巴金渐渐将这种政治信仰与革命激情转化为一种道德信仰与对人性和人类文明的反思。他不仅出版了克鲁泡特金的首部革命著作《一个反抗者的话》，还出版了俄国作家迦尔洵、托尔斯泰等现实主义大师的作品，这些作品中饱含的"爱"与"善"的人道主义，曾深深地感染了青年巴金。他将这些作品传播给中国的读者，同时在他的处女作《灭亡》中还引用了其中的人物对话——他的翻译、编辑出版与他的文学创作就是如此形成有力互动的。对于人类文明与人

---

① 郑宗培：《中国新文学大系 1976—2000 第三十集 史料》，上海文艺出版社 2009 年版，第 306 页。

② 巴金：《〈巴金译文全集〉第十卷代跋》，见《再思录》，作家出版社 2011 年版，第 235 页。

③ 陈丹晨：《巴金全传》（下卷）（修订版），人民文学出版社 2014 年版，第 754 页。

④ 摩罗：《孤独的巴金》，见《耻辱者手记》，江苏人民出版社 2010 年版，第 207 页。

类命运的深切关照，使他与一般作家和编辑相比，具有了更加宏阔的文化视野和普世情怀，巴金"所表达的对人类整体幸福的追求，对不公正社会和制度的谴责，对阻碍人性发展因素的控诉，超越了人为的界限，直接面对众多受压迫的灵魂和全世界的弱小者"①。今天我们从他的藏书中，还可以看到由他在这一时期编辑并由上海文化生活出版社出版的西班牙画家加斯特劳的画集《西班牙的血》。这本画集由《西班牙的血》与《西班牙的苦难》两册组成，在序言中，巴金指出这些画"正表现着我们西班牙的兄弟的意志和心灵……在每一幅画面上都颤动着同情与热诚，都闪烁着受苦和牺牲的精神"②。

　　异域文明不仅深深地吸引了他、感染了他、鼓舞了他，更促使他怀着巨大的热情为中国的读者源源不断地传播世界文明的种子，他早年编辑出版的《译文丛书》就是一个很好的代表。作为主编的巴金，集结了一批优秀的翻译人才，出版了大量西方重要文学作品。而他本人更是身体力行地参与到这有意义的"生产"之中，且他接受外国文化的视野之宏阔也着实令人惊叹。几乎所有欧洲地区、美国与日本的文学与文化，他都了解过、翻译过、借鉴过。巴金早期编辑的伟大革命者和思想家的理论和自传，是曾使他深受感动的作品。他后来热衷于俄国小说的出版，他的编辑思想既与当时的民族救亡的主题契合，又远远超越了国家与民族的局限，背后闪烁着他作为一个有良知的知识者对20世纪人类现实与生命的深切关照。

二、"文生社"的文化个性与出版特色

　　考察巴金的编辑出版活动，他在"文生社"的作为颇能代表他的文化理想。诞生于1935年的文化生活出版社，与当时名气大的其他大型出版社有着诸多的不同。首先从成员背景来看，筹办人吴郎西、伍禅等人和巴金一样，都是年轻的安那其主义者。其次，从组织形式来看，它摆脱了传统的劳资关系，是一个完全建立在安那其主义理想上的出版界的"乌托邦"。再次，从主体行为来看，编辑同人有着一致的理性与高尚的献身精神，这种由早期政治信仰转化而来的道德信仰，使得"文

---

① 周立民：《文人》，上海辞书出版社2014年版，第27页。
② 巴金：《西班牙的血》，上海文化生活出版社1948年版。

生社"同人不惜以"义工"的方式投身到编辑出版的运作中。"文生社"的这种"谋义不谋利"的经营方式在当时的出版界显然是难得一见的，正如晚年的巴金后来回顾：

> 我在文化生活出版社工作了十四年，写稿、看稿、编辑、校对，甚至补书，不是为了报酬，是因为人活着需要多做工作，需要发散、消耗自己的精力。我一生始终保持着这样一个信念：生命的意义在于付出、在于给予，而不是在于接受，也不是在于争取。所以做补书的工作我也感到乐趣，能够拿几本新出的书送给朋友，献给读者，我认为是莫大的快乐。①

正是本着这种人类的互助、奉献与正义的精神，"文生社"编辑的《文学丛刊》一开始就展示出了特别的"境界"。在 20 世纪 30 年代上海出版界流行的"市侩主义"与京派文人的"孤芳自赏"之外，"文生社"的无功利性和独立性使它找寻到了"第三条路"，也创造了中国出版界的一个"奇迹"。正如巴金在翻译克鲁泡特金的首部革命著作《一个反抗者的话》中的开篇写道：

> 我们有一颗纯白的心，我们有一个热烈的渴望，我们有满肚皮的沸腾的血，我们有满眼睛的同情的泪，我们是青年②。

这种思想上的趋同，使"文生社"一开始就站在人类社会发展的历程上去审视现实，也具有更加明确的"立人"的编辑思想。"文生社"的出版宣言表示，同人显然是有感于"虫蛀的书籍和腐儒的呓语大批地被翻印而流布了，才子佳人的传奇故事之类也一再地被介绍到青年中间"③的不良的出版现状，他们试图以编辑出版优秀的作品来达到

---

① 巴金：《上海文艺出版社三十年》，见《巴金全集》（第 16 卷），人民文学出版社 1991 年版，第 412 页。

② 巴金：《献给读者》，见李存光编著：《无政府主义批判：克鲁泡特金在中国》，江西高校出版社 2009 年版，第 61 页。

③ 巴金：《复刊词》（文学季刊社），见《文季月刊》一卷一号。

一种"新民""新青年"的目的。作为总编辑的巴金反反复复地强调"怎样做人"的问题，强调"文品与人品"，因为在他看来文学对于青年的精神塑造作用巨大，他从来不是一个"为艺术而艺术"的作家和出版家，相反，他对当时盛行于文坛的没有信仰、缺乏灵魂的"吟风弄月"式的写作和纯粹迎合读者的低级趣味的文学出版行为是极为鄙夷的。他曾经说："我应该远离开那些文人，我应该投身在实际生活里面，在行动中去找力量。"① 他的编辑出版活动包括翻译，正是一种对传统文学与文人定位的超越，是对"力量"的寻找与对人类价值和意义的"生产"。他是为人类而写作，为现实而艺术。

于是我们看到，在"文生社"的出版理想中，"青年"一直是一个不可忽略的关键词。20世纪30年代的巴金，其成名无疑在于获得了青年读者的青睐，而他本人也是少有的与广大青年读者一直保持着紧密联系的著名作家——他太在乎他的读者了，一直到老年亦然。这种意识同样鲜明而深刻地贯穿他的整个编辑出版生涯。"文生社"的出版实践显示，同人始终关注着现实的人，关注着青年，关注着人类的命运处境与出路问题。

在"编者的话"中，巴金写道：

> 我们编辑这一部《文学丛刊》，并没有什么大的野心。我们既不敢扛起第一流作家的招牌欺骗读者，也没有胆量出一套国语文范本贻误青年。我们这部小小的丛书虽然也包括文学的各部门，但是作者既非金字招牌的名家，编者也不是文坛上的闻人。不过我们可以给读者担保的，就是这丛刊里面没有一本是读者读了一遍就不要再读的书。定价方面我们也力求低廉，使贫寒的读者都可购买。②

"文生社"的"青年意识""平民意识"与"奉献意识"由此可见一斑。与当时其他刊物的"商业化路线"和"名人路线"不同，作为总编辑的巴金走的是"新人路线"。巴金着力挖掘"新人"，这部"小

---

① 巴金：《我的呼告》，见《巴金散文集》（上），浙江人民出版社1982年版，第25页。
② 上海鲁迅纪念馆编：《吴朗西先生纪念集》，上海文艺出版社2000年版，第136页。

小的丛书"迅速为青年作家崭露头角提供了理想平台。相继出版了三十六部处女作，这为中国新文学发展补充了新鲜的血液，更是为许多正彷徨于文学和社会边缘的时代青年提供了施展文学才华的舞台，为他们后来走上文坛成为中国新文学的主力提供了难得的人生机遇。此外，"文生社"对优秀的青年作家予以评选奖励，他们的后期作品也被全部连续刊登出版，如曹禺的戏剧、陆蠡的散文、何其芳的诗歌、李广田的随笔。"文生社"的这一编辑宗旨，不仅对于其稳定发展极为有利，对于后人全面了解作家的艺术成长轨迹也是功不可没的。

"文生社"对底层青年作家的"关照"更凸显了其人文情怀和人道主义色彩。在编辑界，巴金素以"严格"著称，然而他是一位"高眼慈心"的编辑，这主要表现在他对青年作家的鼓励和扶携上。20世纪三四十年代的文学青年大都徘徊于社会底层或城市边缘，文学往往只是他们悲苦生活的一部分。"文生社"的部分青年作家后来投身于抗战的洪流之中，过早地消逝了自己的艺术才华甚至生命，或在贫病无奈中英年早逝。难能可贵的是，巴金亲自整理出版这批年轻作家的文稿，《文学丛刊》还对这些年轻的生命和他们短暂的人生予以了记录，这背后更彰显了巴金的人道主义色彩。今天，我们在巴金藏书中，依然可以看到这批才华初显却不幸早逝的青年的作品，例如：1938年出版的罗淑的《生人妻》，罗淑译的《何为》；1940年初版、1948年再版的宋樾的《鱼讯》、1948年初版的郑定文的《大姊》，等等。这批作品虽然稚嫩，却有着时代青年特有的热情与鲜活，有着生命的激情和改造社会的理想与力量。

在1935年到1948年间，《文学丛刊》出版了160部作品，近百位作家，尤其是文学新人的成名之作，堪称20世纪文学史上规模空前的文学丛书。而编辑和出版新人的处女作显然也成了"文生社"的一种传统。正如晚年的巴金所总结："编辑的成绩不在于发表名人的作品，而在于发现新的作家，推荐新的创作。作为编辑工作者，应当把自己看作这个原地的园丁，我们做的不仅是介绍、展示的工作，我们还有将萌芽培养成树木的责任。"① 对于青年后学，作为编辑的巴金，的确是如

---

① 巴金：《致〈十月〉》，见宋应离等编：《中国当代出版史料》（第三卷），大象出版社1999 版，第268页。

园丁一样栽培的。今天在巴金的藏书中，几乎囊括了曹禺各个时期的作品。这既包括 1936 年由文化生活出版社出版的曹禺处女作《雷雨》，以及由巴金原著、曹禺改编的《家》，更有 1949 年后的曹禺著作。我们看这些作品，绝大部分都由巴金所在的"文生社"出版。巴金还收藏了何其芳的各时期作品，包括 1936 年由巴金编辑出版的《画梦录》和1938 年出版的《刻意集》、1945 年出版的《预言》，等等。这一时期因为作为编辑的巴金的发现而在"文生社"出版平台崭露头角的还有艾芜、芦焚、荒煤等人。在巴金藏书中，不仅收藏了他们的成名作，更收藏了他们之后各时期的作品，如艾芜的《南国之夜》《南行记》《夜景》《逃荒》等。如果不是巴金的慧眼与"文生社"的独特平台，这些青年作家是很难顺利走上文坛的。

"文生社"的独特，不仅在于它独立于商业竞争和政治宣传之外的文化选择，而且表现在它超越时代语境的文化个性。20 世纪 30 年代之后的政治语境，无政府主义显然已经不再具有言说的合法空间，而"民族"与"国家"意识随着反法西斯战争的进行日益凸显，作为编辑的巴金一方面与主流意识保持了一致，另一方面开始深入对人类普遍命运的同情与关切和对人性复杂性的洞悉审视。在"文生社"出版的《译文丛书》中，选择了以俄国文学为主的出版导向。"文生社"同人集中编辑出版了高尔基、托尔斯泰和屠格涅夫的小说与散文以及赫尔岑的戏剧。

"我唯一的心愿是：化作泥土，留在人们温暖的脚印里"[1]，这句话可视为出版家的巴金的真实写照。21 世纪，面对全球化和现代商业背景下价值的迷失与精神危机，作为知识生产的编辑出版，除了呼唤一种独立的个性意识，更应重拾一份精神担当与人文情怀。从这个意义上讲，作为"20 世纪的良心"的巴金，站在比同时代知识者更宏阔的世界里思考，并以深切的悲悯心与深刻的反思精神传播他所感动和信仰的精神人格，以翻译和编辑出版的方式趋近这些高贵的灵魂，同时感染和鼓舞更多的灵魂，巴金的这种作为知识者"德性至上"的编辑出版思想，是对鲁迅、叶圣陶等文学前辈的风范的一种传承，也应该成为今天的编辑出版界的一种宝贵传统。

---

[1] 巴金：《愿化泥土》，《大公报·大公园》，1983 年 7 月 23 日。

第七章　张天翼的藏书与艺术成长

　　作为中国现代文学史上"一个莎士比亚式的创造者"（夏志清语），张天翼的艺术个性与小说风格的形成一度是学界饶有兴味的话题。夏志清曾指出："30 年代的沈从文和张天翼都很有成就，张天翼甚至可能更伟大。沈从文刚出道的时候还是很嫩的，而张天翼一出手就不同凡响，很老练。"① 事实上，无论是在中国现代作家群中还是左翼文学阵营，张天翼都堪称特异的一位。其艺术思想的早熟与其笔下独特的人物类型和别具一格的写作风格，背后是怎样的文化滋养和知识结构？今天，透过张天翼作品及其藏书，我们或将了解一个杰出作家更丰富的文化心理与多元的文化资源以及他的艺术与精神成长，从而为当下文学创作与研究提供更多的启示。

第一节　一个莎士比亚式的创造者

　　作家的阅读取向，往往与家庭出身和社会角色密不可分，与时代风潮和教育背景亦息息相关。张天翼是从旧式大家庭走出的新型知识分子，如果说早年幽默风趣的家庭生活和开明通达的书香氛围在幼年的张天翼的心灵植入了独特的文化基因，那么新旧交替的大时代，则促使他同时身受古典传统的因袭与新文化之冲击。事实上，通过他的知识背景、思维方式与审美旨趣，能够看出传统与新潮的对立与交融在他的文化性格中都是复杂的存在。

　　初登文坛的张天翼，对传统的认同与对古典文学的阅读兴趣明显超

---

　　① 季进：《对优美作品的发现与批评，永远是我的首要工作——夏志清先生访谈录》，《当代作家评论》2005 年第 4 期，第 28 – 36 页。

过对新文化的接受。他后来思想的转变，与时代变幻以及他对西方文学的深入了解有关。他对中国古典文学的讽刺手法和西方文化精神的主动吸纳，最终形成了其独特的审美文化心理。这种文化心理尽管也会随着社会政治与现实环境的影响发生某些突变，然而潜在的个人审美旨趣依然根深蒂固。在其数千册现存藏书中，基本涵盖了古今中外的经典文学作品。他曾回顾自己的阅读史：

> 至于我所看的小说呢，我只模模糊糊地把它分为两类。一类是好小说，例如《水浒》《儒林外史》《红楼梦》，以及《侠隐记》《撒克逊劫后英雄略》《块肉余生述》等等，这些使我感动，使我老记得那些人物。还有一类呢，那就是福尔摩斯侦探案之流，还有那时候"礼拜六"之类的老作家的小说，这一类——我当时自不忍公然说它不好，但总常得有点差劲，看了不那么过瘾。①

在 1959 年 3 月 1 日的日记中，他写道：

> 这一向一休息就翻翻这些书：Mehring's K. Marx，通鉴，世说，李、杜、韩、白、苏、陆诸家诗、杂志等。时而也翻翻儒林，WdP 等。②

我们考察他的藏书，其知识结构与审美旨趣亦随之浮出水面：其藏书中，除古今中外的文学之外，还有文字学、历史学、哲学、心理学、美学、民俗学、美术等方面著作，如此构成了张天翼的知识谱系。我们读其小说，不太容易发现这些书籍的踪影，其中许多是隐含在其文本之后的。

与那个时代的众多文学青年对传统的激进菲薄不同，初涉文坛的张天翼，其文化立场在旧文学一派。他本身是从旧文学的阵营中走出来的新文学的重要作家，十六岁就发表侦探小说和滑稽小说，展现了他的古

---

① 张天翼：《张天翼作品选》，湘潭大学出版社 2009 年版，第 462 页。
② 张天翼：《张天翼日记》，中国戏剧出版社 2017 年版，第 192 页。

典艺术修养与卓异的艺术转化与想象力。今天，在他的藏书中，我们依然可以看到多本民国时期的鸳鸯蝴蝶派小说，例如：1914 年 1 月由中华图书馆发行的《礼拜六》，以及 1930 年 10 月商务印书馆出版的《旧小说》，他晚年的日记中也载有对这类作品的重读情况，如《唐语林》、《唐国史补》、《因话录》（合订本）、《梦溪笔谈》、《三国志》、《先秦寓言选》……这些古典文学作品贯穿张天翼一生的阅读视野。

在他的藏书中，与鲁迅相关的著作有 60 余册，其中有鲁迅本人的作品，有鲁迅的译著，鲁迅研究与传记等。如 1933 年 6 月上海天马书店出版的鲁迅等著的《创作的经验》，王观泉著的《鲁迅与美术》，蒋风、潘颂德著的《鲁迅论儿童读物》，鲁迅翻译的法捷耶夫的长篇小说《毁灭》（英译本为《十九个》）等。从作品的出版时间来看，从 20 世纪 30 年代至 80 年代都有。这里也似乎可以看出，鲁迅之于张天翼的影响应该是一生的。我们看张天翼的文学道路和创作思想的转变，固然有西方思潮的影响，但他能够从"未庄文化"与"鸳鸯蝴蝶派"走向现实主义新文学之途，鲁迅的向导作用不可忽略。司马长风曾指出："中国文坛上，有好多作家刻意学鲁迅，或被人称为鲁迅风的作家，但是称得上是鲁迅传人的只有张天翼，无论在文字的简练上，笔法的冷隽上，刻骨的讽刺上，张天翼都较任何向慕鲁迅风的作家更为近似鲁迅。"[1]事实上，不仅在创作风格与文艺思想上，在文化心理与审美旨趣以及个人爱好方面，张天翼与鲁迅也存在诸多的一致性。二者皆受益于中国传统文学，都喜爱美术并将美术的技法移用于小说的创作。从生活情趣来看，两人都喜爱搜集金石碑拓等古籍，这说明他们在审美经验和艺术修养方面也有着诸多的一致性。这些艺术与生活的因子是构成他们艺术风格和写作相似性的重要条件。张天翼发展了鲁迅的幽默讽刺一派，并在政治思想上紧跟鲁迅，创作出了一批"为人生"与"揭出苦痛"的作品。他超越了空洞呐喊与概念化和公式化的写作成为 20 世纪 30 年代中国文坛的一泓清泉。然而，鲁迅的复杂存在，令追随者难以逾越。对社会人生的刻骨体验与感受，其深邃的思想与阅历，注定了他的特异性与不可超越性。与鲁迅的众多弟子一样，张天翼只是承袭了鲁迅丰富性和

---

① 司马长风：《中国新文学史（节录）》，见沈承宽、黄侯兴、吴福辉编：《张天翼研究资料》，知识产权出版社 2010 年版，第 373 页。

多面性中的一种。尽管如此，张天翼的写作相对于当时的左翼文学无疑是令人耳目一新的存在。事实上，那篇 1923 年发表的《创作不振之原因及其出路》，已经比较能够说明他与主流文学的"和而不同"。

他的藏书中，除数量可观的唐宋诗词外，还有相当多的唐宋笔记体小说和明清小说。他自小熟读中国古典小说，林译小说与侦探小说也是他热读的书籍，一直到晚年依然重读《儒林外史》等古典名著并写下了不少评论。他小学和中学阶段的阅读以中外小说为主，"在那些书里面结识了马二先生，王凤姐，阿 Q 这些人"①。正是在这些中国古典文化的熏陶下，他的文学种子和艺术才能才得以生根发芽。后来他思想和创作发生了重大转变，然而谈及传统文学，他却少有左翼作家的决绝。他认为"对于旧的作品，我们并不抛弃，正相反：我们要全盘承受。并不是说要摹仿，只是把他们用来做我们的滋养料。婴儿不吃母乳是长不大的。我们要承受旧的技巧，通过科学的辩证法，成为自己的东西"②。

在 1942 年 12 月 15 日的《读〈儒林外史〉》一文中，开篇写道：

> 这几天我非常高兴，因为借到一部《儒林外史》。温习一遍之后，又随便翻开看几段，简直舍不得丢，像要留住好朋友不放他走似的。③

我们看他的小说呈现出的鲜明的特色，与其对古典文学尤其是讽刺小说与谴责小说的吸收是密不可分的。在他的藏书中，除《儒林外史》外，还有多册吴趼人著《二十年目睹之怪现象》以及李宝嘉著、张友鹤校注的《官场现形记》等。我们读他的作品，再反观这一批藏书，其文学观念的形成是有迹可循的。其中，对中外讽刺小说和寓言的阅读是他早期阅读史的重要部分。而他尤其注重的是这些中外经典文本中对于人性的刻画与表现。在他的阅读评论中我们可见一斑："……这位司

---

① 张天翼：《张天翼论创作》，上海文艺出版社 1982 年版，第 186 页。
② 张天翼：《文学大众化问题》，见《张天翼文集》（第九卷），上海文艺出版社 1991 年版，第 6 页。
③ 张天翼：《读〈儒林外史〉》，见《张天翼文学评论集》，人民文学出版社 1984 年版，第 545 页。

各德爵爷也是我所爱好的一个作家。哪怕他是在写传奇，可是他的的确确写出了人性，创造出了一些活人，叫我老记得他们，而且使我感动。"① 他还提到"唐宋传奇里面——有好些也是写出了一些活人来。《伊索寓言》，拉封登的寓言，我都极其喜欢。"其中主要的原因也还是"他所表现的实在是一些人性"。

张天翼的文学视野是开放的。他的写作技法、文化精神与西方文学存在内在的一致性。与同时期的许多作家不一样的是，张天翼精通外语，能阅读外文书籍，这为他直接取法西方文学大师提供了极大的便利。今天，我们在他的藏书中依然能够发现数十册原版的外文图书，这其中大致分为两类，一类是外语学习工具书；另一类则是外国现实主义作家作品。例如，威廉·莎士比亚的作品：*As You Like It*、*The Tragedy of Macbeth*、*The Comedy of The Tempest*、*A Midsummer Night's Dream*、*The Tragedy of King Lear*、*King Henry The Fifth*、*The Merchant of Venice*、*The Tragedy of Romeo and Juliet* 等十余种；此外，还有列夫·托尔斯泰、查理斯·狄更斯、高尔基、司汤达、屠格涅夫等多位作家的作品。他还藏有数量众多的汉译外国小说，如莎士比亚的《莎士比亚戏剧集》（共藏有 1—12 册）、《威尼斯商人》、《哈姆莱特》、《雅典的泰门》、《温莎的风流娘儿们》等；契诃夫的《契诃夫小说选集》（共藏有 1—27 册）和《契诃夫小说选》；果戈理的《果戈理怎样写作的》《小说戏剧选》；莫泊桑的《莫泊桑中短篇小说选集》《俊友》；塞万提斯的《堂吉诃德》……此外，还有雨果、高尔基、司汤达、狄更斯的汉译本多种。

我们读张天翼作品，不难发现西方现实主义文学尤其是幽默小说给予他写作技巧与人性表现的深度方面的启示，尤其是"笑中含泪"的艺术感染力之于青年张天翼无疑影响很大。在《契诃夫的作品在中国——为苏联〈真理报〉写》一文中，他强调：

> 我们是用历史主义的见地来看契诃夫作品里所表现的思想的，因此能够认识他的伟大，并知道要怎样在他的作品里适当地吸取养料。契诃夫对地主富农、资本家、官僚以及一切吸血

---

① 张天翼：《谈人物描写》，见《张天翼文集》（第九卷），上海文艺出版社 1991 年版，第 168 页。

者寄生虫的憎恶，对于劳动人民以及一切"小人物"的爱，以及那不合理的社会制度本身的否定，都较以前更深地感染我们中国读者，并启发了我们中国的一些进步作家的联想。①

20 世纪 30 年代是张天翼创作的高产期，他却由此转向儿童文学创作。对此，蒋牧良先生如是评价："我以为要真正写好一部童话，起码要求这作者多少还保持有点近乎儿童那样纯洁的心境才行。我不能说天翼直到现在还有儿童一样的纯洁，可是他在许多方面比一般人似乎要少些利害关系。"② 在笔者看来，童年人格与游戏心理或许是他审美心理的构成与写作活动转向的重要动因。在现存张天翼藏书中，不仅有蔡南桥著，丁十音、王云五、张寄岫编的《先秦寓言选》（该书为民国二十六年初版），还有多部老庄哲学方面的书籍，其中包括王夫之著《老子衍　庄子通》，任继愈译《老子今译》，杨兴顺著、杨超译《中国古代哲学家老子及其学说》，郭庆藩编、王孝鱼整理《庄子集释》，《诸子集成》（该书由国学整理社 1935 年 12 月出版）等。张天翼的寓言写作往往寥寥几笔勾画出荒诞现实中的人物丑态，进而达到讽刺批判的效果，可谓取法于此。

于东西方文学世界里寻找有益资源，是张天翼创作成功的关键。在他的藏书中，有相当数量的西方作家的优秀儿童文学和童话作品。例如：《契诃夫小说选集（22）儿童集》、海涅著《德国——一个冬天的童话》、叶君健译《安徒生童话和故事选》、魏以新译《格林童话选》、贝克著《法国童话选》、《历代笑话选》等。此外，还有不少外国寓言作品，如《伊索寓言》《拉封登寓言选》《克雷洛夫寓言》等。

张天翼的日记中，记载他曾在 1957 年计划写话剧《华威先生在今天》，可惜这一计划最后并未实现。今天，我们在他的藏书中发现，对于中外优秀戏剧，张天翼是有所收藏的，他的阅读史中戏剧也有着独特的一角。例如：《莎士比亚戏剧集》、《易卜生戏剧集》、果戈理著《小说戏剧选》、《哥尔多尼戏剧集》、《包哥廷剧作集》，以及《关汉卿戏剧集》等。显然他是试图从东方与西方的戏剧大师笔下寻找文学发展的营养。

---

① 张天翼：《张天翼文集》（第十卷），上海文艺出版社 1993 年版，第 456 页。
② 沈承宽、黄侯兴、吴福辉编：《张天翼研究资料》，知识产权出版社 2010 年版，第 49 页。

第二节 "文字漫画家"

张天翼这个名字，常与现代幽默讽刺小说联系在一起，然而，我们考察他的创作，发现他实际上是一个非常全面而多产的作家。他丰富的创作经验背后是怎样的艺术积淀？生活趣味中的张天翼与文学世界里的张天翼构成了怎样的互补或者矛盾？以往我们考察张天翼的创作，主要是将目光聚焦于张天翼的文学艺术风格，而对其生活面向尤其是其艺术生活的面向却鲜有关注。事实上，在绘画、书法、古碑拓片等方面，张天翼皆有很高的艺术鉴赏经验与艺术修养，而这些无疑深刻影响了其文学创作。那么，艺术生活维度中的张天翼呈现出了与文学观照视野中的审美取向与精神气质的何种一致性或矛盾性呢？

张天翼的文学和艺术方面修养有着很强的家学渊源。幼时的张天翼苦练书法，13岁时"受家教，擅写字"[1]，尤其善于写空心字，这个爱好也从此伴其一生。他的书法在其学生时代和后来的现代作家朋友中都是有知名度的。20世纪30年代的左翼刊物如《现实文学》等都由张天翼题字，鲁迅葬礼上的条幅也由他书写。我们考察他的藏书，其中关于书法篆刻类的作品数十种，尤其表现在其对碑石拓片的收藏上。张天翼曾习美术，尽管最后未能成为画家，但从其藏书观之，他对美术的关注是很深的。他还藏有沐绍良编译《昆虫图谱》和《鸟类图谱》、吴曼英著《人体动作速画法》、潘天寿著《中国绘画史》、伊格纳契也夫的《绘画心理学》等。

张天翼的艺术趣味与文学创作的互动是积极的。中国文学史上，历来就有诗书画一体的传统，而诗画相通的原理在中国现代作家身上亦有传承。张天翼在书法、绘画等方面的藏书，或许给予了他创作上的启示，或许展现了他审美的趣味，从中我们可了解到作家艺术表现手法的成长轨迹。我们看他后来的作品，这段特殊的经历对其文学创作生涯的影响是不能低估的。"他不愧是个高等的漫画大家，能得心应手地运用

---

[1] 沈承宽、黄侯兴、吴福辉编：《张天翼研究资料》，知识产权出版社2010年版，第10页。

一支泼辣辣的语言彩笔，勾勒出狰狞、伪善、卑下、猥琐的活人物来。"① 张天翼的讽刺作品中也采取了美术创作中的夸张、对比、反讽等漫画式手法，将"笑"的解构与批判功能发挥得淋漓尽致。他笔下官僚的虚伪狡诈，小知识分子的庸俗与摇摆，底层群众的不幸与愚昧，这些栩栩如生的艺术形象，背后是有着东西方美术技巧与美学精神的影子的。胡风曾云，张天翼"最明显的是漫画家底本领。——单纯，夸大，简单的对比，笑，不就恰恰是漫画所含有的条件么？"② 他的"文字漫画家"的美誉也由此而来。对于写作中的漫画技法，鲁迅曾强调："漫画的第一件要事是诚实，要确切的显示事件或人物的姿态，也就是精神。"③ 张天翼的作品在让人啼笑皆非的同时往往寄寓了作者批判的寓意，也就是鲁迅所强调的精神。他笔下的华威先生已经成为官僚形象的经典代表，其一戴、一挟、点头、挺肚子等一系列连串的滑稽动作，何其简洁，又极具线条感与立体感。

这种漫画式的手法在张天翼的寓言与童话作品中也得到了很大程度的运用。事实上，将漫画手法带入寓言童话创作，张天翼算是首创者。他的童话中的人物充满线条感、视觉感与喜剧感，这与他深厚的美术修养是密不可分的。他早年的习画经历和天生卓越的模仿能力，使得他深谙绘画与美学的精髓。如《大林小林》中腐朽无能的老国王等，寥寥几笔，神态毕现。而在那篇发表在 1933 年 8 月 1 日《现代》月刊第 3 卷第 4 期的画论——《后期印象派绘画在中国》中，他借后期印象派绘画的个人主义创作的问题，批评了"摩登的小白脸文化"。在他看来"绘画是定须把那些现在中国所流行的皮哑子痢式的线条，和所谓后期印象派的色调埋进坟墓里。所需要的是写实的画"④。显然，其美术观念的变化背后是其文化心理与艺术思维发展的表征，与此同步的，即他的创作风格的"左转"。

---

① 吴福辉：《锋利·新鲜·夸张——试论张天翼讽刺小说的人物及其描写艺术》，见沈承宽、黄侯兴、吴福辉编：《张天翼研究资料》，知识产权出版社 2010 年版，第 335 页。
② 胡风著，晓风编选：《胡风选集》（第一卷），四川人民出版社 1996 年版，第 131 页。
③ 李新宇、周海婴主编：《鲁迅大全集 9》，长江文艺出版社 2011 年版，第 68 页。
④ 张天翼：《文学大众化问题》，见《张天翼论创作》，上海文艺出版社 1982 年版，第 93 页。

第三节 "深刻的心理学家"

夏志清认为张天翼的创作在"心理上的偏执乖谬以及邪恶的倾向，有如此清楚的掌握"，并称赞"张天翼是个深刻的心理学家"，具有将小说人物"心理上的冲突转化为一则具有普遍嘲弄性的寓言"的才能。[①] 在 20 世纪 30 年代的左翼作家群中，张天翼确实称得上"心灵捕手"，对于人性人心的幽暗面他有着超乎常人的洞察力。他极善于抓住特殊时代的灰色的知识分子与小市民的外貌特征与心理活动，用一支略带夸张戏谑的画笔深入作品人物的心灵褶皱，挖掘人物内心的"风暴"，展示人性的复杂与国民性的丑态。然而，与一般作家注重以人物心理活动和心灵对话来表现人物个性不同，张天翼主要是借小说人物的形体与行为的夸张变形来描摹人物内心世界。熟悉人性心理无疑是张天翼的一大优长，他能精准把握现实社会各阶层各职业人群甚至儿童的天性与话语。他写于 20 世纪 30 年代的那些文学作品，尽管不乏启蒙说教的倾向，但在人物心理挖掘和人性表现的艺术功力上依然是难能可贵的。这背后既有西方文学大师如狄更斯等人的影响，也有他个人的天赋与对人性心理的研究。

在胡风的《张天翼论》中，曾指出："作者完全不管那应该有的紧张空气在人物底心理或注意上所引起的变动，仅仅只记得用原来的谈话内容说明他们中间的对比。这结果是人物心理底直线化，当然要使内容成为虚伪的。"[②] 然而，他也客观地评价了张天翼在儿童文学上的努力，认为"他的熟悉儿童心理和善于捕捉口语，使他在儿童文学里面注入了一滴新流"[③]。应该说，胡风批评的问题在张天翼前期的作品中确实存在。张天翼似乎习惯了客观冷静的描摹，而较少有直接的心理刻画。我们看他后期的作品能够通过外在环境去表现人物心理活动，应该说这与

---

① 夏志清：《中国现代小说史》节选，见沈承宽、黄侯兴、吴福辉编：《中国文学史资料全编·现代卷 43 张天翼研究资料》，知识产权出版社 2010 年版，第 410、423 页。

② 胡风著，晓风编选：《胡风选集》（第一卷），四川人民出版社 1996 年版，第 128 页。

③ 胡风著，晓风编选：《胡风选集》（第一卷），四川人民出版社 1996 年版，第 138 页。

批评家的提醒和他个人后期对心理学知识的研究与感悟有很大关系。在他的自传中曾有云：

> ……以前，我在写作上有个弱点：叫人物仅仅按照小说主题来行动，从而忽略了他们性格中的复杂性。近来我在努力改正这一错误。我要记住"典型创造"的必要性并学习着这么做。
>
> 给我影响最大的作家是狄更斯、莫泊桑、左拉、巴比塞、托尔斯泰、契诃夫、高尔基和鲁迅。苏联的新作，尤其是法捷耶夫的《毁灭》［英译本题为《十九个》］对我的影响也很大……①

今天，在张天翼的藏书中，除了上述名家名作外，关于心理学尤其是儿童心理学方面的书籍竟然有数十种近百余部，这就说明他是有意识地在心理学方面强化自己的知识结构。我们翻阅张天翼后期的日记，发现他对心理学的关注与研读习惯一直伴随到其晚年。譬如：《绘画心理学》（伊格纳契也夫著）、《心理学概论》（B. A. Apmewot 著）、《心理学》（阿·阿·斯米尔诺夫主编）、《巴甫洛夫论心理学及心理学家》（巴甫洛夫著，龙叔修译）、《神经精神病学》（米赫耶夫、涅甫佐罗娃著，李维清等译）、《精神分析入门》（J·洛斯奈著，郑泰安译）、《性格心理学问题》（穆·尼·沃洛基亭娜著）等。关于儿童心理学的书籍更是他搜购阅读的重点，例如：《儿童性格与意识的发展》《小学儿童心理学概论》《西方心理学家文选》《性格心理学问题》《儿童时期的认识兴趣及其形成条件》等。据他的日记显示，张天翼搜购阅读儿童书籍的目的是研究儿童心理，更直接的目的是写作，尤其是童话的写作需要。如在1960年5月21日的日记中，他写道："下午到王府井，买了几本关于儿童心理学的书。"从他这一阶段的创作实绩来看，儿童文学的创作恰恰是其创作的高峰。

张天翼在他小说创作高峰期时，突然转向了童话写作。他的艺术天

---

① ［美］斯诺著，文洁若译，陈琼芝辑录：《活的中国》，湖南人民出版社1983年版，第264页。

赋包括"童心"与自幼具备的超强的对人物的模仿能力固然是一个重要的因素，然而后天的阅读史对于作家创作的转型作用亦不可低估。他在1942年1月25日发表的《谈〈哈姆莱特〉》一文中，借莎士比亚的话阐释了自己的人性写作观，他认为："拿一面镜子去照人性，去显出她本来面目的美德，去显出她本身的可笑处，去显示那个时期的各色人物，他的样子和型式。"① 在谈到儿童文学的创作经验时，其云："我观察、了解到他们（以及他们的同学和朋友）的思想、感情、心理活动、生活趣味、习惯爱好、以及语言动作等等——那些充分显示了儿童本色的东西。"② 他既有着童心童趣，又深谙儿童心理，更注重"游戏"的寓教于乐的创作原则。他早期的儿童文学包括20世纪30年代的《大林和小林》，皆有着明确的读者意识，在游戏精神与现实批判中达到了很好的融合与平衡。

　　总之，在张天翼的藏书世界里，我们可以洞悉他作为"讽刺小说家"背后复杂的文化资源，也了解到他为了小说创作和儿童文学创作而在现代心理学、哲学方面的主动掘进与深研。他如何坚持左翼文学话语又能够保持自身的艺术个性，他的政治信仰与其创作审美感受之关系，他的创作的成功与局限……这一切，对于今天的文学创作者和研究者，依然具有重要的启迪意义。

---

① 张天翼：《谈〈哈姆莱特〉》，见《张天翼文集》（第十卷），上海文艺出版社1993年版，第282页。
② 张天翼：《张天翼论创作》，上海文艺出版社1982年版，第77页。

第八章　孙犁藏书及其艺术个性

在 20 世纪的解放区文学中，孙犁的写作无疑称得上是风格卓异的。他饱含诗意的文字曾给中国抗战文艺带来了一阵清新的荷香，他后期围绕藏书和阅读撰写的杂评、文论与读书笔记堪称散文精品。孙犁独特的艺术风格自然与其个性气质、审美取向以及知识结构之间存在着密不可分的关联，而其丰富的藏书对于我们了解一位优秀作家的精神与艺术成长历程以及他的"晚年变法"有着特殊的价值。

第一节　孙犁藏书及其特色

自古以来，书籍总是与文人的生活遭际和艺术创作存在着血脉相连的关系。作为一名现当代文坛的学者型的作家，孙犁无疑是一位颇具代表性的人物。他曾表示，"因为我特别爱好书，书就成了生死与共之物"①，传统文人的雅趣在他身上得到了很好的体现。他曾表示："我对书有一种强烈的，长期积累的，职业性的爱好。一接触书，我把一切都会忘记，把它弄得整整齐齐、干干净净，我觉得是至上的愉快。"② 在他的人格气质与文学作品中，我们能够感受到中国传统士人的趣味与情怀，而他对书的珍爱与收藏，以及饱含艺术见地的审美鉴赏，已经成为当代中国书林的一道独特风景。

一、藏书理念

与一般藏书家相比，孙犁可能称不上专业，他的收藏完全出于爱

---

① 孙犁：《耕堂读书记下》，百花文艺出版社 2012 年版，第 329 页。
② 参见《孙犁全集》（第五卷），人民文学出版社 2004 年版。

好，是典型的藏为所用。他只求满足求知怡性的需求，不太追求版本，不求摆设，但求适用。他曾自述："我买旧书，多系照书店寄给我的目录邮购，所谓布袋里买猫，难得善本。版本知识又差，遇见好书，也难免失之交臂。人弃我取，为书店清理货底，是我买书的一个特色。"① 然而，在作家的率性背后，也充满着智性的色彩。"勿作书蠹，勿为书痴。勿拘泥之，勿尽信之。"② 可谓他的藏书与治学的信条。

孙犁购书和读书的方式颇为特别，尤其重视书目的指引作用。这一点，孙犁显然与唐弢、黄裳一样，皆深受鲁迅之影响。他认为"古籍旧书，书目是不可缺少的，虽不能说是指路明灯，总可以增加一点学识，助长一些兴趣"③。其中，他特别提到了自己曾经按照鲁迅开给许世瑛的书目购买木版《四库全书简明目录》等书籍的经历。他曾说："鲁迅先生在《买小学大全记》那篇文章中，称赞了过去故宫博物院出版的《清代文字狱档》。由于他的启发，我也买到了一部，共九册。"④ 另外，他还收藏有元代王祯著、商务万有文库本的《农书》三册，而购买此书的理由是"此书，鲁迅先生曾向青年推荐"⑤。孙犁以鲁迅和张之洞之书目为依据，表明他对于先贤的崇仰，然又能做到不拘泥于此，表明他作为藏书者的择善而从之的理性原则和灵活变化的藏书理念。他的藏书兼顾古今中外，各门各类，也展示了其作为优秀作家的独特的文化视野与审美品位。

此外，先贤古风之于孙犁的影响还体现在对书的理念上，在晚年的《谈赠书》中，他写道：

> 鲁迅把别人送给他的书，单独放在一个书柜里。自己印了书，郑重地分赠学生和故交，这是先贤的古道。我虽然把别人送我的书，也单独放在一个书架上，却是开放的，孩子们和青年朋友们，可以随便翻阅，也可以拿走，去古道就很远了。⑥

---

① 孙犁：《孙犁文集8》（补订版），百花文艺出版社2013年版，第142页。
② 孙犁：《孙犁文集8》（补订版），百花文艺出版社2013年版，第126页。
③ 孙犁著，杨联芬编：《孙犁作品新编》，人民文学出版社2011年版，第327页。
④ 孙犁：《孙犁文集》（五），百花文艺出版社1992年版，第115页。
⑤ 孙犁著，姜德明主编：《孙犁书话》，北京出版社1996年版，第12页。
⑥ 孙犁：《孙犁文集7》（补订版），百花文艺出版社2013年版，第202页。

他生前曾遗言把一些有用的书捐献给国家，然由于各种原因，其藏书归宿问题目前尚未得到解决。

二、购书阶段

根据孙犁晚年的自述，他的藏书始于保定育德中学读书期间，主要在紫河套胡同购买了一些中国古籍文史。第二个阶段是在北平工作和"流浪"期间，于西单商场等书市搜购旧书。第三阶段是在担任小学教师时期，购读的主要是一些革命文学书籍。第四个阶段是中华人民共和国成立后在天津工作时期，这也是他藏书活动真正开展的时期，由于经济上宽裕，他开始大量访书与淘书。这一阶段他搜集了许多古籍旧书，然"少买外国小说"。他曾自述："初期，还买一些新的文艺书，后遂转为购置旧书。购旧书，先是买新印的；后又转为买石印的、木板的。"

> 我的读书，从新文艺转入旧文艺；从新理论转到旧理论；从文学转到历史。这一转化，也不知道是怎么形成的。这只是个人经历，不足为法。
>
> …………
>
> 虽然买了那么多旧书，中国古典散文、诗歌，读得多些。词、曲，读得并不多。特别是宋词，中学时买过一些，现存的《全宋词》、《六十名家词》，都捆放在那里，未能细读。元曲也是这样，《六十种曲》、《元曲选》买来都未细读。只是在中学时，迷恋过阵《西厢记》和《牡丹亭》。这两种剧本，经我手，不知买过多少次。赋也不大喜欢读。近年在读《汉书》时，才连带读上一遍，也记不住了。[①]

三、藏书构成

从现存资料来看，孙犁藏书基本兼顾了古今中外，涉及文学、史学、哲学、心理学、农学、美术学诸方面。而这其中，中国古典文学作

---

① 孙犁：《孙犁文集8》（补订版），百花文艺出版社2013年版，第176页。

品的分量很重，且他的收藏选择呈现出由现代到传统、由世界性到民族性的转变过程。这其中固然有时代风尚与政治氛围的影响，然其作为作家的个性审美趣味与文化心理也起着潜在而重要的作用。笔者结合他的读书笔记和相关资料，略加整理如下：

（1）古籍书。

基本囊括经史子集四类，其中经部收藏有《燕乐考原》《白虎通义》《考工图记》，以及郑氏注《礼记》、王弼注《周易》、赵氏注《孟子》、杜预注《春秋左传》、何晏集解《论语》《毛诗正义》等。从孙犁的自述来看，他购读经部书籍主要为杂记阅读。史部书方面他搜购有"二十四史"以及野史、杂史和笔记体小说。其中，唐宋笔记体小说是他特别关注的，也对他的创作起到了一定的帮助。子部书方面，孙犁是依照清代张之洞的《书目答问》加以搜购的。其中，涉及周秦诸子和汉魏子书，以及释道书、佛家书、小说家类、农事类等。这方面书籍的收藏，尤其反映了他知识兴趣之博杂。集部书方面，主要有自汉魏到唐宋的别集和总集。

（2）现代作家作品。

孙犁的藏书中有相当部分的近现代文学著作，如鲁迅的小说，周作人的《知堂书话》《儿女英雄传》《倾盖集》《脂砚斋红楼梦辑评》等。

（3）外国文学作品。

《马可波罗游记》，《战争与和平》，文言译本《天方夜谭》，《三姊妹》，《静静的顿河》，鲁迅、瞿秋白译本《海上述林》，鲁迅译之原刊本《小约翰》，《泰戈尔作品集》等。

四、藏书聚散

和许多现当代作家一样，孙犁的藏书在"文革"中也蒙受了很大的损失。他数十年精心搜罗的 10 柜藏书全被收走。这其中，除了包括鲁迅作品在内的部分革命书籍外，所有的旧书、新书以及书信、手稿、照片等悉数被收走。而剩下的极少数资料也被家人投入火炉。

他的藏书后来得以发还，但依然损失了很多。其中包括一些书目书和现当代文艺作品，这对于嗜书如命的孙犁自然是难以释怀的。在他后来的很多文章中，都表达了对这段惨痛历史的谴责，如在《〈幻华室藏书记〉序》一文中，他写道：

> 余于旧籍，知识浅薄，所见甚少。然于六十年代之初，养病无所事事，亦曾追慕风雅，于京、津、宁、沪、苏等地，函索书目，邮购旧籍，日积月累，遂至可观。不久，三四跳梁，觊觎神器，国家板荡，群效狂愚。文化之劫，百倍秦火。余所藏者，新书、小说及易出手卖钱者，荡然无存。其中旧籍，因形似破纸，又蒙恶谥，虽有贪者，不敢问津，幸得无大损。悼彼灰烬，可庆凤毛。发还之后，曾细心修整，并加题识，已有《书衣文录》四卷。另列幸存书籍草目，以备查寻。……①

孙犁之于书的"痴情"，由此可见一斑。这种失书之痛以及对于文化制度与文化生态的反思，我们在同样是藏书家的黄裳晚年的文字里亦能深深体会到。

第二节　孙犁藏书及其治学

与阿英、西谛、巴金、唐弢和黄裳等作家相比，孙犁显然还不能称为藏书家。他的书话中少有版本学之类的知识和文坛逸闻，而多是关于自身的人生体验与创作感悟以及对书籍的独特见解与品评。这些资料，也恰恰为研究者了解作家的阅读史，并进而考察他的知识构成、文化心理和文学资源以及个性人格与创作风格的形成提供了某些线索。

一、个人阅读史

在抗战文学中，孙犁的出现和存在无疑是独树一帜的。他的独特性背后是怎样的治学经历与治学经验呢？

在谈到自己的阅读史时，孙犁曾将其分为四个阶段。第一阶段是中学六年，这一时期，他从早期的对中国古典文学的兴趣开始转向对新文

---

① 孙犁：《澹定集》，山东画报出版社1999年版，第249-250页。

学的阅读，对文艺理论和哲学、政治经济学等都有涉猎。而他认为这一时期的学习对后来的作用是很大的。第二阶段是他毕业后去北平"流浪"和工作，开始接触革命书籍和文艺期刊，如《文学月报》《北斗》《拓荒者》《萌芽》《世界文化》等。第三阶段是十年抗战期间，他买书少但借书阅读多。第四阶段为中华人民共和国成立后，他的生活相对安定，经济上也较为宽裕，为他大量搜购感兴趣的书籍提供了极好的条件。

关于他早年的治学经历和他的阅读史，在他后期的一些著作中时有提及，这为今天的研究者和创作者进一步了解其知识结构、审美文化心理以及文艺思想提供了很好的线索。譬如，他曾坦陈："中外作家之中，我喜爱的太多了。举其对我的作品有明显影响者，短篇小说：普希金、契诃夫、鲁迅。长篇小说：曹雪芹、果戈理、屠格涅夫。"[1] "屠格涅夫的长篇小说，我都读过，我非常喜爱。"[2] 这也说明作为左翼作家队伍中的一员，他的文学视野是足够宽阔的。与那个时代的许多作家一样，孙犁早年接受了较好的古典文学教育与滋养，他对于诸子百家等的古文兴趣不大，然对于经典诗词，尤其是李煜、李清照、苏轼、辛弃疾的词却兴趣浓厚，对于"为什么首先爱好起词来"，孙犁的回答是："因为在读小说的时候，接触到了一些诗词歌赋。例如《红楼梦》里的《葬花词》，《芙蓉诔》，鲁智深唱的《寄生草》，以及什么祖师的偈语之类，青年时不知为什么对这种文字这样倾倒，以为是人间天上，再好没有了，背诵抄录，爱不释手。"[3] 作家的这种独特的审美趣味显然与其个性气质以及文艺天赋有着内在的联系，这种基于兴趣的阅读积累则又进一步加强了作家的审美倾向和艺术风格，这也是我们阅读孙犁早年的作品时总能够在文本背后感受到中国古典婉约诗词韵味的一个重要原因。

粗略考察孙犁的阅读史，其治学范围比起同时代的一些革命文学作家，无疑要宽泛得多。他的阅读视野中大致包括如下方面的书籍：

中国古典文学：《四书集注》，庄子、孟子的选本，楚辞、宋词选本，《浮生六记》《断鸿零雁记》等近世小说。

中国现代文学：《独秀文存》《胡适文存》，鲁迅、周作人等人的译

---

① 孙犁：《孙犁文集5》（补订版），百花文艺出版社2013年版，第580页。
② 孙犁：《孙犁文集5》（补订版），百花文艺出版社2013年版，第561页。
③ 孙犁：《芸斋琐谈》，新华出版社2015年版，第152页。

作，冰心、朱自清、老舍、废名等的作品。

中西文化史：赵景深的《中国文学小史》、王治秋的《新文学小史》（载于《育德月刊》）、杨东药的《中国文学史》、胡适的《白话文学史》、冯友兰的《中国哲学史》、《欧洲文艺思潮》、《欧洲文学史》，日本盐谷温、青木正儿等人的有关中国文学的著作。

西方文艺作品：如欧美小说、日本小说和泰戈尔作品。后来即专读左翼作家及苏联作家的小说。

现代文艺报刊：如《申报》《大公报》《益世报》《世界日报》，尤其关注《文艺副刊》。文学刊物和革命文学期刊：《小说月报》《北斗》《现代》《东方杂志》《读书杂志》等。

文艺理论：《文学概论》及与鲁迅相关的文章，《文艺自由论辩》，唯物史观艺术论著，日本厨川白村、藏原惟人等人的著作。

此外，还有社会科学方面的一些书籍，如《唯物论与经验批判论》《政治经济学批判》以及俄苏和日本译著。

晚年孙犁在读书趣味和创作风格方面都发生了较大变化——"从新文艺转入旧文艺，从新理论转到旧理论；从文学转到历史"①，鲁迅传人的这种文化趣味的转向，我们在唐弢和黄裳身上能看到某种一致性。这固然与岁月沧桑和人生阅历有关，然关键还在于作家个人的精神气质、审美心理与文化选择。1980 年，在接受《文艺报》记者的采访中，他表示："这些年来，我读外国作品很少，我是想读一些中国的旧书。去年我从《儿童文学》上又看了一遍《丑小鸭》，我有好几天被它感动，这才是艺术品，很高的艺术品。在童话里面，充满了人生哲理。"②他还表示"我很喜欢柳宗元的文章。他的文章都写得很短，包含着很深的人生哲理。这种哲理，不是凭空设想，而是从现实生活中体验得来"③。从这里，我们隐约可以看到早年那个充满感性与诗意的孙犁思想上已经变得成熟和冷峻。从现代渐渐沉入传统，由感性抒情转向了精神层面的历史与哲理的拷问，这是作家思想的一种发展，也是作家艺术转向的前兆。

---

① 孙犁：《采蒲台的苇——孙犁散文》，浙江文艺出版社 2015 年版，第 176 页。
② 孙犁：《孙犁文集 5》（补订版），百花文艺出版社 2013 年版，第 5 页。
③ 孙犁：《芸斋琐谈》，新华出版社 2015 年版，第 196 页。

二、读书之法

也许是受到先贤读书之道的影响，孙犁、唐弢、黄裳等人的读书都有"杂学"的特色，用孙犁的话说就是"野味读书"。他曾说："我对野味的读书，印象特深，乐趣也最大。文化生活和物质生活一样，大富大贵，说穿了，意思并不大。山林高卧，一卷在手，只要惠风和畅，没有雷阵雨，那滋味倒是不错的。"①

孙犁的"野味读书法"在他对传统古籍的钻研上体现明显。大致归纳如下：

首先，主张通解。从整体入手把握文本，而不注意对个别字句的考释，他认为那是读书之末节。孙犁认为，"读书应首先得其大旨，即作者之经历及用心。然后，就其文字内容，考察其实学，以及由此而产生之作家风格。我这种主张，不只自用于文学作品，亦自用于史学著作"②。他的这种历史解读法显然是有别于一般学者的，不成系统，却不乏洞见，这种治学路径与黄裳颇类似。

其次，主张诵读。他的读书习惯是"黄卷青灯，心参默诵"③。

最后，采用对照阅读法。这与孙犁个人的阅读史之丰富有关，因为他的文学视野较为广阔，因而对于一些阅读中的观点与思想，总能从其他文本中寻觅出相关的依据，进而对比考察其真义。如他将顾炎武的《日知录》与王夫之的《读通鉴论》相比照，认为前者在思想和态度等方面都不及后者。他的一些发现，尽管不无作家的感性认识，但实际上也有着学术的思辨与洞见。

三、治学经验与阅读收获

关于治学经验，孙犁曾多次表示"取法乎上"的重要性。那么对于作家而言，这个"取法乎上"具体包含哪些方面呢？作为了解鲁迅书账和深谙鲁迅知识结构的新一代作家，孙犁认为：

---

① 孙犁：《孙犁文集8》（补订版），百花文艺出版社2013年版，第178页。
② 孙犁：《如云集》，百花文艺出版社2012年版，第263页。
③ 孙犁：《如云集》，百花文艺出版社2012年版，第264页。

　　"五四"以来，中国的大作家，他们读书的情况，是我们不能比的。我们这一代，比起鲁迅、郭沫若、茅盾、巴金、郁达夫，比起他们读书，非常惭愧。他们在幼年就读过好多书，而且精通外国文，不止一种。后来又一直读书，古今中外，无所不通，渊博得很。他们这种读书的习惯，可以说启自童年，迄于白发。我们可以看看《鲁迅日记》。我逐字逐句地看过两遍。我觉得是很有兴趣的一部书。我曾经按着日记后面的书账，自己也买了些书。他读书非常多。《鲁迅日记》所记的这些书，是鲁迅在北京做官时买的。他幼年读书的情况，见于周作人的日记，那也是非常渊博的。又如郁达夫，在日本时读了一千多种小说，这是我们不可想象的。①

　　这种影响的焦虑颇能真实代表"五四"以后第二代作家的体验和感受，也无形中推动了作家的艺术成长。考察孙犁作品，其以"五四"白话文为起点，其间虽受到西方小说家如果戈理、普希金等的影响，但主要的参照还是在中国，技法上以传统小说为参照，思想气质，尤其是后期杂文的风格上，则与鲁迅很接近。在鲁迅的众多弟子中，孙犁是为数不多的主动以鲁迅等人的知识结构为路径和参照进入文学之途的，他由此进入中国传统文化，也进而了解了鲁迅的复杂性，他晚年的文字中闪烁着鲁迅式的愤激和孤独感，他的文论中更多的却是从文章学的角度对鲁迅的写作进行解读。某种程度上说，他确实是从艺术和思想上继承了鲁迅的遗风。在鲁迅的众多弟子中，唐弢、黄裳与孙犁的知识结构、文化心理、个性气质与语言风格，有着诸多神似之处，而这种奇特的文学现象背后的根源，恰恰在于他们共同的师承关系：他们对鲁迅知识结构的深入了解，他们在自身特点的基础上对鲁迅的选择性学习。

　　孙犁特别重视先贤的智慧与治学之法。他起初是依照鲁迅曾经开出的书目去选购古书，进而开始关注中国古代的杂著和野史，他购买章太炎的遗著，研究《世说新语》《流沙坠简》《蜀碧》《蜀典》《沈下贤集》等，背后都有鲁迅的影响存在。他对古典文学的广泛而深入的研习

---

　　① 孙犁著：《孙犁文集5》（补订版），百花文艺出版社2013年版，第560页。

与涉猎，对传统文化的汲取与转化，甚至于一些个人的爱好，如金石美术等方面，鲁迅的影子几乎是无处不在的。他后期写了大量的书话文论，其中引用最多的不是西方文学理论，也不是当时流行的政治术语，而是关于鲁迅的思想、鲁迅的人格、鲁迅的创作艺术等。他还专门写了《关于鲁迅的普及工作》《鲁迅的小说》，出版了《鲁迅、鲁迅的故事》等著作。

深谙鲁迅知识谱系的孙犁并未像同时代的许多左翼作家一样，对传统持否定和批判的态度。相反，他对传统的继承与创新尤为关注。他以《红楼梦》为例强调对民族遗产的重视。在《关于〈聊斋志异〉》一文中，孙犁深刻地指出："蒲松龄在文学修养方面，取精用宏。中国的志异小说，有《太平广记》等专集，供他欣赏参考。但绝不限于此，他对于经史子集中的记事，无不精心研讨，推陈出新，汇百流为大海。"①当然，这其中的"取精用宏""推陈出新"我们不妨理解为他的以己度人，因为从其创作来看，这恰恰是孙犁治学与为文的经验之谈。他的藏书中，有相当数量的金石美术图画书，他曾回顾1949年进城后的购书经历，其中谈道："先是买笔记小说，后买正史、野史。以后又买碑帖，汉画像砖、铜镜拓片。还买出土文物画册，汉简汇编一类书册。总之是越买离本行越远，越读不懂，只是消磨时间，安定心神而已。"②在《我的金石美术图画书》一文中，他谈到自己艺术趣味背后的文化心理，其中这样描绘："我当时处境，已近于身心交瘁，有些病态。远离尘世，既不可能，把心沉到渺不可寻的残碑断碣之中，如同徜徉在荒山野寺，求得一时的解脱与安静。此好古者之通病欤？"③显然，鲁迅的校旧书、抄古碑、收藏金石美术与汉画像的隐逸状态，以及传统文人的一面和"沉入古代"的孤寂的生命体验为孙犁等人所承袭。孙犁晚年在给姜德明的信中亦谈及个人的雅趣，其中有云：

> 读字帖，过去不解其妙处。老年始觉到：实安心定性之一途径。金石之学，永久不衰，学者得其精，以成著述。吾等外

---

① 孙犁：《芸斋琐谈》，新华出版社2015年版，第256页。
② 孙犁：《孙犁文集8》（补订版），百花文艺出版社2013年版，第175页。
③ 孙犁：《孙犁文集8》（补订版），百花文艺出版社2013年版，第137页。

行人，得其余韵，以养心性。古人作此，以遗后人，未曾想到之另妙用也。①

　　鲁迅传人经由先贤的文化经验而走进中国传统文学之林，他们主动继承了鲁迅艺术趣味与审美品位的一脉并加以发扬光大，然而鲁迅在包括美术中所寄寓的深刻的"变革"与"斗争"精神却从此被遗漏。

　　在对待传统的态度上，孙犁也并非亦步亦趋地追随前人，而是有着自己的理性与判断，如在学习古文和阅读选本的问题上，按照鲁迅的主张是反对读选本的，他提倡要多读全集。对此，孙犁则认为，应该理性地看待鲁迅的观点，他认为鲁迅反对读选本，是基于自身学力而言的，是按照研究的标准来的，而对于一般的学习者，只能多一些有着可靠注释的选本。事实上，他也表明"我从来也不敢轻视像《古文观止》《唐诗三百首》这样的选本。像这样的选家，这样的选本，造福于后人的，实在太大了。进一步，我们也可以读《昭明文选》，这就比较深奥一些。不能因为鲁迅反对过读文选，我们就避而远之"②。在对先贤的追随上，孙犁是崇仰而清醒的，不仅注重对文学艺术技巧的仿学，而且注重对思想精髓的把握，这一点十分难得。他指出："学习杂文，不能只学鲁迅一家，也要转益多师。也不能只学他的杂文，还要学习他的全部著作，包括通信和日记。学习鲁迅，应该学习他的四个方面：他的思想，变化及发展；他的文化修养，读书进程；他的行为实践；他的时代。"③ 和唐弢、黄裳类似，孙犁晚年所作文学评论与书话多有鲁迅和京派作家以及周作人的影子，很大程度上这也是与鲁迅在艺术、情感和思想层面的对话。在鲁迅传统的继承上，孙犁选择了小说美学与智性的维度，这是十分难得的成就。从知识结构、人格气质、个人学养等方面，唐弢、黄裳和孙犁都无法与鲁迅比肩。但某种程度上，他们确实承鲁迅一脉而自成一家，这也是难能可贵的。

　　在孙犁看来，读书治学与作文做人是一致的。他认为对于作家而言，人格情操是尤为重要的。如果说他早期对新文学和西方新理论的追

---

① 孙犁：《无为集》，山东画报出版社 1999 年版，第 250 页。

② 孙犁：《芸斋琐谈》，新华出版社 2015 年版，第 154 页。

③ 孙犁：《耕堂劫后十种　8　无为集》，人民文学出版社 2012 年版，第 80 页。

崇是受到"五四"文艺思想和时代风潮的影响，那么后期对古典文学作品和文学理论的关注与探究则是个人文化心理的作用，是审美个性的一种回归。而他从文学转向历史的兴趣背后，则是激情的退潮和理性精神的回归。我们考察孙犁一生的创作，前期文字清新烂漫如童子之音，背后的中国古典文学的神韵是特别的存在，他晚年文字的老到，有京派和周作人的闲适之风，但又一针见血地表示了对周作人的不满与不屑："闲适的散文，也有真假高下之分。'五四'以后，周作人的散文，号称闲适，其实是不尽然的。他这种闲话，已经与魏晋南北朝的闲适不同。很难想象，一个能写闲适文章的人，在实际行动上，又能一心情愿地去和入侵的敌人合作，甚至与敌人的特务们周旋。他的闲适超脱，是虚伪的。"①从孙犁的书话和一些杂评来看，他对周作人的文本显然是重视的，粗看似有神似之感，但在人格价值上的态度明显不同，孙犁的闲适之中，并无周作人的超脱，而是战士精神的一种体现。这其中，与对鲁迅散文与杂文的体悟是分不开的，他曾说：

> 我最喜爱鲁迅先生的散文，在青年时代，达到了狂热的程度，省吃俭用，买一本鲁迅的书，视如珍宝，行止与俱。那时我正在读中学，每天下午课毕，就迫不及待地奔赴图书阅览室，伏在报架上，读鲁迅先生发表在《申报·自由谈》上的文章。当时，为了逃避反动当局的检查，鲁迅先生每天都在变化着笔名，但他的文章，我是能认得出来的，总要读到能大致背诵时，才离开报纸。
>
> 中学毕业后，我没有找到职业，在北平流浪着。也总是省下钱来买鲁迅的书。买到一本书，好像就有了一切，当天的饭食和夜晚的住处，都有了着落似的。②

这种对于周作人文章的暗自欣赏却又在其他层面明确与其划清界限的现象，我们在唐弢和黄裳等鲁迅其他弟子那里也不难看到，三人皆从鲁迅和鲁迅的知识谱系进而接近周作人，且从思想和艺术风格乃至审美

---

① 傅光明选编：《孙犁散文》，浙江文艺出版社 2007 年版，第 292 页。
② 孙犁：《孙犁文集 5》（补订版），百花文艺出版社 2013 年版，第 485 页。

趣味上表现出了在"二周"之间的徘徊、游离与纠结，也由此造就了各自不同的成就与局限。

孙犁"晚年变法"与其知识结构的更新有着很大关系。其创作前后期呈现迥然不同的艺术风貌：前期欢快乐观、浪漫明朗，后期无论是小说还是杂文，多了很多现实人生的沧桑，沉郁愤懑，笔调也一改早前的轻盈而变得老辣。他的作家论所援引的例子也都是来自中国古典文籍和鲁迅作品。这一切的变化，与他在20世纪60年代以后对中国古典文学的大量购读密不可分。他晚年的阅读，明显由原来的趋新转向对传统的欣赏，文章中不无反思的精神。他饱含深意地说，"青年时唯恐不及时努力，谓之曰'要赶上时代'，谓之曰'要推动时代的车轮'。车在前进，有执鞭者，有服役者，有乘客，有坠车伤毙者，有中途下车者，有终达目的地者。遭遇不同，然时代仍奋进不已。"① 在对历史的总结中，孙犁文化取向的变化是显然的。他自幼喜爱中国古典文学，这种倾心与关注伴随至其老年仍坚持不辍。我们看他晚年的理论批评，其对古典文学和传统美学的精神品格有着非常独特的见识。他的理论批评和文学评论中对文学的阐释完全是中国气派的，其所援引的例子也不是当时流行的政治术语与俄苏文论，而大多是中国古典文艺作品和古典美学著作，体现出孙犁的美学理想和古典美学修养。孙犁撰写了大量谈创作的文章，内容涉古今中外，但以中国古代为主、以谈艺术美学的文章居多。他说："我们现在也是这样。我主张多读一些外国古典东西。我觉得书（中国书也是这样），越古的越有价值，这倒不是信而好古，泥古不化。一部作品，经过几百年、几千年考验，能够流传到现在，当然是好作品。现在的作品，还没有经过时间的考验和淘汰，好坏很难说。所以我主张多读外国的古典作品，当然近代好的也要读。"② 他的文化心态由此可见一斑。

关于他学习古文的方法与经验，他是这样认为的：

读古文，可以和读历史相结合。《左传》《战国策》，文章

---

① 孙犁：《耕堂书衣文录》，见《孙犁文集7》（补订版），百花文艺出版社2013年版，第48页。

② 孙犁：《孙犁文集5》（补订版），百花文艺出版社2013年版，第561页。

写得很好，都有选本。《史记》《三国志》《汉书》《新五代史》，文章好，史、汉有选本。此外断代史，暂时不读也可以。可买一部《纲鉴易知录》，这算是明以前的历史纲要，是简化了的《资治通鉴》，文字很好。

　　另有一条道路，进入古文领域，就是历代笔记小说，石印的《笔记小说大观》，商务印的《清代笔记小说选》，部头都大些。买些零种看看也可以。至于像《世说新语》《唐语林》《摭言》《梦溪笔谈》《容斋随笔》等，则应列为必读的书。如果从小说进入，就可读《太平广记》《唐宋传奇》《聊斋志异》和《阅微草堂笔记》。①

在他的小说和散文中，不难发现上述中国古典文学的影子。古典文化的优良因子已经化为一种韵味与意境呈现在他的精彩的现代文本之中了。

对于外国文学，在他的小说和散文中所留存的踪迹就不那么明显。但当我们考察孙犁阅读史，会发现他对于外国文学是有选择地接受的，只是相较于其他作家，孙犁对异域文化的接受的背后，时代和政治的因素要明显大于个人因素。20世纪40年代，他接触和阅读过不少外国作品，尤其是俄苏文学，并专门做过推介工作。他曾表明："我读了一些外国文学作品，那时主要读一些十月革命以后苏联的文学作品。除去《铁流》《毁灭》以外，我也读一些小作家的作品，如赛甫琳娜的，聂维洛夫的，拉甫列涅夫的，我都很喜欢。也读法国纪德的《田园交响乐》。这些作家，他们的名字至今我还记得很清楚，这说明青年时期读书很有好处。"② 他晚年的回忆中谈到抗战时期阅读鲁迅翻译和介绍出版的国外小说：

　　我读的外国小说很少，近十几年，读不到新的译作，不知国外有什么新的好的中篇产生。就我所读过的普希金的《杜勃洛夫斯基》，梅里美的《卡尔曼》，果戈理的《布尔巴》，契诃

① 孙犁：《芸斋琐谈》，新华出版社2015年版，第155页。
② 孙犁：《孙犁文集5》（补订版），百花文艺出版社2013年版，第569－570页。

夫的《草原》，这都是公认的名著，各有各的风格，能找来参考，总是好的吧。①

从这里可以看出，阅读外国文学作家作品的过程中，进一步拓展作家思想的宽度和艺术的广度，进而理解自身的文学趣味与人格气质，逐步建立自己的文学观和审美观。通过对外国文学的观照与摄取，作家加深了对现实主义、人性和人道主义的理解，也使得其最终获得了普遍性。

第三节　孙犁藏书与文学创作

对孙犁而言，藏书与阅读对他的个性人格、审美取向和文学创作的影响是多方面的。首先，藏书一定程度上体现、塑造和强化了作家的精神人格。其次，作为文学资源，藏书对作家的创作思想与创作风格的形成起到了支援作用。最后，在藏书选择与阅读过程中，也隐含了作家的文化趣味和审美情怀。

一、独立的精神人格与文学观念

我们考察孙犁前期的创作，左翼作家的追求革命现代性而忽略审美现代性的问题，在他这里并没有出现，这与他一直保持着独立的文学观与审美观密不可分。对于文学与意识形态的关系，他曾清醒地指出："一部作品有了艺术性，才有思想性，思想溶化在艺术的感染力量之中。那种所谓紧跟政治，赶浪头的写法，是写不出好作品的。"②

就精神人格来说，中国传统的儒家文化与西方人道主义精神在他身上都有某种体现。他的文字尤其是晚年的杂评中多有京派作家和周作人的影子，但文字背后更有鲁迅的锋芒存在。在同时代的抗战文学主潮中，孙犁一方面保持了与主色调的基本一致，另一方面明显地与之保持了一定的距离，也相对自由地保持了自我。这一特异的存在，不能不说

---

① 孙犁：《孙犁文集续编　3　杂著》，百花文艺出版社 2002 年版，第 271 页。

② 孙犁：《孙犁文论集》，人民文学出版社 1983 年版，第 142 页。

与其文化的认同与选择有着深层的关系。某种程度上，他是在一种更广泛的意义上从事写作。尽管出生在革命时代，但他的文化观念显然并未完全受时代的影响，在他的人格深处，很大程度上是对传统文化和鲁迅开启的启蒙文化和人道主义的认同与皈依。"人道主义和儒家文化这两种在新文化运动中被作为对立关系的文化精神，以一种特殊的形态相互整合、共同建构了孙犁的人格与价值系统，这使孙犁具有一种现代个性意识与传统儒者中庸气质相混合的精神特征。"① 在孙犁的文化人格中，儒家文化精神扮演着重要的作用，这种个性特征体现在文学创作和理论批评之中，就是道德中心主义的美学风格。孙犁笔下的贞女形象和他的文论的主题，都体现了这一特征。他反复倡导作品主题的健康明亮，以及"对人民负责的良心和勇气"。基于此，他认为文学要给人以向上的力量和进步的信心，而反对悲剧、反对阴暗抑郁的文学风格。

与同时代的左翼作家不同，孙犁所追求的是一种简单明朗的美学风格，这表现为他在创作和生活中的"两分法"（即对"清"的相亲相容与"浊"的逃避远离）。这种二元对立的美学原则，使他放弃了对现实社会复杂性的探索与揭示，而更关注人性，尤其是人性中美好的一面。譬如，《钟》里的惠秀，《嘱咐》里的水生嫂，《浇园》里的香菊，《吴召儿》里的吴召儿，《铁木前传》里的九儿，《山地回忆》里的妞儿，《小胜儿》里的小胜儿，《正月》里的多儿，等等。这些秀外慧中的女子形象成了他坚持"真善美"的艺术创作理念的化身。

他曾说："看到真美善的极致，我写了一些作品。看到邪恶的极致，我不愿意写。这些东西，我体验很深，可以说是镂心刻骨的。可是我不愿意去写这些东西，我也不愿意回忆它。"② 在解放区作家群中，他的审美追求与审美情趣与审美视角无疑是独特的，这也是它能够在单调的生活中获得个性化的艺术发现的重要原因。他的超功利、远离政治、不亦步亦趋，使他能够在鼓角阵阵中独奏一曲柔美清新的牧笛。这也是他的作品得以大浪淘沙，经受住岁月的考验，而获得一种持久的艺术魅力的原因所在。他反对为艺术而艺术，而对于彼时文学创作的弊病，他也

① 《丛刊》编辑部主编：《中国现代文学研究丛刊30年精编：作家作品研究卷（上）》，复旦大学出版社2009年版，第354页。

② 孙犁：《孙犁文集5》（补订版），百花文艺出版社2013年版，第566页。

有着清醒的认识和洞见，他指出："小说属于美学范畴，则作者之用心立意，首先应考虑到这一点。"① 显然，他是深谙艺术真谛的。

对于所心仪的作家，孙犁采用的是文与人的二分法，这种二分法我们在黄裳和唐弢等人处理对周作人与京派文人的态度上也有似曾相识之感。孙犁曾表示："格调问题在创作上是应该被重视的一个问题。思想性不高，格调必然是低的。"② 晚年的孙犁写了不少文学批评，他对以往作家和同时代作家的评论同样精彩，他的作家文格与人格的关系论，以及对于周作人文章的暗自欣赏，都体现了一种微妙的文化心理。

孙犁提倡人文一致的创作原则，主张"质胜于文"③。在革命文学中，他是少数几个作品能够具备穿越时代的阅读魅力的作家之一。这与他注重审美性和艺术性的创作追求有关。他晚年曾坦陈自己的写作经验，"我写作品离政治远一点儿，也是这个意思，不是说脱离政治。政治作为一个概念的时候，你不能做艺术上的表现，等它渗入到群众的生活，再根据这个生活写出作品"④。孙犁晚年在《〈贾平凹散文集〉序》中，总结了自己的文学人生，所拿出的声音多有批判现实之意。他写道，"我不敢说阅人多矣，更不敢说阅文多矣。就仅有的一点经验来说，文艺之途正如人生之途，过早的金榜、骏马、高官、高楼，过多的花红热闹，鼓噪喧腾，并不一定是好事。人之一生，或是作家一生，要能经受得清苦和寂寞，经受得污蔑和凌辱。要之，在这条道路上，冷也能安得，热也能处得，风里也来得，雨里也去得。在历史上，到头来退却的，或者说是消声敛迹的，常常不是坚定的战士，而是那些跳梁的小丑"⑤。今天，我们重读这样的文字，他的经验、他的感慨、他的忠告依然具有很强的现实意义。

二、古典修养与文化认同

著名文学批评家孙郁曾在《鲁迅的思维特征》一文中指出；"当代

① 孙犁：《尺泽集》，百花文艺出版社 2012 年版，第 72 页。
② 孙犁：《孙犁文集 8》（补订版），百花文艺出版社 2013 年版，第 330 页。
③ 孙犁：《孙犁选集理论》，陕西师范大学出版社 2003 年版，第 463 页。
④ 孙犁：《孙犁文集 5》（补订版），百花文艺出版社 2013 年版，第 562 – 563 页。
⑤ 孙犁：《耕堂劫后十种 4 尺泽集》，人民文学出版社 2012 年版，第 144 页。

作家语言能够超过汪曾祺、贾平凹、孙犁这些人的不多。为什么作家整体的语言沦落呢？与社会环境有很大关系。我们这些人，小的时候就没有接触到古文的教育，学的都是苍白无力的白话文，所受的教育是本来丰富的东西割裂后的一点，所以与"五四"时期的那一代人相比，我们显得非常渺小。"①

诚哉斯言。事实上，考察一位作家的优点或局限，文学文本是一个显性的方面，还有另一个隐性的方面，那就是作家的藏书和阅读史。把握作家的知识结构，实际上已经可以洞悉很多内在的必然性。

和现代文学史上的众多优秀作家一样，孙犁有着独特的文化趣味与审美倾向。我们看他人格气质上是"疏逸超脱"，审美品位上的"花鸟虫鱼，风花雪月"②，艺术手法上的"寓兴丹青"，作品内容的"雁鹜鸥鹭、溪塘汀清"，以及表现风格上的"雅致萧疏"，背后的中华古典文化底蕴是深厚的。

孙犁数量众多的藏书已经向世人显示了这位对当代文坛有过重要影响的作家对古典文化的偏爱与眷恋。在其阅读视野中，中国古典文化与文学作品有着重要的位置。我们读他的文字再反观其阅读史，不难发现，他对中国古典文学的关注与研究是很深切的，他不仅汲取其中的营养并将其化为中国当代文学一个个精彩动人的精品，还提出了许多关于中国古典文学的独特见解。他对传统文化的承续与转化，今天依然值得后人借鉴学习。

孙犁晚年写过很多书评，尤其是对青年作家多有提携。而这其中，对贾平凹的欣赏表现得尤为特别。在《再谈贾平凹的散文》一文中他写道：

> 自从读了《一棵小桃树》以后，不知什么原因，遇见贾平凹写的散文，我就愿意翻开看看。这种看，完全是自愿的，很自然的。就像走在幽静的道路上，遇见了叫人喜欢的颜面身

---

① 首都师范大学文学院编：《文化的传承与担当：重建社会理性与价值》，社会科学文献出版社 2012 年版，第 31 页。

② "文革"期间，孙犁被批为"生活上，花鸟虫鱼；作品里面，风花雪月。"他却深以为然。

影，花草树木，山峰流水，云间飞雀一样，自动地停下脚步，凝聚心神，看看听听。①

这显然是一种心有灵犀的赏识，我们考察二者的审美倾向、创作风格，发现都有着中国古典文学的深厚底蕴。而中国文人的诗书画一体的传统在两位身上也有很好的体现，孙犁写道：

> 他的特色在于细而不腻，信笔直书，转折自如，不火不瘟。他的艺术感觉很细致，描绘的风土人情也很细致。出于自然，没有造作，注意含蓄，引人入胜。能以低音淡色引人入胜，这自然是一种高超的艺术境界。②

显然，这里的"风土人情"也好，"低音淡色"也罢，与孙犁的创作风格也是高度吻合的。我们考察孙犁的作品，他笔下的"白洋淀风俗画"和"女性群像"最为动人。这背后与他创作的美术意识是不无关联的。

幼时的孙犁习过美术，他后来的藏书中依然存有大量精印本的中国古典绘画作品，如《陕北东汉画像石刻选集》、《汉代绘画选集》、线装《汉画》、《南阳汉画像集》、《摹印砖画》等。在《我的金石美术图画书》一文中，孙犁对自己关于中国古典美术藏书的情况进行了回顾：

> 我不会画，却买了不少论画的书。余绍宋辑的《画论丛刊》、《画法要录》，都买了。记载历代名画的《历代名画记》、《图画见闻志》，《宣和画谱》，以及大型的《佩文斋书画谱》，也都买了……
>
> 古人鉴定书画的书，我买了《江村消夏录》、《庚子消夏记》。后者是写刻本，字体极佳。我还在早市，买了一部《清河书画舫》，有竹人家藏版，木刻本十二册……

---

① 孙犁：《孙犁选集理论》，陕西师范大学出版社 2003 年版，第 318 页。

② 孙犁：《我的金石美术图画书》，见《孙犁选集理论》，陕西师范大学出版社 2003 年版，第 319－320 页。

我还买了一些画册，珂罗版的居多。如：《离骚图》、《无双谱》、《水浒全传插图》、《梅花喜神谱》、《陈老莲水浒叶子》、《宋人画册》……

此外还有《石涛画册》、《华新罗画册》、《仇文合制西厢图册》等，都是三十年代出版物，纸墨印刷较精……

木刻水印者，有《十竹斋画谱》，已为张的女孩拿去，同时拿去的，还有一部《芥子园画传》（近年印本）。另有一部木刻山水画册，忘记作者名字，系刘姓军阀藏书，已送画家彦涵。现存手下的，还有一部《芥子园画传》，共四集，均系旧本，陆续购得……①

从作家人格气质来说，孙犁显然具有浓厚的中国传统文人气质，他对古典文脉的承续，为其艺术创作开辟了新的境界。虽然孙犁表明自己"不会画"，但我们看他的收藏之专业、专著，他的创作中的古代笔记小说和"风俗画"的余韵背后都有着中华美学神韵与中国古典文化气象。中国传统的诗文书画在孙犁这里都得到了很好的继承与融通，而美术修养的积淀使得他能够兼具画家之慧心，进而对线条、色彩、构图具备很好的艺术感觉。

孙犁的小说以诗情画意、清新浪漫著称，这背后与其强烈的美术意识、发达的形象思维是不无关系的。他以文字为画笔，或精刻细描，或浓墨点染，于是我们看到这位文字的"美术家"笔下一幅幅优美传神的中国民俗画、风景画与人物画（女性画）。例如，《荷花淀》中月夜下的农家小院和正在编席的少妇：

> 月亮升起来，院子里凉爽得很，干净得很，白天破好的苇眉子潮润润的，正好编席。女人坐在小院当中，手指上缠绞着柔滑修长的苇眉子。苇眉子又薄又细，在她怀里跳跃着。②

---

① 孙犁：《我的金石美术图书》，见《孙犁文集8》（补订版），百花文艺出版社2013年版，第139－141页。

② 孙犁：《高跷能手》，见《荷花淀》，人民文学出版社2015年版，第1页。

如果说孙犁早年的小说和散文有中国风俗画的浪漫神韵，那么晚年经历时代与岁月的沧桑后，他的作品却有了漫画的讽刺批判之感。譬如，他在《高跷能手》中所描绘的一位悲剧性的人物：

> …………
>
> 他说着下到地上，两排铺板之间，有一尺多宽，只容一个人走路，他站在那里拿好了一个姿势。他说：
> "我在青蛇面前，一个跟斗过去，踩着三尺高跷呀，再翻过来，随手抱起一条大鲤鱼，干净利索，面不改色，日本人一片喝彩声！"
> 他在那里直直站着，圆睁着两只眼睛，望着前面。眼睛里放射出一种奇异多彩的光芒，光芒里饱含青春、热情、得意和自负，充满荣誉之感。①

对于这位"高跷能手"，作家一番生动传神的描绘之后，不忘在文末附上自己的点评：

> 芸斋主人曰：当时所谓罪名，多夸张不实之词，兹不论。文化交流，当在和平共处两国平等互惠之时。国破家亡，远洋奔赴，献艺敌酋，乃可耻之行也。然此事在彼幼年之期，自亦可谅之。而李槐至死不悟，仍引以为光荣，盖老年糊涂人也。可为崇洋媚外者戒。及其重病垂危之时，偶一念及艺事，竟如此奋发蹈厉，至不顾身命，岂其好艺之心至死未衰耶。②

这样的写法，无疑是对中国传统诗书画一体的文法的一种承续，背后的中华文化古韵是明显的。

我们看孙犁的文章，背后的文脉是对中国古典文学遗产的承续发扬与接受改造。其中既有对传奇情节和特色语言以及女性形象的借鉴，也包含了对创作体式与题材方面的接受。而这一切，又与孙犁个人的特殊

---

① 孙犁：《高跷能手》，见《芸斋小说》，天津人民出版社 2011 年版，第 13 – 14 页。
② 孙犁：《高跷能手》，见《芸斋小说》，天津人民出版社 2011 年版，第 14 页。

的审美倾向分不开。中国古典小说长期以来已经形成了自身的传统，这其中传奇小说、笔记小说以及话本小说的独特价值不言而喻。孙犁相当重视这一传统，他对古典小说的关注尤深，对传奇小说、笔记小说和话本小说有着自己的选择与偏爱，譬如《唐宋传奇》《今古奇观》《宋人平话》《聊斋志异》等，这些都是他非常推崇的。他晚年对自己的文学道路与现实人生进行了多方面的总结，其中写的书箴，颇能表达自己的人生旨趣：

> 淡泊晚年，无竟无争。抱残守阙，以安以宁。唯对于书，不能忘情。我之于书，爱护备至：污者净之，折者平之，阅前沐手，阅后安置。温公惜书，不过如斯。①

孙犁的性情、爱好与超脱由此可见一斑。他的文学起点源于"五四"时期，但后期转向了对新文学的反思，艺术思想和行文风格上却日渐趋古，他认为"五四"以来，崇尚白话小说，作者日众，出版也多。但六七十年间，检阅一下，真正成功的，一直为群众喜爱的小说，也是屈指可数的。② 事实上，中国传统文化对他的影响很深，在《小说与伦理》中，他深有感触地谈到了传统文化和伦理观念之于他的影响，"幼时读《红楼梦》，读到贾政笞挞贾宝玉，贾母和贾政的一段对话，不知为什么，总是很受感动，眼睛湿润润的。按说，贾政和贾母，都不是我喜爱的人物，为什么他们的对话，竟引起我的同情呢？后来才知道，这是传统伦理观念的影响，我虽在幼年，这种观念已经在头脑里生根了"。③

至于在具体的小说创作中，他对古典文学的借鉴显然是多方面的。在孙犁的文学观与审美倾向中，存在一种明显的阴柔美学，这或许主要源于作家自身的人格气质以及在此基础上的知识背景，而这其中《西厢记》《红楼梦》等古典抒情文本的文化思想的影响是潜在而巨大的。对于《红楼梦》，他的理解是："二十多年里，我确实相信曹雪芹的话：

---

① 孙犁：《书衣文录》，山东画报出版社 1998 年版，第 19 页。
② 孙犁：《尺泽集》，百花文艺出版社 2012 年版，第 70 页。
③ 孙犁：《耕堂劫后十种 4 尺泽集》，人民文学出版社 2012 年版，第 58 页。

女孩子们心中，埋藏着人类原始的多种美德!"① 孙犁的审美价值取向是倾向于阴柔如水的女性的，他性格中有偏阴柔的一面，他笔下的男性形象远不如女性形象生动感人、光彩夺目。这方面，古典文化的浸润与个人气质的融合对他的审美观的形成影响很大，他曾表示，"我读了《西厢记》，苏曼殊的《断鸿零雁记》，沈复的《浮生六记》。一个时期，我很爱好那种凄冷缠绵，红袖罗衫的文字"②。在这里，古典浪漫小说哀婉清雅的风格以及曹雪芹的价值判断、清浊论显然也成了孙犁的艺术审美的重要的取向。在人物塑造上，孙犁笔下的女性形象堪称完美，这种完美是从形象到精神人格的完美，这与他独特的女性写作观有关。他曾经多次表示，相比于男性，在女性身上更加能够体现人类的美好品质。这样的观念，与曹雪芹是何等相似，在《红楼梦》中，曹雪芹借贾宝玉之口表达了自己的道德观与女性观："女儿是水做的骨肉，男人是泥做的骨肉。我见了女儿，我便清爽，见了男子，便觉浊臭逼人。"③这种清浊对照的道德观对孙犁的写作有很大影响，由此升华为他的传统道德人格和正邪对立的精神气质，并形成一种写作美学。

　　对于一个成熟的作家而言，选择自己所擅长的艺术表现对象尤为重要。作家的艺术个性、审美理想、审美趣味、审美情感甚至于作家的个性气质、人格精神往往也是通过笔下所刻画的人物形象而得以呈现的。在女性形象方面，孙犁小说无疑是成功的。这与他对中国古典小说尤其是《聊斋志异》《红楼梦》的研习是分不开的，他认为，"在这部小说里，蒲松龄刻画了众多的聪明、善良、可爱的妇女形象，这是另一境界的大观园"④。孙犁早年的成功，很大程度上在于其对女性形象的刻画与女性微妙心理的精确捕捉。他笔下的女性道德观是传统而独特的。无论是深明大义、守候丈夫的水生嫂，一吻定情的春儿，还是饱经风霜至死不渝的尼姑慧秀，无论面临多大的现实挑战，对爱情的忠贞不渝是这些女性共同的选择。当然，与其说是作品人物的选择，不如说是作家孙犁的女性观念。他对女性与爱情的理解无疑是充满理想化的色彩的，这

① 孙犁：《孙犁文集6》（补订版），百花文艺出版社2013年版，第136－137页。
② 孙犁：《芸斋琐谈》，新华出版社2015年版，第153页。
③ 曹雪芹、高鹗：《红楼梦》，山东人民出版社2014年版，第13页。
④ 孙犁：《芸斋琐谈》，新华出版社2015年版，第257页。

背后与我国传奇小说中的贞女、烈女的形象是一致的。

女性道德的传统与他对女性形象性格的塑造是一致的。我们看他小说中的人物特征与《聊斋志异》中女性的塑造是何等神似。他笔下的少女清新烂漫，无论是早期作品如《村歌》中的双眉，还是《看护》中的少女看护，《吴召儿》中的吴召儿，抑或《山地回忆》中的妞儿，还是后期的"芸斋"小说中的女护士、远房妹妹、房东女儿，都是爱笑的天真少女，无论身处何种险恶处境，人物的精神气质不变，这些人物与战争的残酷形成了鲜明对比，也构成了人们对美好未来的一种召唤。

在描绘一系列外秀内慧的少女形象的同时，在孙犁的笔下，还有众多象征阴柔之美的物象。他对女性浪漫形象的塑造常常借花来比喻，这对《聊斋志异》中的《婴宁》《黄英》《葛巾》《香玉》的借鉴是不言而喻的。孙犁战争小说的英雄人物的塑造背后都有着《唐宋传奇》的影子。中国古代传奇小说中关于豪侠的传奇与浪漫风格与离奇的情节构造的手法，都成为他小说创作的重要资源，他的作品鲜明地体现了东方美学的特质。

从结构形式和语言特点来看，古典小说对孙犁晚年的小说的影响也是很深的。他表示："随着年龄和阅历的增长，我越来越喜爱那些更短的篇，例如《镜听》。同时，我也喜爱'异史氏曰'这种文字，我以为是直接承继了司马迁的真传。"[1] 他的"芸斋"小说，结尾总是不忘加上自己的文言点评，《鸡缸》《一个朋友》《杨墨》《颐和园》《宴会》，或有感而发，或总评全文。这种写作手法显然是中国式的。《史记》《唐宋传奇》，《聊斋志异》和《红楼梦》的影响是无时不在的。

孙犁后来发表了不少创作论，如《怎样体验生活》《论情节》《关于短篇小说》《关于长篇小说》《关于散文》《关于诗》《关于文学速写》，这些文章中，他反复强调的是对艺术性的重视，而他所援引的例子大都出自中国古典文学，如《〈红楼梦〉的现实主义成就》《关于〈聊斋志异〉》《谈柳宗元》《欧阳修的散文》等。此外，孙犁尤为重视古典文学的借鉴问题。从他的论述中不难发现，他对中国文学遗产的研

---

① 孙犁：《孙犁文集6》（补订版），百花文艺出版社2013年版，第221页。

究之深。而他对诸多经典文本的领悟也是独特的，并最终将之化为一个个精美的文本。古典文学的质朴素净、恬淡传神的艺术神韵成为他中意和追随的写作范本。这也是他发现贾平凹的独特之处的根本原因所在，他认为贾平凹复活了古典散文的传统，背后也体现了作为批评家的孙犁的文学审美标准与趣味。

晚年的孙犁写了很多杂评、文论与读书笔记，如《晚华集》《秀露集》《澹定集》《尺泽集》《远道集》《老荒集》《陋巷集》《无为集》《如云集》《曲终集》等。我们透过这些文集的内容甚至书名，可以看到他的思想与心绪的变化。显然，愈到晚年，他愈加表现出对中国传统文化的眷念与皈依。孙犁多次购买《世说新语》等书，其行为背后隐秘的文化心理确实耐人寻味，他表示自己读这些书，是以历史的眼光去读的。这显然是一个作家在饱经沧桑后才有的文化心态。在他众多的读书笔记中，表达了对文学、历史与现实人生的哲思。20 多万字的《耕堂读书记》，囊括了经史子集、金石美术、农桑畜牧，其涉猎之广，令人称奇，可谓达到了知识性、艺术性与思想性的完美统一。

三、传统之源与诗意风格

"文革"期间，有人批判孙犁"生活上，花鸟虫鱼；作品里面，风花雪月"①，对此，孙犁却认为"这算触及灵魂了"。如果说"花鸟虫鱼"体现的是孙犁身上的传统士人的审美旨趣的话，那么"风花雪月"则在某种程度上与他早期作品的浪漫主义诗意表达是相对应的。在崇尚阶级分析和革命文学的浪潮中，孙犁这种摒弃功利的审美原则，无疑是特立独行的。他一直保持着这种旨趣，他的文化心理与审美趣味具体到一个个文本时，便是与主流色彩迥异的存在。

从现代心理学的角度来看，一个作家的文学情趣和审美取向的形成往往集中在其早年。我们考察孙犁的浪漫唯美的艺术个性的形成与他中学时代对屠格涅夫等人的西方浪漫主义文学作品的借鉴和中国古典主情主义文学的接受有很大的关系。事实上，古今中外的经典的文学资源与艺术滋养，使他能够以文学的方式实现革命的需求，而他的解决途径则

---

① 孙犁：《答吴泰昌问》，见《孙犁全集》（第六卷），人民文学出版社 2004 年版，第10 页。

是浪漫写实主义的创作艺术。他表示，"我喜欢普希金、契诃夫、梅里美、高尔基的短篇小说。我感觉到普希金的短篇小说和契诃夫的短篇小说，合乎我的气质，合乎我的脾胃。在这些小说里面，可以看到更多的热烈的感情、境界"①。他在这种美学原则下，创作了早期的抗战小说，也获得了很大的成功。

孙犁有一种清雅细腻的审美情趣，这一方面源于中国古典文化中的主情主义，另一方面则与西方浪漫主义文学中的个人主义审美态度有关。他早年对屠格涅夫作品的喜爱，就是看重其作品的诗性色彩。

诗意与浪漫的写作一度是他作品的最大特色。他曾表示"我很喜欢普希金、梅里美、果戈理和高尔基的短篇小说，读得也比较多，我喜欢他们作品里那股浪漫气息，诗一样的调子，和对美的追求"②。而中国的散文，如韩非、司马迁、柳宗元、欧阳修等人的作品都是他师法的对象。孙犁的散文读起来清新自然，有着独特的美感，使人看到战争年代人的悲观、沉郁与血色，这与其独特的审美趣味和艺术原则密不可分。他表示"中国的散文作家，我所喜欢的，先秦有庄子、韩非子，汉有司马迁，晋有嵇康，唐有柳宗元，宋有欧阳修。这些作家，文章所以好，我以为不只在文字上，而且在情操上。对于文章，作家的情操，决定其高下。悲愤的也好，抑郁的也好，超脱的也好。闲适的也好。凡是好的散文，都会给人以高尚情操的陶冶。王羲之的《兰亭集序》，表面看来是超脱的，但细读起来，是深沉的，博大的，可以开扩，也可以感奋的"③。

在解放区作家和主流文学中，孙犁饱含诗情画意的文字、注重优美自然的表现与营造的写作，在当时的文学作品中无疑是独树一帜的。二者背后是他有意为之的独立的审美观念和深厚的古典文学素养。他的小说具有诗的特质，他以诗人的口吻来讲述革命战争的故事。这与他身后的古典文化浸润以及由此而形成的独立的艺术领悟与审美趣味密不可分。他的"真善美"的人性与文学观念，以及在此观念主导下的对战争的表现，尽管曾经遭受过不少争议，但至少也真实地表现了他个人对

① 孙犁：《孙犁文集5》（补订版），百花文艺出版社2013年版，第560页。
② 孙犁：《勤学苦练》，《孙犁文集5》（补订版），百花文艺出版社2013年版，第458页。
③ 傅光明选编：《孙犁散文》，浙江文艺出版社2007年版，第292-293页。

于生活的浪漫主义的态度。

作家的学养深刻影响其创作个性的形成。对孙犁来说，其对中国古典文学的倾心与关注，反映了他思想和个性中的传统修养的醇厚，而先秦诸子、魏晋风度、唐宋神韵、晚明情致都构成了他艺术人格的重要部分。五四运动对传统的决绝，革命文学普遍存在的概念化，在他那里都少有见到。他的审美旨趣与艺术血脉中流动的是中国古典美学与文化的余韵。

孙犁的小说中，我们总能看到《聊斋志异》的影子。他曾自述"这是一部奇书，我是百看不厌的"①。他认为，"接受前人的遗产，蒲松龄的努力是广泛深远的。作为《聊斋》一书的创作借鉴来说，他主要取法于唐人和唐人以前的小说"②。

孙犁早年的文字因具备极强的艺术感染力而独树一帜，晚年笔锋突变，深沉老辣中有鲁迅之风。晚年的孙犁，与前期风格相比，呈现出明显的变化，这种变化不仅体现在其阅读史的转变，还体现在其审美心理与写作趣味的发展。他晚年的文章中有明显的京派的痕迹，其小品散文，在知识性与文学性、艺术感性与批判理性方面，都有着不俗的成就。他的读书趣味和知识结构显然是受京派作家作品影响的，但在格调上，又呈现出微妙的差异，体现出与鲁迅精神的亲近。孙犁的文论和杂评中，有京派文人的风范，但在他貌似平淡老到的文字背后有着批判的锋芒。对于像孙犁这样的作家来说，其文风之变的背后，亦颇耐人寻味。

我们看他晚期的文论，具体到写作的经验时，他无法像鲁迅、郁达夫、周作人和茅盾等人一样，纵横捭阖，古今中外，融合驳杂的知识背景。或许是因为他无法像前者一样精通多国语言，或许是因为个人审美和文化心理，他的论述相较于前者要窄一些。这是无须讳言的事实。他的文学成就受限于此，但也在某种程度上因承续了前人的文学传统而形成了自己的风格。读书的视野与一个作家的成长及其得失，由此可见一斑。

孙犁的一生，是与书为伴的一生。他的学识涵养、艺术个性、审美

① 孙犁：《孙犁文集6》（补订版），百花文艺出版社2013年版，第221页。

② 孙犁：《芸斋琐谈》，新华出版社2015年版，第253页。

境界与文化追求，他的文学与人生的得与失在他的藏书和阅读史中都留下了不少踪迹。对于自己一生的"书缘"，晚年孙犁如是总结：

> 我买旧书，多系照书店寄给我的目录邮购，所谓布袋里买猫，难得善本。版本知识又差，遇见好书，也难免失之交臂。人弃我取，为书店清理货底，是我买书的一个特色。
>
> 但这些书，在这些年，确给了我难以言传的精神慰藉。母亲、妻子的亲情，也难以代替。因此，我曾想把我的室名，改称娱老书屋。
>
> 看过了不少人的传记材料，使我感到，中国人的行为和心理，也只能借助中国的书来解释和解决。至于作家，一般的规律为：青年时期是浪漫主义；老年时期是现实主义。中年时期，是浪漫和现实的矛盾冲突阶段，弄不好就会出事，或者得病。书无论如何，是一种医治心灵的方剂。①

孙犁的藏书、读书与用书，这背后既是一个个精彩的故事，也是一笔宝贵的精神财富。

---

① 孙犁：《我的金石美术图画书》，见《孙犁文集8》（补订版），百花文艺出版社2013年版，第142页。

结　语
作家藏书：　一座待开掘的"冰山"

关于藏书研究，近来有学者批评：虽然"文学史研究"中也有对作家"藏书"和"阅读"的研究，譬如对于鲁迅的藏书研究，专著就不止一本。最近出版了韦力写的《鲁迅古籍藏书漫谈》，上下册两大本，但基本上属于"史料"甚至偏向于"收藏"，缺乏"阅读史"的视野。① 此外，以往关于藏书家和藏书史的研究主要局限丁图书馆学的范畴，很少真正进入作家研究和文学史研究的视野。因此，将作家"藏书史""阅读史"与"创作史""研究史"一并纳入"文学史"的研究视野，不仅是方法论的革新和完善，而且将拓展中国现代文学的研究视野，进而推动更多关于丰富和重构文学史研究范式的思考。

藏书研究还将呈现作家艺术创作和精神世界中隐藏的一面，进而丰富和推动更多关于作家研究的进程。关于这方面，孙郁结合他对鲁迅藏书的研究，揭示了鲁迅艺术上的"暗功夫"及其来源和形成过程，让我们看到了鲁迅知识结构的多维和思维的多轨。孙郁曾借日本学者对鲁迅精神来源的考证，从中找寻抵抗力量的例子，并深刻地指出：

> 冲绳人抓住鲁迅的精神来源，从这些来源里寻找抵抗的元素，这颇有启发性。中国的知识分子多从鲁迅的表层结构来讨论社会难题，很少从鲁迅的内部结构思考现象之谜。包括研究鲁迅的学者。②

---

① 罗岗：《文学史与阅读史：必要的和可能的——由"改革开放三十年文学"引发的一点思考》，《南方文坛》2008 年第 6 期，第 40 – 42 页。

② 孙郁：《鲁迅的暗功夫》，《文艺争鸣》2015 年第 5 期，第 58 – 66 页。

因此，考证作家的精神之源与艺术之源，不仅需要关注"明"的存在，而且须探索那些"暗"的因素。而作家藏书与阅读活动，无疑为作家思想人格、精神资源、创作动机以及审美趣味等的研究提供了某种逻辑起点，"这是一个方法论的问题，也是世界观的问题"。

然而，藏书研究的难点也在这里，特别是面对我们的研究对象——20世纪的杰出作家群体。作为世纪之交的知识分子，其知识结构与思想正如他们遗存的藏书一样如此复杂而多元。那么，在目前分科制的教育与研究背景下，又如何以今人之"浅"与"专"去想象前人之"深"与"杂"呢？

以周作人为例，他曾在《我的杂学》中谈及自己的知识构成：

> 一是关于《诗经》、《论语》之类。二是小学书，即《说文》、《尔雅》、《方言》之类。三是文化史料类，非志书的地志，特别是关于岁时风土物产者，如《梦忆》、《清嘉录》，又关于乱事者如《思痛记》，关于倡优如《板桥杂记》等。四是年谱、日记、游记、家训、尺牍类，最著名的例如《颜氏家训》、《入蜀记》等。五是博物书类，即《农书》、《本草》、《诗书》、《尔雅》各本亦与此有关系。六是笔记类，范围甚广，子部杂家大部分在内。七是佛经之一部，特别是旧译《譬喻》、《因缘》、《本生》各经，大小乘戒律，代表的语录。八是乡贤著作。①

我们翻阅周氏兄弟的藏书，不由得感叹其所涉知识之广。面对这样的研究对象，没有跨学科的文化背景和融贯古今的知识储备是断难进入其中的。

再如，巴金的外文藏书，按照巴金故居常务副馆长周立民的说法是"种类杂、语种多、版本丰富、珍本多"。现代文学史上，恐怕也只有周氏兄弟等少数作家能与之媲美。特别是其中关于无政府主义等理论以及对各种报刊史料的收藏尤为丰富，这无疑是研究巴金早期思想形成的

---

① 周作人：《我的杂学》，北京出版社2005年版，第6—7页。

重要资源。然而，语言翻译上的障碍等各方面原因，导致相关研究进展仍难尽人意。关于这一难题，著名鲁迅研究专家陈漱渝也深有体味，在《鲁迅藏书研究》的序言中，他感慨道：

> 在中国，迄今似乎还没有系统研究作家藏书的专著。只有清末长洲叶昌炽的《藏书纪事诗》，介绍过一些著名藏书家的事迹。因此，我们在研究过程中，十分缺乏可资借鉴的成功经验。加之我们外文水平的局限，学术功底的浅薄，面对收罗广博、内容渊深的鲁迅藏书，研究起来常感捉襟见肘，力不从心。许多内容尚未及列入研究之列。①

这里固然有学者的谦虚，然面对像周氏兄弟这样的作家及其藏书，前辈学人所强调的困难却也绝非虚言。无独有偶，钱理群在《八十自述》一文中，亦坦陈了一代人"先天的不足"给"自己的学术研究带来的损伤"，具体来说是"两大致命弱点"，即"不懂外文，古代文化修养不足"。他认为："这样的根本性弱点，就使得我与自己的研究对象，特别是鲁迅、周作人这样的学贯中西、充满文人气息的大家之间，产生了隔阂，我进入不了他们更深层次的世界。这一点我心里很明白。因此当人们过分地称赞我的鲁迅、周作人研究，我只有苦笑：我不过是这一研究领域的'历史中间物'而已。更重要的是，知识结构缺陷背后的研究视野、思维能力、言说方式诸多方面的不足，这就形成了我的学术抱负（期待能有原创性的大突破，在理论上有所建树等）和实际能力与水平之间的巨大差距，可以说这是我内心的一个隐痛。"②

钱先生的"自剖"特别谦虚，特别深刻，也特别真诚。时至今日，钱先生的"不安"与"隐痛"依然存在于我辈学人之中，所谓"研究领域的'历史中间物'"的焦虑于笔者更甚。特别是当我们面对胡适与"二周"以及郁达夫、巴金等作家的古今之外、林林总总的藏书时，由于现代分科制度下知识结构的局限，我们很难完全进入作家的阅读世

---

① 陈漱渝主编：《世纪之交的文化选择——鲁迅藏书研究》，湖南文艺出版社1995年版，第5页。

② 钱理群：《八十自述》，《名作欣赏》2020年第3期。

界，进而也难以真正抵达作家丰富的精神世界。然而，或许正是这种挑战与诱惑，也不断激励着无数"历史中间物"前赴后继、砥砺前行。以鲁迅藏书研究为例，值得庆幸的是，在鲁迅博物馆孙郁等学者的不断开掘下，相关研究已经取得了重要突破，鲁迅的"暗"功夫得以呈现于世。对鲁迅等现代作家藏书研究的进展，固然与研究者大多来自博物馆和文学馆等"近水楼台"有关，但也间接说明真正做好作家藏书研究，至少需要具备三个条件：一须具备一手的文献资源；二须熟悉多国语言尤其是学贯古今中西的知识背景；三须在藏书的世界里长期浸润。

这显然是不容易的。但无论如何，作家藏书研究依然值得学界继续耕耘。今天，面对复杂的文化人物与历史谜团，有时候，恰恰从作家的私人藏书与知识构成中，我们觅得些许线索，找到作家思想的逻辑起点。然而要全面抵达和开掘作家藏书这座"冰山"，则正如前言所述，依然任重而道远。藏书研究是一种层次深、关涉面广的研究，也是一片尚待开发的"宝地"。再现藏书背后不为人知的故事，需要研究者具备广博的知识面、关涉众多的学科，需要更多人更持久的努力。从这个意义上看，本书的尝试不过是抛砖引玉，笔者期盼并相信不久的将来会有更坚实、更厚重、更科学的研究成果问世。

参考文献

一、藏书类研究专著

［1］北京图书馆：《西谛书目》（上下），北京图书馆出版社 2004 年版。

［2］中国现代文学馆编：《唐弢藏书目录》，内部资料，2008 年。

［3］陈漱渝：《世纪之交的文化选择》，湖南文艺出版社 1995 年版。

［4］桑良至：《中国藏书文化》，中国财政经济出版社 2002 年版。

［5］任继愈：《中国藏书楼》，辽宁人民出版社 2001 年版。

［6］李万健、邓咏秋：《民国时期私家藏书目录丛刊》，国家图书馆出版社 2012 年版。

［7］范凤书：《中国私家藏书史》（修订版），武汉大学出版社 2013 年版。

［8］马嘶：《学人藏书聚散录》，清华大学出版社 2010 年版。

［9］于润琦：《唐弢藏书》，北京出版社 2005 年版。

［10］于润琦：《唐弢藏书：签名本风景》，中华书局 2006 年版。

［11］赵丽霞：《鲁迅藏书签名本》，河南教育出版社 2011 年版。

［12］赵普光：《书话与现代中国文学》，人民出版社 2014 年版。

二、文学类论著与研究资料

［1］陈子善：《捞针集——陈子善书话》，浙江人民出版社 1997 年版。

［2］陈子善：《签名本丛考》，海豚出版社 2017 年版。

［3］陈子善：《纸上交响》，百花文艺出版社 2014 年版。

［4］陈子善等编：《郁达夫研究资料》，三联书店香港分店 1986 年版。

［5］陈平原：《神神鬼鬼》，人民文学出版社 1992 年版。

［6］陈平原：《书里书外》，浙江文艺出版社 1988 年版。

［7］林语堂著，陈子善编：《林语堂书话》，浙江人民出版社 1998 年版。

［8］孙郁、黄乔生主编：《回望鲁迅》，河北教育出版社 2000 年版。

［9］黄乔生：《鲁迅与胡风》，河北人民出版社 2003 年版。

［10］孙郁：《鲁迅藏画录》，花城出版社 2008 年版。

［11］孙郁：《鲁迅与胡适》，现代出版社 2017 年版。

［12］孙郁：《鲁迅与周作人》，现代出版社 2013 年版。

［13］孙郁：《鲁迅：在传统与世界之间》，人民日报出版社 2019 年版。

［14］孙郁：《鲁迅遗风录》，江苏文艺出版社 2016 年版。

［15］钱理群：《周作人传》，华文出版社 2013 年版。

［16］姬学友：《从外围接近鲁迅》，社会科学文献出版社 2014 年版。

［17］耿传明：《鲁迅与鲁门弟子》，大象出版社 2011 年版。

［18］司马长风：《中国新文学史》（全 3 册），昭明出版社 1980 年版。

［19］夏志清著，刘绍铭等译：《中国现代小说史》，复旦大学出版社 2005 年版。

［20］［美］斯诺著，文洁若译，陈琼芝辑录：《活的中国》，湖南人民出版社 1983 年版。

三、作家文集与专著

［1］鲁迅：《鲁迅全集：编年版》（全 10 册），人民文学出版社 2013 年版。

［2］周作人：《周作人全集》（第 2 册），蓝灯文化事业股份有限公司 1982 年版。

［3］巴金：《巴金全集》（1—26卷），人民文学出版社1989—1994年版。

［4］卓如编：《冰心全集》，海峡文艺出版社2012年版。

［5］胡风：《胡风全集》（1—10卷），湖北人民出版社1999年版。

［6］唐弢著，张广生编选：《唐弢文集》，华夏出版社2000年版。

［7］孙犁：《孙犁全集》（第5卷），人民文学出版社2004年版。

［8］孙犁：《孙犁文集》（补订版），百花文艺出版社2013年版。

［9］郁达夫著，刘涛、沈小惠主编：《郁达夫新加坡文集》，浙江文艺出版社2014年版。

［10］吴秀明主编：《郁达夫全集》（第五卷），浙江大学出版社2007年版。

［11］梅志：《往事如烟》，生活·读书·新知三联书店1987年版。

［12］郑振铎著，陈福康整理：《郑振铎日记全编》，山西古籍出版社2006年版。

［13］胡风：《胡风回忆录》，人民文学出版社1997年版。

［14］胡风著，晓风编选：《胡风选集》，四川人民出版社1996年版。

［15］郁达夫：《郁达夫文集》，花城出版社1982年版。

［16］孙犁：《耕堂读书记》（上下册），百花文艺出版社2012年版。

［17］孙犁著，杨联芬编：《孙犁作品新编》，人民文学出版社2011年版。

［18］傅光明选编：《孙犁散文》，浙江文艺出版社2007年版。

［19］傅小北、杨幼生编：《唐弢研究资料》，知识产权出版社2010年版。

［20］王延晞、王利编：《郑伯奇研究资料》，知识产权出版社2009年版。

［21］郁达夫著，詹亚园笺注：《郁达夫诗词笺注》，上海古籍出版社2013年版。

［22］胡风：《胡风晚年作品选》，漓江出版社1987年版。

［23］钟敬文：《天风海涛室随笔》，上海人民出版社2000年版。

［24］张天翼著，吴康、邓俭选编：《张天翼作品选》，湘潭大学出版社 2009 年版。

［25］张天翼：《张天翼日记：1957—1974》，中国戏剧出版社 2017 年版。

［26］张天翼：《张天翼文集》（第十卷），上海文艺出版社 1993 年版。

［27］沈承宽、黄侯兴、吴福辉编：《张天翼研究资料》，知识产权出版社 2010 年版。

［28］雷梦水：《书林琐记》，人民日报出版社 1988 年版。

［29］朱乔森编：《朱自清全集》，江苏教育出版社 1998 年版。

［30］朱自清：《经典常谈》，复旦大学出版社 2004 年版。

［31］朱自清：《诗言志辨》，岳麓书社 2011 年版。

［32］朱自清：《朱自清说诗》，东方出版社 2007 年版。

［33］朱金顺：《朱自清研究资料》，北京师范大学出版社 1981 年版。

［34］朱自清：《朱自清大全集》，新世界出版社 2012 年版。

［35］董宏猷：《江南淘书记》，武汉大学出版社 2015 年版。

［36］韦力：《失书记·得书记》，广西师范大学出版社 2015 年版。

［37］秋禾、少莉编：《旧时书坊》，生活·读书·新知三联书店 2012 年版。

［38］黄裳：《我的书斋》，江苏文艺出版社 2011 年版。

［39］黄裳：《黄裳自述》，大象出版社 2002 年版。

［40］钟叔河编：《知堂书话》，岳麓书社 1986 年版。

后　记

这是我的第一本小书，也是迄今为止最有挑战意义的一次尝试。

在紧张而孤独的博士求学生涯中，在南下北上的匆匆行旅里，穿插从事了一项与"书"相关的研究。如今想来，这段经历不失为一种职业的操练，也是一次对个人读书生活的审视，但更多或许是一种冥冥之中的安排。阅读前贤的读书人生，偶尔也会推及己身，浮想联翩。回首半世的漂泊生涯，一路相依相伴的似乎唯有"破书"数袋。在某个特别的时候，书，既是我的难友，也是畏友。

走进作家的藏书世界，探寻作家的精神原点，对于我这类既无博物馆工作经历也缺乏史料研究专门训练的"门外汉"简直是一种致命的诱惑。坦率地说，"误闯"其间还真是有点儿"初生牛犊不怕虎"。当我试图走进作家藏书这座"冰山"，当我真正面对林林总总的作家藏书，不由感叹新文学的先行者们，其视野之宏阔，知识之多元，文字转化能力之精湛！它提醒一个生活在碎片化阅读时代的研究者应该携上一颗怎样虔诚的心去开启这段精神探险之旅。而作家前贤的藏书态度、读书之法与读书精神之于今日的读书人又何尝不是一种无形的动力？

藏书研究毕竟不同于以往的感性批评，考证过程中的困惑与艰辛自不必待言，然无论如何，这条路毕竟是自己选择的。在这本书即将付梓之际，我的内心涌动的是感激与敬意：

感谢深圳大学陈继会教授和汤奇云教授。六年前于深大认识陈老师，我的人生从此发生变化。这些年，疲于奔命，师生见面机会渐少，在这个寒冷的冬季，灯下偶读到一篇先生青年时代的传记——《天不厚我，我自奋》，顿时有见文如面之感。奇云师也是我的硕士导师，毕业后仅匆匆见过数面，然亦师亦友的情谊一直都在。最近翻阅到汤老师当年为我申博所撰写的一封推荐信，这份特殊的"藏品"业已泛黄，却一直安静地住在我的小书房里。其之于我，既是师爱之凝结，也应该是一种学术的感召与动力吧。

感谢中国传媒大学张鸿声教授。当初经历了三年漫长的等待后才得以进入"张门"，故而对这来之不易的读书机会比一般人更为珍惜。京城求学的几年，张老师于我的影响最大的当是"视野"方面吧。求学中有幸参与了一些项目，正是这些富有挑战性的工作磨炼了我的意志与心性。

接触作家私人藏书不是件容易的事。当初赴现代文学馆查阅作家文库资料遭遇碰壁，幸亏有傅光明老师贵人相助。傅老师亲自致电相关工作人员"放行"，并说了一段至今让我记忆犹新的话："文学馆不是衙门，作家资料本来就应当是为学者研究服务的……"我后来在现代文学馆的一个堆满书籍的逼仄的办公室里谒见了正在潜心研读莎士比亚著作的傅老师，虽只是匆匆一面，但傅老师作为一个纯正学者的形象深深地印在了我的脑海里。后来还有幸见到了著名作家李洱老师，当时他那部新作尚在"腹中"，谁知一年后《应物兄》便横空出世，并引发了一场文坛"海啸"——李老师虔诚的创作精神让人敬佩，他的平易近人、关怀后学的风范至今依然让我感念。

还要感谢我衷心私淑的老师：鲁迅博物馆的黄乔生、孙郁两位先生。两位前辈都是鲁迅研究方面影响深远的大家。我是从聆听他们的演讲，研读他们的大著，才开始逐渐摸索鲁迅研究的门路的。而我的第一篇关于藏书的小文：《作为鲁迅精神传人的胡风与唐弢——以藏书为中心的比较考察》也有幸在《鲁迅研究月刊》登载——这对于一个初涉学术者无疑是一种莫大的激励。

在此，我特要向素所敬仰的陈子善先生致以深谢。十年前写张爱玲的文章，始知先生大名。后与曾在上海念博士的同学谈起前辈学人，青年人对先生莫不敬佩有加。2018年秋，我的一篇论文《在"二周"之间的唐弢——以"美术"为视角的考察》几经曲折，得以在先生主编的《现代中文学刊》发表。发表前的一个深夜，先生亲自来电，对于注释的版本等问题一一督促并指导我予以了修订，那晚的通话，从此成为"记忆的花束"。先生表扬拙文"写得还有些新意"，我当然明白这是德高望重的前辈对青年的一种勉励与奖掖。事实上，从"张爱玲"到"作家藏书"再到"港澳文学"，一路摸索中，先生的治学之道如影随形。我后来想，像我一样受惠于子善老师的青年当是不计其数吧？先生对于现代文学学科的贡献以及在同辈学人中的影响自不必说，先生之于后来者，我认为更是一种特别的精神资源。

回到这部小书的写作，自然也离不开子善先生的关怀。2019 年深圳读书月期间，终于见到仰慕已久的子善先生。去机场的路上，先生提醒我："研究中国现代作家藏书，不能不研究鲁迅与胡适。"我老实答曰："可是鲁迅、胡适研究已经汗牛充栋。"先生则勉励："写了也还可以写。"先生这一席话，给了我极大的信心，我索性一头扎进了"鲁迅学"与"胡适学"的海洋。然而随之而来的一切，扰乱了原有的计划，树欲静而风不止，这项任务便一再搁浅。几经曲折之后现在勉强付梓，其模样已与预期相差甚远矣！于是，愈是临近出版，我的内心愈是惴惴不安，真正有悔其少作之感！至于那些后期下了很大功夫，亦颇能代表个人兴趣与性情的文章，如鲁迅与叶灵凤、黄裳等后辈作家的关系研究，以及藏书研究与中国现当代文学研究的范式问题，却因一些客观条件的限制而最终不得不忍痛割爱，这让人很感无奈和遗憾。

这本小书的问世，背后也凝聚了诸多人的心血。感谢暨南大学出版社，特别是杜小陆先生、潘江曼和曾小利女士在策划与编辑方面的劳作。他们的耐心细致和善解人意，尤令我感动，在此致以最诚挚的感谢！

感谢我所在的单位：广东海洋大学文学与新闻传播学院领导及同仁。三年来，他们一直以其长者的风度和特有的方式予我关怀与厚爱，如果没有他们的不断鞭策，我断难获得继续前行的勇气与力量。

学术研究不啻为一种精神与肉体的极大考验与消耗。在那些孤寂灰黯的日子里，我没有沉沦和随波逐流，却得以超越现实的困扰，沿着既定的目标前行，应该说是从与青年的交往中获得了某种信心。感谢几位可爱的同学：姚煦、嘉璐、麦舒月、丁铭涛、张思静、梁恩铭、谢政少、刘开必、刘俊慧、王施雅等。因为诸君的接力，写作中遭遇的图书资源问题便迎刃而解。而那些于黑夜与黎明之间迎风奔跑的岁月，终化作了一段最特别的记忆。

这难忘的一年中，也常会忆起远方的诸友：深圳的马涛、刘瑾伉俪，北京的秦福贵博士、王伟博士、秦婷博士，广州的巫小黎教授、田维舟教授……还有中国传媒大学的凌云岚老师、杨秋红老师、冯佳老师、南玉霞老师、王丽老师，西安外国语大学的董晨师妹……人生与求学路上，与可爱的人相遇，孤独之旅亦倍感温暖。我愿以此书的出版，表达我对朋友们最朴素最诚挚的问候与祝福。

最后，感谢我平凡而伟大的家人。如果没有妹妹当年的主动弃学，就不会有作为兄长的我继续念书的机会。书稿修订中，小外甥幸运降生了。智慧的妈妈说："中年得子，天赐大礼，故取儿名为：何礼。"那么，舅舅的这本小书，就当是送给你的一份小小"见面礼"吧！对于即将踏上高考征程的何烨，舅舅想对你说："小伙子，你已长大，未来的路要学会独立地走。"这本不太完美的小书，就当作我俩的一种共勉吧！还有昊轩和昊翊宝贝，这些年奔走在外，错过了你们兄弟俩最宝贵的童年成长，这是父亲最感愧疚的事。

一本小书的写作竟然伴随我走过了紧张的博士生活和艰难的2020，终于在这个岁末画上了句号。窗外，璀璨的烟花正划破夜空，经历了惊心动魄的人们开始欢欣地憧憬新年。在这否极泰来、新旧交替的时刻，我祈愿世界和平，国泰民安，亲友康宁，至于我所经历、我所向往的，以及这些年来的心绪万端，不如就借叶灵凤先生的一段随笔来表达吧：

冬天来了

人是该生活在光明里的，每个年轻人都这样想；但实际上的人生，实在是灰黯和可耻的结合。到了中年，谁都要对契诃夫所描写的生活在卑俗和丑恶里的人们表同情，十年前达夫爱读《如果冬天来了》的理由正是这样，但那时的我是全然不理解这些的。

十年以前，我喜爱拜伦，喜爱龚定庵。我不仅抹杀了契诃夫，而且还抹杀了人生上许多无可逃避的真理，在当时少年的心中，以为人生即使如梦，那至少也是一个美丽的梦。

今年冬天，如果时间和环境允许我，我要细细的读一读契诃夫的小说和剧本，在苍白的天空和寒冷的空气中，领略一下这灰黯的人生的滋味。但我并不绝望，因为如果有一阵风掠过窗外光秃的树枝的时候，我便想起了雪莱的名句：

哦！风啊！如果冬天来了，春天还会远吗？

李明刚

庚子年的最后一个月圆之夜

于归家的列车上